부산 속의 일본

| 이근우 지음 |

PUKYONG NATIONAL UNIVERSITY PRESS
부경대학교 출판부

부산 속의 일본

2012년 2월 20일 초판1쇄 인쇄
2012년 2월 25일 초판1쇄 발행

저　자 | 이 근 우
발행인 | 박 맹 언
발행처 | 부경대학교 출판부
주　소 | 부산광역시 남구 용소로 45
전　화 | (051) 629-6914
FAX | (051) 629-6917
E-Mail | upress@pknu.ac.kr

값 14,000원

ISBN 978-89-91131-74-3 03900

머리말

부산은 선사시대부터 현재까지 일본과 밀접한 관련을 맺어온 도시다. 그래서 일본과 관련된 많은 유물과 유적이 남아있다. 자연이 만든 유리라고 할 수 있는 흑요석을 비롯하여 주술적인 의미를 담고 있는 파형동기가 부산 및 인근 지역에서 지금도 발견되고 있다. 또한 한반도의 선진문물에 관심을 가진 일본열도의 주민들이 교역을 위해 빈번하게 왕래를 하기도 하였고 해안지역을 공격하기도 하였다. 고려시대 말에 왜구가 창궐하였을 때도 많은 피해를 입은 곳이 부산이다.

임진왜란이 일어났을 때도 가장 먼저 공격을 받은 곳이 부산 해안의 부산진과 다대포였고, 다음으로 동래가 함락되었다. 그 전쟁의 흔적들이 지금도 확인되고 있다. 전쟁이 장기화되자 일본군들을 부산을 최후의 보루로 삼았고 부산과 주변 지역에 성을 쌓아 부산을 끝까지 지키려고 하였다. 그 자취가 왜성으로 남아있다. 왜성은 평면적으로 분포되어 있는 것이 아니라 부산을 겹겹이 방어하는 형태로 기획되고 축성된 것이다. 왜성은 일본의 전국시대 축성기술을 보여주는 것으로도 중요한 의미를 지닌다.

일본의 전국시대의 성곽은 거의 대부분 풍신수길의 명령으로 파괴되었고, 현재 남아있는 근세 성곽은 모두 행정을 목적으로 쌓은 것이고 근대 이후에 개축된 것들도 많다. 그러나 임진왜란 정유재란 때 쌓은 왜성은 전국시대의 축성방식을 온전히 남기고 있다. 이러한 왜성에 대해서 선조는 축성기술의 우수성을 인정하고 이를 활용하도록 명령하였다. 지금까지 많은 왜성들이 남아있는 것은 전쟁의 직접적인 피해 당사자인 조선이 이를 파괴하지 않았기 때문이다.

전쟁이 끝난 이후에는 부산에만 왜관이 설치되었다. 이후 근대에 이르기까지 조선과 일본의 외교관계는 대마도와 왜관을 통해서 이루어졌다. 그만큼 왜관은 한일관계사 속에서 중요한 역할을 하였다. 인삼, 쌀, 목면, 한천같은 조선의 물품이 일본으로 수출되고 반대로 일본의 은, 유황과 같은 물품이 수입되는 창구였다. 그밖에도 동의보감과 인삼의 생근이 일본으로 전해져 일본에서 인삼을 재배할 수 있게 된 것도 왜관이 있었기 때문에 가능한 일이었다. 왜관을 통해서 우리들은 조선시대의 한일관계를 생동감 있게 복원해 낼 수 있다.

일본의 식민지가 된 이후에 일본인이 가장 먼저 거주하기 시작한 곳도 부산이었고, 전체 인구 중에서도 일본인의 비율이 가장 높은 곳도 부산이었다. 명치정부는 부산의 왜관을 강제적으로 일본의 공관으로 만들었고, 조선으로 건너오는 일본인들은 대부분을 부산을 거쳐갔다. 우리나라 최초의 근대식 병원도 부산에 만들어졌고 당시로서는 최신 기술이었던 도개교가 영도에 가설되기도 하였다. 부산을 거점으로 한 일본의 기업가들은 조선에서 축적한 부를 바탕으로 큰 저택과 별장을 짓기도 하였다. 특히 온천이 있는 동래지역은 온천욕을 좋아하는 일본인들이 모여 들었다. 온천으로 가기 편하도록 서면과 동래를 연결하는 철도가 개설되는 등 일본인의 손에 의하여 부산은 근대적인 도시의 면모를 갖추게 되었다.

러일전쟁 이후에는 부산이 군사적으로 중요한 역할을 하게 된다. 러시아의 발틱함대에 대비하기 위하여 가덕도의 외양포에 포대를 설치하였다. 또한 1930년에는 용호동 장자산에 당시 세계 최대 규모의 포대를 건설하고 사정거리가 30km에 달하는 포를 설치하였다. 2차세계대전 말기에는 일본 군부가 본토결전을 위하여 한반도에도 해안진지를 구축하였는데, 그 흔적들이 가덕도를 비롯하여, 범일동 좌천동 문현동 감만동 일대에 남아있다. 이처럼 일본과 가장 가까운 거리에 있는 부산은 역사의 전기간을 통하여 일본과 접촉하였고 그래서 많은 유물 유적들이 남아있다.

이 책에서는 부산 속에 남아있는 일본과 관련된 유물 유적 사건 등을 정리하였다. 부산의 현대적인 도시경관만이 아니라 부산이 가지고 있는 역사적인 경관을 현시점에서 적극적으로 활용할 필요가 있다고 생각하였기 때문이다. 왜관을 통한 일본과의 우호적인 관계, 왜성이나 전쟁유적을 통한 일본과의 적대적인 관계를 확인할 수 있는 현장이 부산이다. 우리나라의 어떤 도시보다 일본과 가깝고 가장 깊은 관계를 맺어온 도시가 부산이다.

한편 현재 부산을 찾는 외국인 관광객 중에서 가장 큰 비중을 차지하는 것이 일본인이다. 부산에 남아있는 일본과 관련된 유물 유적을 적극적으로 활용할 수 있다면 일본인들의 관심을 끌 수 있고 또한 부산이 가진 역사성을 보다 잘 이해할 수 있을 것이다.

그렇지만 현재 일본인 관광객을 위한 안내서나 팜플렛에는 일본과 관련이 있는 유물이나 유적이 전혀 소개되어 있지 않다. 내국인을 위한 안내서를 그냥 번역해 놓은 게 현실이다. 즉 우리가 관심이 있는 것만 나열해 놓은 내용을 일본인에게 보여주고 있는 셈이다. 왜성, 왜관, 전쟁유적을 관광자원으로 개발하고 일본인 관광객들이 이곳을 찾게 하는 방안을 적극적으로 강구해야 할 것이다.

예를 들어 인삼에 관한 이야기는 우리에게도 충격적이지만 일본인들도 관심을 가질 수 있다. 길종(吉宗)이라는 인물은 에도막부의 장군 중에서도 선정(善政)을 베푼 인물로 일본인에게는 널리 알려져 있다. 그런 길종이 인삼의 생근(生根)을 구하려고 노력하였고 인삼재배를 시도하여 성공하였다는 일화는 인삼이 얼마나 중요한 물품이었는지를 단적으로 보여준다. 막연히 건강에 좋은 약재가 아니고 일본과 깊은 관련이 있는 물품이었음을 인식한다면 인삼에 대한 관심도 높아질 것이다. 현대의 부산을 보는 관광이 아니라 부산의 역사와 문화를 읽는 관광을 만들어 내기 위해서는 우리 자신이 부산의 역사를 더 깊이 알 필요가 있는 것이다.

이 책에 실린 글은 부산인력개발원에서 주관하는 Busan Brain 사업의 일환으로 부경대 사학과에서 진행한 해양관광콘텐츠개발 연구의 일환으로 작성된 것이다. 초고의 일부는 부경대학교 사학과 대학원생 김은상 · 이예지 · 김혜진 · 김람 등이 작성하였다. 글을 쓰기 위해 무더운 여름에도 현장을 답사하고 자료를 찾느라 수고한 학생들에게 지면을 빌어 감사의 뜻을 전한다.

목 차

Ⅰ. 고대

1. 자연이 만든 유리 흑요석(黑曜石)

선사시대부터 한반도와 일본열도의 교류가 있었다는 것을 보여주는 대표적인 유물이 바로 흑요석(黑曜石, obsidian)이다. 흑요석은 유문암(流紋岩) 계통의 마그마가 특정한 조건에서 식으면서 생성되는 것으로 알려져 있는데, 이산화규소(실리카)가 주성분이고 약간만 충격을 줘도 세로결로 얇게 쪼개지는 특성을 가지고 있으며 조개껍질 모양의 무늬가 나타난다. 바로 이 얇게 쪼개지는 특성으로 인해 흑요석은 석기시대의 치명적인 무기로 사용되었다. 흑요석은 그냥 쪼개도 날카로운 모서리를 얻을 수 있으며 조금만 다듬으면 치명적인 살상무기로 바뀔 수 있다. 비록 충격에 잘 깨진다는 단점이 있긴 했지만 연마의 간편성과 편이성, 그리고 날카로움은 다른 석기에 비할 바가 아니었다. 금속기를 갖지 못한 시기에는 흑요석이야말로 가장 날카로운 석기로 가공할 수 있는 재료였다.

이로 인해 흑요석은 석기시대에 주요 교역품 중의 하나가 되기도 했다. 이런 흑요석으로 만든 무기는 곧 청동기 시대에 들면서 청동제 화살촉 등으로 교체된다. 아무래도 재료가 특정지역에 국한되어 있고 충격에 약해서 안정성이 떨어지기 때문이었다. 그러나 세계적으로는

16세기 초기까지 흑요석으로 만든 무기가 사용되었다. 금속 제련술이 뒤떨어진 아즈텍, 마야에서는 흑요석으로 된 칼을 자르는 도구로 이용했으며 아즈텍 전사들은 마쿠아우이틀(macuahuitl)라는 곤봉에 흑요석 날을 붙인 특이한 무기를 사용하기도 했다.

한반도에서 발견된 흑요석 석기

현재도 후기 구석기시대인 지금부터 24000년에서 21000년 전에 제작된 흑요석제 석기가 한반도의 여러 곳에 발견되고 있다. 우리나라의 대표적인 구석기 유적인 단양 수양개 유적에서 100여점의 흑요석제 석기가 발견되었고, 남양주 호평동에서는 1200점이 넘는 수량이 발견되었다. 발견된 곳만 해도 30곳을 넘는다. 그 중에는 부산의 중동 유적도 포함되어 있다.

흑요석으로 만든 석기는 주로 세형돌날이나 긁개 등으로 흑요석의 날카로운 성질을 잘 살리고 있다. 또한 나무나 뿔에 날카롭게 가공한 흑요석 미늘을 고정시켜 찌르개 등으로 사용한 경우도 있다.

또한 신석기시대의 빗살무늬토기와 함께 출토되기도 한다. 부산지역에서는 신석기시대 유적을 대표하는 부산 동삼동 패총(기원전 3000년)에서 화살촉 모양으로 가공된 흑요석 석촉이 다수 채집·발굴되었다. 그밖에도 다대포 패총, 범방동 패총, 가덕도 대항 패총에서 흑요석 파편과 석촉이 발견되었으며, 최근에 발굴된 가덕도 장항마을 신석기시대 집단묘역에서는 200여점의 흑요석이 출토되었다(2007년). 부산과 가까운 삼천포 늑도유적에서도 흑요석이 발견되어 남해안을 중심으로 상당한 범위에서 흑요석이 유통된 것으로 보인다. 흑요석은 청동기가 발명되기 전까지 물건을 자르거나 사냥감을 찌르는 데 유용하게 사용되었다. 또한 짐승이나 물고기의 껍질을 벗기고 가죽을 가공하는 데도 사용되었을 것이다.

흑요석의 원산지

그렇다면 한반도에서 발견된 흑요석제 석기의 원산지는 어디일까? 한반도 내부에서는 유일하게 백두산에서 흑요석이 나는 것으로 알려져 있지만 광범위하게 사용된 흔적은 확인되지 않는다. 그러나 일본열도에는 환태평양화산대에 위치하고 있는 만큼 전국적으로 70여 개소의 흑요석 산지가 확인되었고 후기구석기시대, 죠몬시대에는 상당히 넓은 범위에서 흑요석이 유통되었다. 예를 코오즈시마(神津島)의 흑요석이 칸토오(關東) 지역 일대에서 사용되었다. 또 오키(隱岐)에서 나는 흑요석이 바다 건너 블라디보스톡 지역에서 사용된 예도 확인되었다.

한편 큐우슈우(九州) 지역만 해도 25곳의 흑요석 산지가 있고, 그 중에서 사가현(佐賀縣)의 코시타케(腰岳)가 최대 규모를 자랑한다. 그밖에도 나가사키현(長崎縣)의 마쯔우라반도(松浦半島) 무타(牟田), 하리오지마(針尾島)의 후루사토(古里) 해안, 잇키(壹岐), 오오이타현(大分縣)의 히메지마(姫島) 등이 있다. 특히 코시타케·히메지마·아소(阿蘇)에서 생산된 흑요석이 야마구찌현(山口縣)에서 후쿠오카현(福岡縣)에 이르는 지역에서 사용되었다는 사실이 확인되었다.

이처럼 흑요석이 큐우슈우 지역에서 풍부하게 생산되고 한반도에서는 극히 제한되어 있었던 점을 생각하면 한반도의 흑요석 석기는 큐우슈우에서 바다를 건너온 것일 가능성이 크다. 일본의 대표적인 흑요석 연구자인 릿교오대학(立教大學)의 스즈끼 마사오(鈴木正男)는 이화학분석(理化學分析) 결과 부산 영도의 동삼동에서 발견된 흑요석이 바로 코시타케(腰岳)에서 생산된 것이라고 판정하였다. 그러나 동삼동패총의 흑요석이 모두 코시타케에서 산출된 것은 아니고 큐우슈우의 또 다른 지역에서 산출될 가능성도 지적되고 있다. 스즈키는 코오즈시마(神津島)·오키·와다도오게(和田峠) 등의 흑요석이 유통된 범위를 밝히는 크게 기여한 인물이기도 하다. 또한 코시타케의 흑요석은 오키나와에서 발견되고 있어서, 흑요석은 선사시대부터 바다를 건너 널리 유통된 상품이었음을 알 수 있다.

〈참고문헌〉

김용기, 「다대포패총 발굴조사보고」, 『역사와 세계』2, 1971.

이범홍, 「동삼동패총채집석기」, 『고고역사학지』8, 1992.

하인수, 「嶺南海岸地域의 新石器文化 研究 : 編年과 生業을 中心으로」, 부산대 박사학위논문, 2006.

조남철 등, 「미량성분 및 스트론튬(Sr) 동위원소비를 이용한 한반도 흑요석제 석기의 산지추정」, 『한국상고사학보』53, 2006.

이혜연, 「우리나라 후기 구석기시대 흑요석제 석기연구」, 목포대학교 석사학위논문, 2007.

http://www.h2.dion.ne.jp/~isi/

흑요석 원석

흑요석 유물 복원

구석기시대 흑요석제 석기 출토 지역

흑요석제 무기를 들고 있는 아즈텍의 전사. (위키피디아)

2. 벽사(辟邪)의 주술이 담긴 바람개비형 동기(巴形銅器)

바람개비형 동기(한자로는 巴形銅器라고 쓰고, 일본어로는 토모에가타 동기라고 한다)는 일본의 야요이시대(彌生時代) 후기(2세기 초)부터 코훈시대(古墳時代) 전기(5세기)에 걸쳐 제작된 바람개비 형태의 청동기다. 야요이시대의 자료는 북부 큐우슈우를 중심으로 발견되고 있으나, 드물게 토오카이(東海) 지방에서도 출토되고 있다. 반구형(半球形)의 몸체에 여러 개의 날개가 방사상으로 달려 있다. 날개의 뒷면에는 능삼문(稜杉文)[1]이라고 불리는 무늬가 새겨져 있는 경우가 있다. 야요이시대 유력자의 무덤에 부장된 물건이며, 고훈시대에는 나무나 가죽 방패에 단 장식품으로 사용된 것으로 보인다. 권위를 상징하는 한편, 사악한 기운이나 적의 공격을 막아낸다고 하는 주술적인 성격도 갖고 있는 것으로 생각된다.

육손 고동과 파형동기

파형동기의 독특한 형태는 육손 고동, 거미 조가비(Lambis chiragra)라고 하는 조개의 외형과 호보패(護寶貝, Tricornis latissimus)라는 조개의 단면 모양, 태양 등에서 비롯된 것으로 추측하고 있다. 그러나 날개형 돌기의 뒷면에 능선(稜線)은 육손 고동의 갈라진 틈, 능형문은 육손 고동 표면의 무늬와 통하고, 현재도 오키나와에서 이 조개를 문에 걸어놓고 액막이로 쓰고 있는 점 등을 들어 파형동기의 원형으로 보는

1) 나뭇잎의 잎맥처럼 생긴 문양을 말한다.

설이 유력하다. 오키나와의 미야코지마(宮古島)에서는 육손 고동을 '야도무리야'라고 부르며 집을 지켜주는 물건으로 여기고 있다.

일본열도 전체에서 발견된 파형동기의 수는 100여 점이며 그 크기는 4~18cm, 날개의 수는 4~9개 등 다양하다. 뒷면에는 고리가 있어서 끈을 넣어 매달거나 고정시킬 수 있도록 되어 있다. 이러한 파형동기는 일본열도의 독특한 청동기이다. 일본에서 제작된 사실을 확인할 수 있는 것은 파형동기를 만드는 데 쓴 거푸집이 일본열도에서 발견되기 때문이다. 그 거푸집은 유명한 요시노가리(吉野ケ里) 유적에서 처음 발견되었다. 또한 카가와현(香川縣) 사누키시 모리히로(森廣) 유적에서 출토된 파형동기 3점이 1998년 후쿠오카현(福岡縣) 카스가시(春日市)의 구주축자지구유적군(九州筑紫地區遺跡群)에서 발견된 석제 거푸집으로 만들어진 사실이 확인되었다. 이로 미루어 2세기 경부터 일본열도에서 제작된 것이 분명하다.

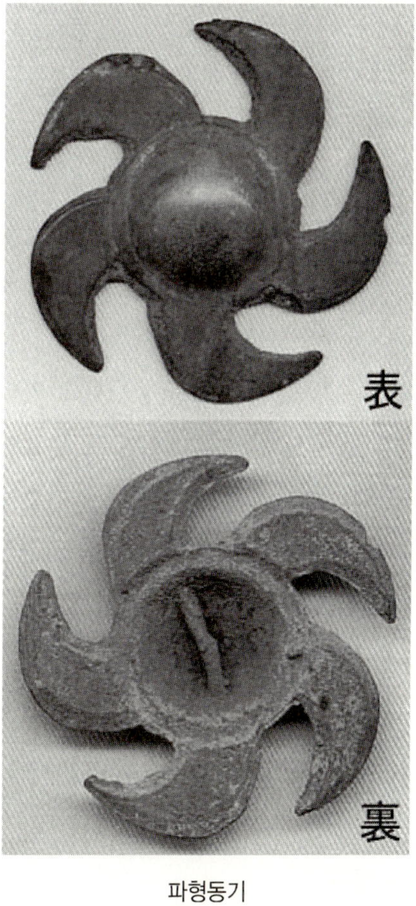

파형동기

한반도의 파형동기

일본열도의 독자적인 청동기인 파형동기는 김해 대성동 고분과 같은 4세기 대를 중심으로 한반도의 남해안 지역의 고분에서도 출토되고 있다. 이는 부산 김해 지역과 일본 큐우슈우 및 키나이(畿內) 지역이 4세기까지 밀접한 교류가 있었음을 보여준다. 파형동기는 일본열도에서 특수한 청동기로 중요한 유적이나 수장의 무덤 등에서 발굴되는 점을 생각한다면, 양 지역의 수장 간의 교류를 웅변하고 있다,

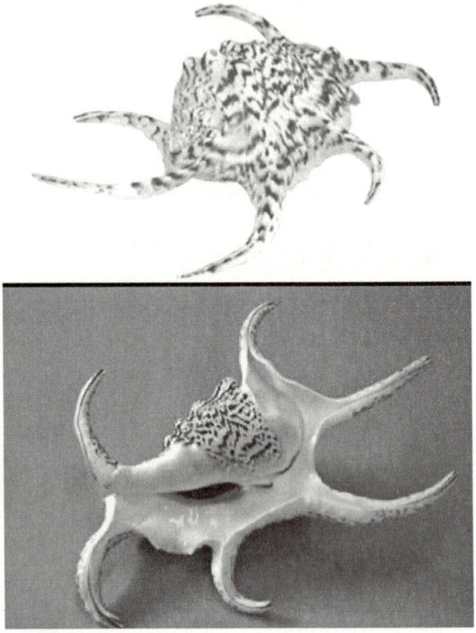

파형동기의 모델로 추정되는 육손 고동

파형동기 이외에도 일본의 대표적인 토기인 하지키(土師器)나 스에키(須惠器), 청동거울, 벽옥제(碧玉製) 석제품(石製品) 등도 부산, 김해에서 발견되고 있다. 이런 여러 가지 물품은 철에 대한 대가로 지급되었거나 한반도로 건너온 왜인들이 사용하였을 가능성이 있다. 김해 지역은 3세기 경부터 이미 철생산지로 유명하였고 철을 화폐처럼 통용하였다고 한다. 또한 『삼국지(三國志)』 위서(魏書) 동이전(東夷傳)에 따르면 변한 지역의 철을 한, 예, 왜 등이 받아 썼다고 하였다. 왜는 철을 구입할 때 그 대가로 청동기와 석제품 등을 보냈을 가능성이 있다.

파형동기는 시대에 따라서 그 형태가 다른데, 야요이시대에는 반구형 혹은 원뿔형의 몸통에 주로 왼쪽으로 돌아가는 날개가 5~8개가 붙어 있고, 코훈시대에는 원뿔형 몸통에 오른쪽으로 돌아가는 날개가 4개가 달려 있는 것이 많다. 세부적으로 보면 야요이시대에 제작된 파형동기는 원뿔의 끝부분을 잘라낸 것 같은 형태의 대형과 반구 내지 편평한 형태의 몸통을 가진 소형이 있으나, 코훈시대의 파형동기는 원뿔형 몸통에 막대기 모양의 꼭지가 달린 획일적인 형태로 가지고 있다. 이러한 특징을 근거로 야요이시대 후기인 2세기 경을 중심으로 제작된 계열과 코훈시대 전기 후반에 속하는 4세기 중엽부터 5세기 전반에 걸쳐서 제작된 계열이 서로 다른 계열로 존재한 것으로 생각하고 있다. 또한 야요이시대 파형동기는 북부 큐우슈우에서 주로 제작되었으며, 코훈시대에는 일본열도의 여러 곳에서 동시에 제작된 것으로 생각된다.

요시노가리유적에 발굴된 파형동기 거푸집과 복원품.

김해 대성동고분군에서 발굴된 파형동기도 오른쪽으로 도는 날개가 4개 달려 있어서 일본의 고훈시대에 제작된 것임을 알 수 있다. 이는 김해 대성동고분군으로 대표되는 가라국의 수장들이 일본열도 수장들과 교류한 증거라고 할 수 있으나, 교류의 실태나 제작지에 관해서는 여전히 의문에 쌓여 있다.

〈참고문헌〉

『2000古代史發掘総まくり』, 朝日新聞社, 2000.

박천수 외, 『가야의 유적과 유물』, 학연문화사, 2003.

http://www.karako-kagi-arch-museum.jp

3. 부산과 왜

『삼국사기』 신라본기에는 시조인 박혁거세 때부터 왜의 침입을 기록하고 있다. 특히 5세기대에는 17차례에 걸쳐서 왜가 침입해왔다. 심지어 경주지역의 명활성·금성·월성을 공격하거나 포위하는 일도 있었고, 실성왕대에는 미사흔(未斯欣)을 왜국에 인질로 보내기도 하고 또 왜인이 병영을 설치하였다는 이유로 대마도를 정벌하려고 한 적도 있으므로, 내물왕 이후 신라의 성장 과정에서 왜가 큰 변수였음을 알 수 있다.

왜의 실체

왜가 침입해 온 이유는 분명하지 않은 점이 많다. 경우에 따라서는 사람들을 노략질한 경우(실성 6년, 자비 5년), 가축을 노략질한 경우(눌지 24년), 성을 함락시킨 경우(소지 22년)가 있지만 대부분은 구체적인 이유를 알 수 없다.

그런데 『삼국사기』의 왜에 관한 기사는 왜국·왜왕이라고 한 경우와 왜인 왜병이라고 한 경우로 나눌 수 있고, 왜국은 외교적인 상대국으로, 왜인과 왜병은 침입해오는 주체를 나타내고 있다. 예를 들어 기림 3년에 왜국과 교빙하였다고 하였고, 실성 원년에 왜국과 통호하고 내물왕의 왕자 미사흔을 인질로 보냈다. 흘해 3년에는 왜국왕이 사신을 보내 아들을 위하여 구혼하므로 아찬 급리의 딸을 보냈으며, 35년에도 왜국이 혼인을 청한 바가 있다. 이어서 36년에 왜왕이 글을 보내 절교하였다. 이처럼 왜국으로 나타나는 기사는 교빙(交聘)·통호(通

好)·혼인(婚姻) 등의 우호적인 관계를 나타낸다. 이에 대해서 왜병 왜인은 모두 신라를 침입해 온 경우에 사용되고 있다.

신라왕자 미사흔

왜국의 실체를 파악하기 위한 단서가 되는 것은 박제상에 관한 여러 문헌의 기록이다. 왜에 인질로 간 미사흔의 경우, 『일본서기(日本書紀』에서도 미질허지(微叱許智)라는 이름으로 보인다. 『일본서기』의 신공기(神功紀) 5년조에 따르면 신라왕이 우례사벌, 모마리질지(박제상), 부라모지 등을 보내어 조공하였는데 전에 인질로 온 미질허지를 돌려보내고자 하여, 미사흔이 오래도록 돌아오지 않자 신라왕이 미사흔의 처자를 노예로 삼았다고 왜왕을 속였다. 이에 갈성습진언(葛城襲津彦, 카쯔라기노소쯔히코)이라는 인물을 딸려 보냈다. 대마도에 이르러 서해수문(鉏海水門)에 머물렀는데 이때 미사흔이 몰래 배를 타고 도망쳤다. 이에 박제상 등을 태워 죽이고 도비진(蹈鞴津)에 진을 치고 초라성(草羅城)을 공격하고 돌아왔다. 이때 잡아온 사람들이 상원(桑原) 좌미(佐糜) 고궁(高宮) 인해(忍海) 4곳의 한인(漢人) 등의 시조라고 하였다.

한편 『삼국사기』 열전에서는 백제인으로 전에 왜에 들어간 자가 신라가 고구려와 더불어 왕의 나라를 도모하려고 참소하였으므로, 왜가 드디어 군사를 보내 신라 국경 밖에서 순회 정찰하게 하였는데, 마침 고구려가 쳐들어와 왜의 순라군을 포로로 삼고 죽이므로, 왜왕이 신라를 공격하고자 하여 박제상과 미사흔을 장수로 임명하고 향도로 삼아 바다 속의 산이 많은 섬에 이르렀다고 하였다. 이때 백제인은 당시 왜에 가있던 백제의 태자 전지(腆支)일 가능성이 크고 산이 많은 섬은 바로 대마도이다.

갈성습진언(葛城襲津彥)

또한 이 기사 속의 습진언이라는 인물을 왜왕을 제외하고는 최초로 실존한 인물로 간주되고 있다. 갈성(葛城)은 나라분지(奈良盆地) 안에서 이코마산맥(生駒山脈)의 동쪽 사면에 위치한 지역이며, 습진언은 이 지역을 기반으로 한 호족세력이었다. 또한 이 지역에서는 실제로 한반도계 도래인의 생활유적이 발굴되었다. 그가 머무른 도비진은 부산의 다대포로 추측되는데, 이곳에서 초라(草羅) 즉 양산을 공격하였는데, 이 시기는 아직 부산지역이 신라의 영역이 되지 않은 시기이므로 당시 상황과 부합된다. 또한 초라(草羅)는 박제상이 원래 삽량주간(歃良州干, 『삼국사기』), 삽량군태수(歃羅郡太守, 『삼국유사』)였으므로, 왜가 공격할 만한 이유가 있었다.

이를 통해서 보면 신라가 미사흔을 인질로 파견한 왜국은 현재의 나라지역에 중심을 둔 왜임을 알 수 있다. 그러나 신라를 공격한 왜가 단일한 실체가 아닌 것 또한 분명하다. 왜냐하면 실성 원년에 미사흔을 왜국에 인질로 보냈는데, 실성 4년에 왜병이 명활성을 공격해 왔고, 실성이 기병을 거느리고 가서 300여 명을 죽였다고 했다. 이는 실성이 인질을 보낸 왜국과 신라를 쳐들어온 왜가 같지 않았기 때문이다. 왜국은 인질을 보낸 신라를 공격하지도 않았을 것이고, 설령 공격해 왔더라도 신라로서도 300명을 죽이는 데 이르지는 않았을 것이기 때문이다. 그러므로 삼국사기의 왜를 단일한 실체로 보는 견해는 무리가 있다.

침입의 목적

실성왕이 왜인들이 대마도에 병영을 설치하고 병기와 군량을 비축하여 신라를 습격하려고 한다는 말을 듣고 이를 정벌할 것을 논의하였다. 이를 통해서 신라를 공격하는 왜인들이 대마도를 거쳐서 오는 경우가 있었다는 점도 분명하다. 즉 신라로서도 미사흔을 인질로 보낸 왜국과 신라를 침입해오는 왜인이 같지 않다는 사실을 인지하고 있었던 셈이다. 그리고 병기와 군량을 비축하였다는 것을 보면, 단순한 해적이라고 보기 어렵다. 많게는 1000명에 달하는 사람들을 붙잡아 간 점에서도 해적의 행위는 아니다.

또한 왜가 명활성·금성·월성을 공격한 사실에도 주목할 필요가 있다. 이는 분명히 정치적 군사적인 의도를 가진 것이며 신라를 멸망시키려는 행위이다. 그러나 왜로서는 한반도에 있는 국가를 멸망시켜야 할 뚜렷한 이유가 없다. 당연히 신라와 적대적인 관계에 있는 세력의 의도가 작용하고 있는 셈이다. 4세기 말부터 5세기대에 신라는 동북쪽으로 실직 하슬라로 진출하였고 서북쪽으로는 삼년산성 등 많은 성을 쌓아 적극적으로 영토를 확장해가고 있었다. 기록으로 자세히 보이지 않지만 이 시기에 신라는 가야지역으로도 세력을 뻗치고 있었을 것으로 생각된다.

왜가 경주지역에 침입한 것은 신라의 영역 확장이라는 위기에 직면한 가야가 철 등의 선진문물을 공여하는 대가로 신라를 공격하도록 하였기 때문일 가능성이 크다. 특히 광개토대왕의 남정 이후 국력이 쇠약해진 가야로서는, 이전부터 철의 교역 등으로 긴밀한 관계를 맺고 있던 왜의 병력을 끌어들여 신라의 침략을 저지하려고 하였을 것이다. 그러나 신라가 경주 및 주변지역의 방어체제를 강화하면서 점차 왜의 공격로가 제한되고 주로 양산 등 남쪽 변경을 공격하고 있는 상황도 신라의 가야지역 진출 경로와 맞물려 있다. 따라서 경주지역이나 주요거점을 공격한 왜는 가야와 긴밀한 관련을 맺고 있는 북부 큐우슈우의 왜였을 것이다. 이에 대해서 변경을 침략해 온 왜인들 중에는 식량을 구하거나 각종 물품을 약탈하려는 해적에 가까운 경우도 포함되어 있었을 것이다.

내물왕 이후 소지왕 대까지 왜와의 관계를 정리해 보면, 통호・교빙・혼인 관계를 맺은 왜국은 나라분지의 대화정권(大和政權)이며, 이에 대해서 금성(내물 38년, 눌지 28년)・명활성(실성 4년, 눌지 15년)・월성(자비 2년)・삽량성(자비 3년)・장봉진(長峰鎭, 소지 22년) 등을 포위・공격하고 함락시킨 왜병・왜인은 분명한 군사적인 목적을 가지고 있으며 이는 가야와 관련을 갖고 있는 큐우슈우 지역의 왜일 가능성이 있다. 또한 단순히 '변경을 침범하였다(犯邊)'고 하여 구체적인 내용을 알 수 없는 경우는 단순한 약탈이었을 것이다.

신라가 부산지역으로 세력을 확장하기 전까지는 부산이 왜의 침입을 받았을 가능성이 적다. 실제로 일본열도의 토사기계(土師器系) 토기가 동래 복천동고분군에서 출토되는 상황에서도 이를 짐작할 수 있다. 그러나 5세기 중엽 경에는 부산지역에서 가야문화가 쇠퇴하고 신라의 영향이 강해지고 후반에 이르면 토기와 묘제에서도 신라의 영향을 확인할 수 있다. 한편 자비왕 6년(463)에 왜인들이 삽량성을 공격

	연대	내용	표현	
1	내물 9(364)	토함산에 위장병을 두고 부현에서 복병으로 격퇴	倭兵大至	
2	내물 38(393)	금성을 포위, 퇴각시 기병으로 추격 독산에 보병과 함께 공격하여 대패시킴	倭人來圍金城	
3	실성 1(402)	미사흔을 볼모로 보냄		
4	실성 4(405)	명활성 공격, 기병으로 독산에서 요격함	倭兵來攻明活城	300명 살획
5	실성 6(407)	동쪽 변경을 침입	倭人侵東邊	
6	실성 6(407)	동쪽 변경을 침입	侵南邊	100명 노략
7	실성 7(408)	대마도 토벌 논의		
8	실성 14(415)	풍도에서 싸워 승리함	與倭人戰於風島	
9	눌지 2(418)	박제상이 미사흔을 탈출시킴	鋤海水門	(대마도)
10	눌지 15(431)	동쪽 변경 침입, 명활성 포위	倭兵來侵東邊圍明活城	
11	눌지 24(440)	남쪽 변경을 노략질	倭人侵南邊	生口
12	눌지 24(440)	동쪽 변경을 노략질	侵東邊	
13	눌지 28(444)	금성을 포위, 왕이 출전하여 독산에 패함	倭兵圍金城十日	率數千餘騎
14	자비 2(459)	100여척으로 동쪽 변경을 습격, 월성을 포위, 격퇴	倭人以兵船百餘艘襲東邊, 進圍月城	
15	자비 5(462)	활개성을 습격하여 1천명을 노략질	倭人襲破活開城	1000명 노략
16	자비 6(463)	삽량성 공격을 매복으로 격퇴, 두 성을 쌓음	倭人侵歃良城	
17	자비 19(476)	동쪽 변경을 침입, 격퇴	倭人侵東邊	200명 살획
18	자비 20(477)	다섯 길로 침입, 곧 퇴각함	倭人擧兵, 五道來侵	
19	소지 4(482)	변경을 침입함	倭人侵邊	
20	소지 8(484)	변경을 범함	倭人犯邊	
21	소지 15(491)	임해진 장령진을 설치하여 대비	置臨海長嶺二鎭, 以備倭賊	
22	소지 19(495)	변경을 범함	倭人犯邊	
23	소지 22(498)	장봉성을 함락	倭人攻陷長峰鎭	

하는 등 영토를 침략하자 변경에 두 성을 쌓았으며, 소지왕 15년에 임해(臨海)와 장령(長嶺) 두 진(鎭)을 두어 왜적에 대비하였다고 하였다. 이러한 기사는 양산보다 더 바다 쪽의 변경에 성이나 진을 설치한 것으로 보인다. 그렇다면 양산과 바다 사이에 연결하는 지역 중에서 중요한 지점은 동래(東萊)와 기장(機張)이었다.

동래는 거칠산국(居柒山國)・내산국(萊山國)・장산국(萇山國)이라고 하였고 현재도 장산(長山)이라는 지명이 남아 있다. 거칠산과 황령산(荒嶺山)에서 볼 수 있듯이 영(嶺)과 산(山)은 서로 통용되므로, 양산으로 가는 길목에 주요 거점인 동래가 장령진・장봉진일 가능성이 있다. 장(萇)이라는 글자는 『삼국사기』에서는 한 차례로 쓰이지 않았으므로 현재 장산이라는 지명과 마찬가지로 장(萇) 대신 장(長)으로 표기했을 수 있다. 임해진(臨海鎭) 역시 지리적인 중요성을 생각하면 기장 방면으로 볼 수 있을 것이다. 왜인들이 소지왕 22년(498)에 장봉진을 쳐서 함락시켰다고 한 것은 동래지역에 새롭게 설치된 신라의 방어거점을 공격한 것이라고 할 수 있다.

5세기 중엽까지 신라의 남변에 대한 왜의 침입은 주로 부산과 인접한 양산 방면에 집중되었다. 한편 김해의 가라국이 쇠퇴하면서 복천동고분군에서 신라의 영향이 나타나고 5세기 후반부터 연산동고분군이 축조된다. 이러한 변화는 부산지역으로 신라가 진출한 상황을 반영한 것으로 보인다. 이처럼 신라의 부산지역 진출은 왜가 가야와 연합하여 양산을 비롯한 신라의 남변을 침입하는 것을 막기 위하여, 복천동세력을 가야로부터 분리시키고 한편으로 왜의 공격을 막기 위한 의도에서 비롯된 것으로 볼 수 있다.

이처럼 부산은 원래 가야의 여러 나라를 구성하는 지역이었다가 5세기 중엽 경부터 신라의 영향권으로 편입되었는데, 왜는 가야 · 백제와 밀접한 관련 속에서 부산과도 교류를 하는 한편 신라와 적대적인 관계를 맺었음을 알 수 있다.

〈참고문헌〉

『三國史記』, 『三國遺事』, 『日本書紀』

井上秀雄, 『任那日本府と倭』, 東出版, 1978

선석열, 「삼국사기 신라본기에 보이는 왜의 실체」, 『경성대학교 인문학논총』 13-1, 2008.

4. 박제상과 다대포

신라의 충신 박제상은 왜에 볼모로 간 눌지왕의 아우 미사흔을 구출하고 왜인에게 살해 당하였으며, 왜는 탈출한 미사흔을 잡으려고 왜의 장수 갈성습진언(葛城襲津彦)을 보내었다. 습진언이 대한해협을 건너 다다른 곳이 도비진(蹈鞴津, 타타라노쯔)였다. 이 도비진은 현재 부산 다대포로 생각되며, 가야가 생산한 철을 수출하는 항구였을 가능성이 크다.

박제상

실성이사금이 복호와 미사흔을 각각 고구려와 왜에 볼모[質, 고대에 나라 사이의 외교적 신뢰를 위해 서로 교환했던 사절]로 파견하였는데, 눌지마립간이 즉위한 후 박제상을 파견하여 두 아우를 구출하였다. 먼저 고구려에 들어가 복호를 구출한 박제상은 다시 왜로 들어가 미사흔을 구출하고자 하였다. 『삼국사기』에 따르면, 박제상은 왜에 들어가 마치 신라를 배반하고 온 것처럼 하였으나 왜왕이 의심하였다. 백제인으로서 먼저 왜에 들어간 자가 신라가 고구려와 더불어 왕의 나라를 도모하려고 한다고 참소하였으므로, 왜가 드디어 군사를 보내 신라 국경 밖에서 순회 정찰케 하였다.

마침 고구려가 쳐들어와 왜의 순라군(巡邏軍)을 죽이고 포로로 잡았으므로, 왜왕은 이에 백제인의 말을 사실로 여겼다. 또한 신라왕이 미사흔과 제상의 가족을 옥에 가두었다는 말을 듣고 제상을 정말 신라를 배반한 자로 여겼다. 이에 [왜왕은] 군사를 보내 장차 신라를 습격하고자 하여 제상과 미사흔을 장수로 임명하는 한편, 향도(嚮導)로 삼아 바다 가운데 산이 많은 섬에 이르렀다. 왜의 여러 장수들이 몰래 의논하기를, "신라를 멸한 후에 제상과 미사흔의 처자를 잡아 데려 오자."고 하였다. 제상이 그것을 알고 미사흔과 함께 배를 타고 놀며 고기와 오리를 잡는 척 하자, 왜인이 이를 보고 딴 마음이 없다고 여겨 기뻐하였다.

이에 제상은 미사흔에게 슬그머니 본국으로 돌아갈 것을 권하니 미사흔이 말하기를 "제가 장군을 아버지처럼 받들었는데, 어떻게 혼자서 돌아가겠습니까?" 하였다. 제상이 말하기를 "만약 두 사람이 함께 떠나면 계획이 이루어지지 못할까 염려됩니다." 하니, 미사흔이 제상의 목을 껴안고 울며 하직하고 귀국하였다.

다음날 제상은 미사흔을 멀리 갈 수 있게 하려고 늦게 일어났다. 여러 사람이 묻기를 "장군은 어찌 이처럼 늦게 일어납니까?" 하니, "어제 배를 타서 몸이 노곤하여 일찍 일어날 수 없다."라고 대답하였다. 그가 밖으로 나오자, 비로소 미사흔이 도망한 것을 알게 된 왜인들은 드디어 제상을 결박하고, 배를 달려 추격하였으나 마침 안개가 연기처럼 자욱하고 어둡게 끼어 멀리 바라볼 수가 없었다. 제상을 왜왕의 처소로 돌려보냈더니, 그를 목도(木島)로 유배 보냈다가 곧 사람을 시켜, 섶에 불을 질러 전신을 불태운 후에 목을 베었다고 한다.

미사흔의 탈출

『일본서기』에서는 박제상이 신라로 건너올 때 습진언을 딸려 보내었다. 함께 쓰시마[對馬島]에 이르러 서해수문(鉏海水門)에 머물렀다.

이때 신라 사신 모마리질지(毛麻利叱智, 박제상) 등이 몰래 배와 노젓는 사람을 나누어 미질허지(微叱許智, 미사흔)를 태워, 신라로 도망가게 하였다. 그리고 짚으로 허수아비를 만들어, 미질허지의 침상에 눕혀 놓고 병이 난 것처럼 꾸며, 습진언에게 말하기를 미질허지는 갑자기 병이 들어 죽을 것 같다고 하였다. 습진언이 사람을 시켜 병자를 살펴보도록 하였는데, 속은 것을 알고는 신라 사신 세 명을 잡아 감옥에 가두었다가 불로 태워 죽였다. 그리고 신라로 가서 도비진(蹈鞴津, 타타라노츠)에 머물면서 초라성(草羅城, 양산)을 함락시키고 돌아갔다고 하였다.

습진언은 나라분지 갈성(葛城) 지역에 근거지를 둔 갈성씨(葛城氏)의 시조이며 무내숙녜(武內宿禰)의 아들이다. 『일본서기』에서는 신공황후 때부터 인덕천황까지 그에 대한 기록이 보이며 대체로 4세기 후반부터 5세기 전반까지 활약한 인물로 생각된다. 신공황후가 습진언을 보내어 신라를 치게 하였는데, 신라가 미녀를 보내어 환심을 사자, 그는 신라를 공격하지 않고 대신 가라를 멸망시켰다고 한다. 이때 가라왕이 억울함을 호소하자 목라근자(木羅斤資)라는 백제의 장군을 보내 습진언을 치도록 하였다. 이때 습진언은 천황의 노여움이 가라앉지 않을 것을 알고 자살하였다고 한다.

그러나 이후 응신·인덕 때에도 그의 행적이 나타난다. 신공황후의 아들인 응신(應神) 대에는 궁월군(弓月君)이라는 인물이 백제의 백성을 이끌고 일본열도도 건너오려고 하였는데 신라가 방해를 해서 가라에서 건너오지 못하자, 습진언을 파견하여 그들을 데리고 오게 하였다는 기사가 보인다. 이처럼 그의 행적에 분명하지 않은 부분이 있지만, 역사적으로 실존한 인물로 평가되고 있다. 그런데 그의 활동이 주로 신라 가야와 관련되어 있고, 또한 부산의 다다라(다대포)와 양산지역을 공격한 사실도 주목할 만한다.

타타라

원래 도비(蹈鞴)란 제련로에 쓰는 발풀무를 뜻하는 말인데, 이를 일본에서는 '타타라(たたら)'라고 읽었으며 이는 제철기술과 관련된 말이다. 사철이나 철광석을 녹이기 위해서는 참나무로 된 숯을 써서 1200도 이상의 높은 열로 가열해야 하는데, 이때 강제적으로 공기를 제련로 안으로 공급해야 한다. 이때 사용되는 것이 바로 풀무이다. 일본 애니메이션의 '원령공주(モノノケ姫)'에서 에보시사마(烏帽子様)가 이끄는 여성 제철집단들이 발풀무를 이용하여 공기를 주입하는 모습을 볼 수 있다. 현재도 일본에서는 전통적인 제련기술을 타타라 제철이라고 하며, 이는 김해에 있던 가라국의 권역에 속하였던 다다라(多多羅)와 연관된 용어로 생각된다. 구야국(후의 가락국)은 3세기 중엽에는 이미 철을 생산하여 주변 지역에 철을 수출하였는데, 철을 일본열도로 수출하는 포구가 다다라였으므로 일본에서는 고대의 제철기술을 다다라와 연결지은 것으로 생각된다.

도비진은 삼국시대에 김해의 가라국에 속하였으며, 쇠나라(須那羅)와 함께 주요 읍락으로 일본열도로 철을 수출하던 포구(浦口)였던 것으로 생각된다. 그러나 가라국의 멸망과 더불어 수출 포구로서의 기능을 상실하고 쇠퇴한 것으로 보인다. 이후 조선시대에 들어 왜구의 출몰을 감시하기 위한 수군이 주둔하는 포구로 다시 중요성을 갖게 되었다.

다대포

다다라는 현재의 부산광역시 사하구 다대포로 추정된다. 통일신라 시대에는 금관소경(金官小京)에 소속되어 있었던 것으로 생각되며, 고려시대에도 김해부(金海府), 금주(金州) 등에 속했다. 조선시대에는 태종대에 다대포에 천호(千戶)를 두고 부산포의 병선 3척을 속하게 한 것으로 보아 동래부의 관할로 편입된 것으로 보인다.

『일본서기』에 의하면 5세기를 대표하는 신라의 장군 이사부가 다다라원(多多羅原)에 주둔하였다는 기록이 보이며, 이사부가 김해의 가라국을 칠 때 정벌한 4개의 마을 중에도 다다라가 보인다. 그밖에 답비(蹈鞴)가 포함된 인명으로 일본국의 건국주로 알려진 신무천황

다대진 객사의 현재 모습(몰운대 소재).

몰운대에서 본 낙동강 하구.

(神武天皇)의 왕비이자 대삼륜신(大三輪神) 혹은 대물주신(大物主神)의 딸인 원도비오십령원명(媛蹈鞴五十鈴媛命)이 있다. 인명 속의 '도비'를 '다다라(多多羅)'로 읽는다고 명기되어 있다.

이처럼 일본열도와 밀접한 관련을 맺고 있던 다대포가 임진왜란 때 부산진과 더불어 일본군의 공격을 처음 받은 곳이기도 하다. 다대첨사 윤흥신의 분전에도 불구하고 다대진은 함락되었고, 이후 일본군은 동래성을 공격하게 된다. 당시로서는 부산에서 가장 남쪽에 위치한 수군진이었기 때문에 일본군의 첫 공격목표가 된 것이다.

Ⅱ. 임진왜란

1. 동래성 전투

1592년 음력 4월 14일 그 전날 부산진을 함락시킨 종의지(宗義智, 소오요시토시)가 이끈 일본군은 부산 동래성으로 몰려왔다. 종의지는 대마도(對馬島)의 도주(島主)로서 전쟁이 발발하기 전까지 조선과 일본 사이의 전쟁을 막기 위하여 조선에 일본의 정세를 알리고 조총 2정을 바치기도 하였다. 그러나 전쟁이 시작되자 종의지는 장인인 소서행장(小西行長, 코니시유키나가)과 함께 1군(1番隊)의 선봉이 되어, 5000명의 병력을 이끌고 부산진을 함락하였다. 한편 7000명의 병력을 이끌고 다대진을 공격하여 3000명 정도의 조선병력을 몰살한 소서행장도 역시 동래성으로 이동해왔다. 소서행장은 "싸우겠다면 싸울 것이로되, 싸우지 않으려면 길을 빌려달라(戰則戰矣 不戰則假道)"로 하였으니, 동래부사 송상현(宋象賢)은 "싸워 죽기는 쉬우나, 길을 빌려주기는 어렵다(戰死易 假道難)"고 답하였다.

4월 15일, 일본군의 동래성 공격이 시작되었다. 전투의 결과는 불을 보듯 분명하였다. 부산진과 다대진은 첨절제사가 주둔하는 군진(軍鎭)이었지만, 동래부성은 행정을 목적으로 하는 평지에 자리잡고 있는 성이었기 때문에 방어기능을 충분히 갖추지 못했다.[2] 또한 내륙에 위치하고 있기 때문에 해안을 방어하는 군진들보다 병력도 적었다. 그래서 민간인을 포함해서 약 3000명의 인원이 동래성에 있었던 것으로 생각된다. 그러나 동래성을 공격한 일본군은 1번대의 18,700명에 달했을 것으로 보고 있다.

무기에서도 큰 차이가 났다. 조선군은 주로 창 활 화전(火箭) 등을 사용하였으나, 일본군은 화승총(火繩銃)과 예리한 일본도, 장창(長槍) 등으로 무장하고 있었다. 그 중에서도 전국시대(戰國時代)에 널리 사용되기 시작한 화승총(조총)은 조선군의 두려움의 대상이 되었다. 당시 일본은 전국적으로 50만 정의 화승총이 보급되어 있어서 화력으로는 세계 제일이었다고 한다. 한 발을 발사하는 데 20초 정도가 걸려, 연속으로 쏠 수 있는 능력에서는 활보다 떨어졌지만, 3열 횡대로 서서 차례대로 발사함으로써 지속적으로 탄막(彈幕)을 형성할 수 있어서 실제 전투에서 위력을 발휘하였다. 또한 2~30m 정도 떨어진 표적을 비교적 정확하게 맞출 수 있었고, 무른 납으로 된 탄환을 사용하였기 때문에 살상력이 화살을 능가하였다.

동래성전투의 상황을 박진감있게 보여주는 그림으로 「동래부순절도(東萊府殉節圖)」가 있다. 전통시대의 그림은 한 순간을 포착하는 것이 아니라, 사건의 경과를 한 그림에 담는 것이 특징이다(同圖異時法). 그래서 「동래부순절도」도 여러 가지 사건을 한 그림 속에 응축시켜 놓았기 때문에 시간적인 흐름을 따라가면서 이해할 필요가 있다.

---

2) 현재의 동래성은 영조대에 개축되면서, 마안산 등을 포함하는 둘레 5km 가까운 대규모의 성이 되었다. 그러나 원래 동래성은 둘레 900m 정도의 규모였고 대부분이 평지에 자리하고 있었다.

동래부순절도(육군박물관 소장, 보물 392호, 변박 그림)

첫 번째 장면은 아래쪽에 그려져 있다. 가장 아래쪽에는 소서행장의 군막(軍幕)이 그려져 있고, 그 주변으로 붉을 술을 단 창들이 줄지어 세워져 있다. 일본군들의 위세를 나타낸 것이다. 군막의 좌우에는 화승총을 어깨에 메고 있는 병사들이 일렬로 길게 줄지어 서있다. 이 부분은 아직 전투에 돌입하지 않고 일본군들이 항복을 요구하는 순간을 보여준다. 시선을 위로 옮기면 동래부사 송상현이 남문 위 한 가운데 서있고, 성문 아래 나무 조각이 하나 그려져 있다. 바로 "戰死易 假道難"이라고 쓴 목패다. 항복하라는 소서행장의 요구를 무시하고 결전을 각오하는 순간이다.

그림의 한 가운데는 객사(客舍) 앞에 붉은 옷을 입고 무릎을 꿇고 있는 사람의 모습이 보인다. 송상현이 객사에 모셔진 국왕의 진영(眞

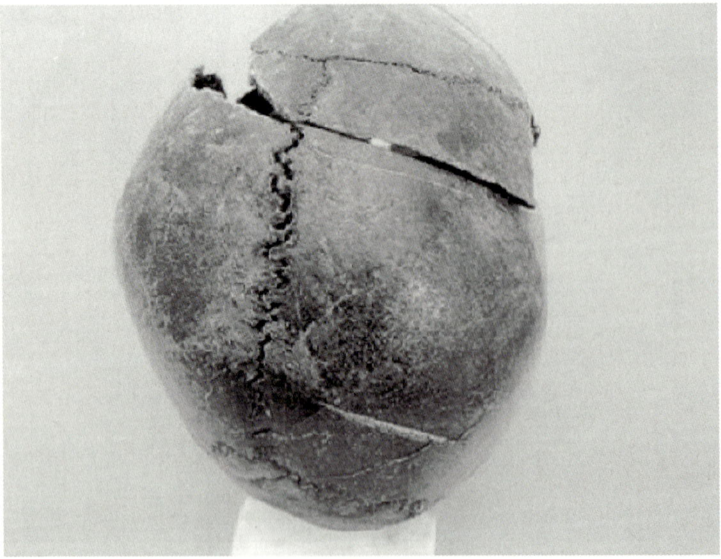

일본도에 잘린 여성의 두개골. 아래쪽에도 칼의 흔적이 보인다.

影) 앞에서 하직인사를 하고 있는 것이다. 송상현의 뒷모습에서 죽음을 각오하는 결연함이 느껴진다. 그 순간 동래성을 포위하고 있는 일본군의 위세에 눌려 동래성에서 달아나는 이각(李珏)의 모습이 서북쪽에 그려져있다. 갑옷을 입고 말을 탄 채로 앞장 서서 달아나고 있는 이각의 뒤를 따라가는 병사들의 모습도 보인다. 죽음을 각오하는 송상현과 위기를 피하는 이각의 모습이 선명한 대비를 이룬다.

드디어 전투가 시작되었다. 동래 성벽과 화승총을 맨 일본군 사이에는 동적으로 모습으로 그려진 일본군들이 보인다. 칼과 창 등의 무기를 들고 공격하고 있다. 간간히 쓰러져있는 일본군의 모습도 보인다. 성벽 위와 성안에는 활을 쏘고 있는 조선군의 모습도 그려져 있다. 전투는 오래 계속되지 않았다. 동북쪽의 성벽을 넘어 성안으로 들

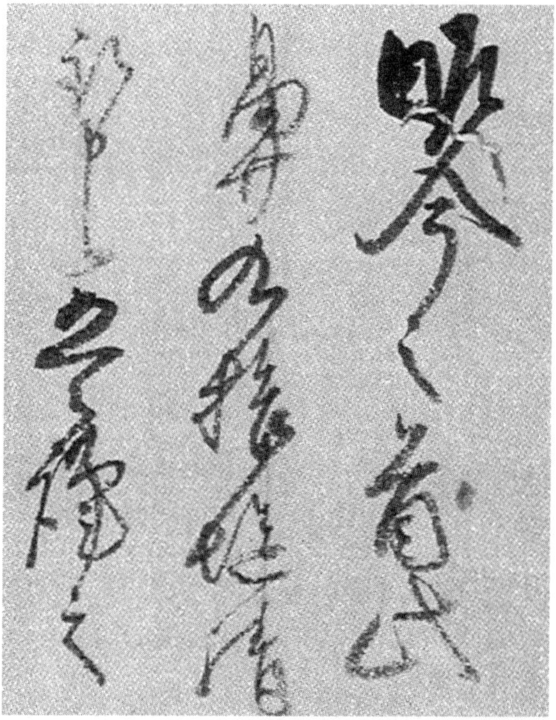

과도승무(鍋島勝茂)가 머리 대신 코 90개를 베어바친 것에 대하여 영수증으로 써준 문서. 大阪城 天守閣 소장. 昨今の首, 此鼻九拾, 慥かに請取り申し候. 恐恐謹言.

어오는 일본군들이 모습이 보인다. 특히 인상적인 것은 붉은 술을 단 긴 창과 양 손에 칼을 든 일본군의 모습이다. 일본군이 두 자루의 칼을 사용했는지는 의문이지만, 일본도는 위협적인 무기였다. 근접전에서 일본군들이 휘두르는 칼은 조선군의 갑옷을 쉽게 뚫고 들어왔다고 한다. 송상현도 일본군의 칼에 목숨을 거두었다.

성 안에 있던 3000여 명이 모두 죽임을 당한 것으로 생각된다. 2011년에 지하철역을 만들다가 발견된 동래성 둘레의 해자에서는 100명 가까운 조선인들의 인골이 발견되었다. 여자와 어린 아이도 포함되어 있었다. 한 여자의 두개골은 예리한 칼로 잘려 있었다. 일본도의 위력을 유감없이 보여준다.

부산진과 다대진에 이어서 경상좌도의 행정거점인 동래부가 함락

부산 동래 충렬사. 소서행장과 종의지의 동래성 공격으로 순절한 송상현 동래부사 등을 모신 사당

되고 교두보가 마련되자, 10만이 넘는 일본군이 부산으로 상륙하였고 한 달 만에 조선의 수도인 한양이 함락되었고, 선조는 의주로 피난하였다. 이렇게 7년에 걸친 참혹한 전쟁이 시작되었다.

명의 참전으로 전쟁이 교착상태에 빠져들자, 일본군들은 부산을 비롯한 경남해안 지역에 많은 왜성을 쌓았다. 정유재란 때는 전공을 확인하는 증거물로 삼기 위하여 조선인의 머리와 코를 베기도 하였다. 경도(京都)에 있는 풍신수길(豊臣秀吉, 토요토미 히데요시)을 제신(祭神)으로 하는 풍국신사(豊國神社) 앞에는 귀무덤이 있다. 바로 베어간 조선인의 코와 귀를 모아 위로하는 곳이다.

현재 동래성 옆에 자리하고 있는 충렬사(忠烈祠)는 일본군에 맞서

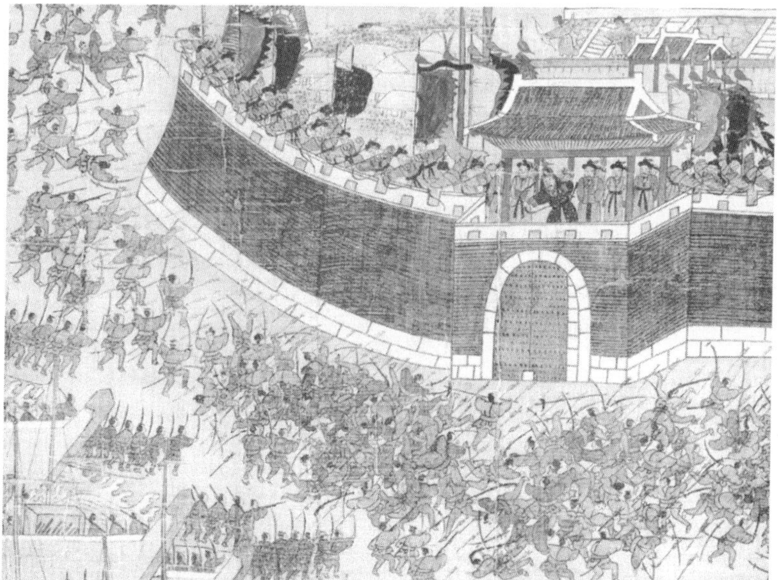

부산진순절도

싸우다 장렬하게 전사한 동래부사 송상현, 부산진첨사 정발(鄭撥), 다대진첨사 윤흥신(尹興信)을 모신 사당이다. 전쟁이 끝난 다음 동래의 중요성을 인식한 조선 조정은 동래성을 크게 확장하여 새로 건설하였고, 동래의 진산인 금정산에는 우리나라 최대 규모의 금정산성(金井山城)을 쌓아 일본의 침입에 대비하였다.

〈참고자료〉

최효식, 「임란 초기 동래성의 항전에 대하여」, 『신라문화』 제26집, 2005.

이현주, 「기억 이미지로서의 동래지역 임진전란도」, 『한국민족문화』 37, 2010.

http://dcn.or.kr/e5/10635

http://ko.wikipedia.org/wiki

2. 이순신과 왜성

토오고오 헤이하찌로오(東鄕平八郎)는 러시아 발틱함대를 격파한 근대 일본의 명장이다. 그가 자신을 넬슨제독과 비교하는 것은 용납할 수 있지만, 이순신장군과는 비교조차 할 수 없다고 하였다고 한다. 자신은 일본의 거국적인 지원 속에서 지칠 대로 지친 발틱함대를 기습하여 승리를 거두었지만, 이순신은 육전의 연이은 패배 속에서 조정의 변변한 지원은 커녕 의심받기도 하는 상황에서 일본 수군의 정예부대와 맞싸워 승리를 거두었으므로 자신과는 비교할 수 없는 존재라고 평가한 것이다. 물론 토오고오 제독이 직접 이런 말을 했다는 자료는 없다. 그러나 이처럼 발틱함대와 해전을 승리로 이끌어 일본을 일약 열강의 반열에 올려놓은 토오고오 제독과 비교되는 이순신 장군은 어떤 전술을 구사했을까? 또 이순신 장군의 활동은 임진왜란 당시 일본군의 전술에 어떤 영향을 미쳤을까?

일본의 대표군함 세키부네

임진왜란 당시 일본의 주력함은 세키부네(關船)였다. 세키부네를 비롯한 일본 수군의 선박은 소나무에 비해 가공하기 쉬운 삼나무나 전나무로 만들었다. 그래서 세키부네는 정교하며 속도가 빨랐지만, 용골(龍骨)을 사용하지 않고 쇠못과 ㄷ자형의 꺽쇠로 목재를 결합시켰기 때문에 외부 충격에 약한 단점을 가지고 있었고 물이 스며들기 쉬웠다. 선체의 강도 면에서 소나무로 만든 조선의 판옥선에 비해 약했다. 또한 세키부네는 선체 전체 높이가 판옥선에 비해 낮고 크기도 작아 기본적으로 인원・무기 탑재 능력이 판옥선에 두드러지게 열세였다. 판옥선보다 선체가 낮아 선상전투를 펼치기 어려웠고, 판옥선이나 거북선과 직접 충돌하거나 화포의 공격을 받으면 쉽게 부서지는 치명적인 약점이 있었다.

손자병법

임진왜란 당시 일본 수군은 전함을 상대방의 배에 접근시켜 병사들이 상대편의 뱃전에 뛰어올라 예리한 일본도를 휘둘러 상대를 제압하고 배를 장악하는 것을 주된 전투방식(Boarding Tactics)으로 삼았다. 즉 보병들의 전투방식을 해전에서도 사용한 것이라고 할 수 있다. 이에 대해서 조선은 먼 거리에서 대포를 쏘거나 활을 쏘아 상대에 타격을 가하는 방식에 의존하였고, 선상 전투를 즐겨하지 않았다.

거북선은 뱃전이 완전히 덮여 있고 그 위에 송곳같은 칼침이 촘촘히 꽂혀 있어 가까이 다가가더라도 일본 수군들은 거북선으로 뛰어오를 수가 없도록 설계되어 있었다. 즉 손자병법에서 말하는 것처럼 상대가 싸우고 싶은 방식대로 싸우는 것이 아니라 내가 원하는 방식대로 싸울 수 있는 조건을 만든 것이다.

한편 거북선은 두께가 12cm 이상의 튼튼한 소나무로 만들었고 그 비중(比重)은 0.73으로 당시 배의 건조에 사용된 다른 목재(0.41~0.47)보다 강도가 매우 높았다. 또한 바닷물 속에서도 녹이 슬지 않는 나무못을 사용하였기 때문에 충격에 강한 구조였다. 이와 같은 장점 때문에 거북선은 좌충우돌하며 상대방의 전함과 부딪혀 침몰시키는 당파전술(撞破前述)을 사용할 수 있었다. 특히 거북선이 앞장서서 적선 사이를 뚫고

들어가 적의 지휘관이 타고 있는 기함(旗艦)을 공격하여 먼저 적장을 죽여 전투의 승기를 잡았다. 당포해전이나 당항포해전이 대표적인 사례이다.

막강한 화력

거북선에는 전투요원으로 화약(火藥)과 포탄(砲彈)을 장전하는 화포장(火砲匠), 포를 발사하는 포수(砲手), 화전(火箭)과 대장군전(大將軍箭) 등 활을 쏘는 사수(射手) 등 45명이 타고 있었으며, 화포와 함께 화살 끝에 화약을 단 화전(火箭)을 쏘았다. 조선 수군의 대포적인 화포는 천자포(天字砲)로 직경 11.7cm의 둥근 철환(鐵丸)을 1300보(500m)까지 쏘아 보낼 수 있었다. 천자포보다 약간 작은 포탄을 쏘았던 지자포(地字砲)도 사정거리가 350m를 넘었다. 그밖에도 대장군전, 화전 등을 쏘았던 현자포(玄字砲)와 황자포(黃字砲)의 사정거리는 약 300m였고, 가까운 거리에서 접전을 할 때에는 화약이 달린 화살을 쏘는 승자포(勝字砲)를 사용하였다. 무게가 가벼워 이동이 자유로웠던 승자포도 사정거리는 200m가 넘었다.

조선의 대표 군함 판옥선

판옥선(板屋船)은 임진왜란 당시 조선 수군의 주력 군함이었다. 임진왜란 당시 거북선을 가장 많이 보유했을 때도 그 척수는 7척 내외에 불과했지만, 판옥선은 1593년에 약 200여 척에 육박했을 정도로 많이 보유하고 있었다.

판옥선은 조선 전기의 주력 군함이었던 맹선(猛船)에 갑판을 한 층 더 얹어 3층으로 만든 배다. 이처럼 갑판이 2중 구조로 되어 있기 때문에, 노를 젓는 요원인 격군(格軍)은 1층 갑판에서 안전하게 노를 저을 수 있고, 전투요원들은 2층 갑판에서 적을 내려다보면서 유리하게 전투를 수행할 수 있었다.

선체 길이가 20~30m 정도였던 판옥선은 임진왜란 해전에서 활약한 군함 중 크기가 가장 큰 편에 속하고 선체도 높아서 일본 수군이 선호하던 승선전투를 하기 어려운 구조였다. 조선 수군이 해전에서 승리하기 위해서는 상대방이 승선전투전술을 사용하지 못하게 막으면서 조선의 장기인 활과 대구경 화약무기로 전투를 수행할 수 있는 군함이 필요하였는데, 판옥선은 그 같은 요구를 충족할 수 있는 군함이었다.

해전의 양상과 왜성

이처럼 견고한 판옥선・거북선과 긴 사정거리를 가진 화포공격, 그리고 이순신 장군의 노련한 전술에 말려들어 일본 수군은 해전에서 패배를 거듭하게 되었다. 그래서 해전에서 패배한 일본군들은 배를 버리고 육지로 상륙하는 일도 잦았다. 육지로 올라가 조선 수군의 공격을 피하는 한편, 육로를 이용하여 본대로 귀환하기도 하였다. 1592년 5월 9일에 올린 이순신의 보고에 의하면, "우리의 철환과 화살이 비오듯이 쏟아져 맞는 놈마다 곧 넘어져 피를 뚝뚝 흘리자, 왜인들은 아우성치며 엎드리고 넘어지는 등 어찌할 바를 모르다가 모두 물에 뛰어들어서 산으로 올라 도망쳤다. 적선은 빠르기가 나는 듯하지만,

우리 배를 보고 미처 도망치지 못하면 으레 해안 기슭을 따라 고기두름 엮는 듯이 줄지어 행선하다가, 형세가 불리하게 되면 뭍으로 도망했다"고 하였다. 이처럼 이미 임진왜란 초기부터 일본 수군들은 해전에서 상황이 불리하면 뭍으로 도망치는 전략을 취하고 있었다. 이런 모습은 『난중일기』의 여러 곳에서 확인할 수 있다.

1593년 2월 20일의 보고에 의하면, "언제나 가볍고 빠른 배로 별안간 포구로 나왔다가 추격하면 금세 돌려서 으슥한 곳으로 들어갔다. 다만 동서의 산기슭에 성을 쌓고 진을 치고 깃발을 많이 벌려 꽂고 철환을 빗발치듯 쏘면서 교만한 꼴을 보였다."고 하였다. 즉 이때는 이미 바닷가에 쌓은 성을 거점으로 일본 수군이 활동하고 있음을 알 수 있다.

왜성은 모두 바닷가나 강가에 위치하고 있고 직접 배를 댈 수 있는 선착장을 갖추고 있는 경우가 대부분이다. 그리고 이순신이 『난중일기』에서 기록한 것을 보면, 패전한 일본 수군들이 주변의 왜성에 들어가 농성하는 모습을 확인할 수 있다. 즉 왜성은 조선 남부의 영구적인 지배거점이라는 평가보다는 해전의 양상에 따라 일본 수군이 상륙할 필요가 있을 때, 피난성의 역할도 하였던 것으로 보아야 할 것이다. 그 대표적인 예가 거제도의 왜성이다. 특히 장목진이 있었던 장목만(가칭)의 좌우에 각각 장문포 왜성과 송진포 왜성을 쌓고 만 입구를 지키고 있다. 이 만을 둘러싼 전투를 이순신 장군을 이렇게 묘사하고 있다.

> 1593년 9월 29일, 장문포 앞바다로 마구 쳐들어가니, 적의 무리는 험준한 곳에 웅거하여 나오지 않는다. 누각을 높이 짓고, 양쪽 봉우리에는

> 진지를 쌓고서 항전하러 나오지 않았다. 선봉의 적선 두 척을 무찔렀더니, 뭍으로 올라가 도망가 버렸다.

지금도 거제도 장목진 좌우 능선 끝에는 왜성의 흔적이 뚜렷이 남아있다. 흔히 거제도의 왜성을 피난성이라고 부르는데, 실제 전투과정에서 피난성으로 사용된 것을 분명히 알 수 있다. 이처럼 바다에 연해서 해안이나 섬지역에 만든 왜성은 일본군들이 해전에서 불리한 상황에 대처하기 위해서 마련한 것이라고 볼 수 있다.

〈참고문헌〉

류교열, 「한반도 남해연안의 왜성과 그 축성의미」, 『일본어문학』14, 2002.

http://bemil.chosun.com 유용원의 군사세계.

김현기, 「이순신제독의 전략 · 전술과 손자병법」, 『이순신연구논총』4, 2005.

3. 선조(宣祖), 왜성(倭城)의 이용을 윤허하다

두 차례 전쟁의 과정에서 일본군들은 남해안을 중심으로 40개 이상의 성을 쌓았다. 부산지역에만 모리휘원(毛利輝元)이 쌓은 부산본성(釜山本城)・동삼동성(東三洞城, 椎木島)・중앙동성(中央洞城), 흑전장정(黑田長政)이 쌓은 기장성(機張城), 모리길성(毛利吉成)이 쌓은 임랑포성(林浪浦城), 소조천융경(小早川隆景)이 쌓은 구포성(龜浦城)을 비롯하여, 동래성(東萊城, 前野長康), 가덕도성(加德島城, 九鬼嘉隆), 김해 죽도성(竹島城, 毛利重政), 농소성(農所城, 鍋島直茂) 등 11개의 성이 있었다. 부산본성이 일본군의 중심 거점이었던 만큼 이를 방어하기 위해서 많은 성으로 겹겹이 둘러쌌다고 할 수 있다.

현재 이들 성은 대부분은 그 흔적을 찾기 어렵고, 그나마 원형에 가깝게 남아있는 성은 기장성과 임랑포성, 자성대성 정도이다. 부산의 인구증가와 도시개발의 결과이기도 하지만, 자랑스럽지 못한 유적으로 홀대받은 결과라고도 할 수 있다. 현재도 왜성을 관광자원으로 적극적으로 활용하려는 논의는 비극적인 역사를 상기시키는 행위도 비난받기도 한다. 그렇다면 피해 당사자였던 조선은 왜성을 어떻게 바라보았을까? 우리가 식민지배의 상징인 중앙청을 헐어낸 것처럼, 침략의 상징인 왜성을 파괴하였을까? 조선시대 사람의 입장으로 돌아가 왜성의 의미를 다시 짚어볼 필요가 있다.

우리 나라 사람들은 지모가 없구나

왜란이 끝난 후에 방어체제를 재편하는 과정에서 조선은 적극적으로 일본군들이 남긴 왜성을 활용하고자 하였다. 선조는 왜성의 제도가 조선의 제도보다 우월하며 조선 사람의 지모가 일본 사람보다 모자란다고 하였다. 한양의 성곽도 모두들 방어할 만하다고 하지만, 직접 살펴본 바로는 실소(失笑)할 수밖에 없었다고 하였다. 그래서 왜성을 일부 정비하여 그대로 군진으로 사용하는 것을 허락하였다. 나아가 여진족들이 출몰하는 북쪽 지역에 왜성과 같은 방식의 성을 쌓아 북변을 방어하는 방안도 윤허하였다. 『조선왕조실록』을 인용해 보자.

> 상이 이르기를,
>
> "적의 성채(城寨)가 매우 험난하다고 하는데 어떻게 쌓았던가?"
>
> 하니, 이광정이 아뢰기를,
>
> "성을 쌓은 돌이 아주 무거워 운반하기 어려울 정도였고 성의 토대는 대단히 넓었으니 윗부분은 차츰 뾰족한 모양이었으며, 성문의 길은 구부러져 곧장 달려 들어가기가 어렵게 되어 있었습니다. 석성(石城)의 높이는 2장(丈)이고 석성의 위에 또 토벽(土壁)을 1장 높이로 쌓았습니다."
>
> 하였다. 상이 이르기를,
>
> "적의 성을 함락시키기 어렵다고 한 것은 무엇 때문에 한 말인가?"
>
> 하니, 이광정이 아뢰기를,
>
> "성이 견고한 데다 철환(鐵丸)을 비오듯 쏘아대므로 함락시키기가 어려운데 부산과 서생포(西生浦)에 있는 성이 모두 그렇습니다. 적이 물러가던 날 신의 군관(軍官)들이 바라보니, 전선이 온 바다를 뒤덮고 가는데 바닷물이 보이지 않을 정도였고 그 중에 한 척이 북을 치고 나팔을 불며 가는데 중국 사람인 듯하였다고 하였습니다."
>
> 하자, 상이 이르기를,

"적의 성은 우리 나라 성의 제도와 너무도 다르다. 우리 나라는 서쪽에 있는 성채가 극히 볼 것 없으니 우리 나라 사람은 지모가 없다고 하겠다. 왜인을 우리 나라 사람과 비교하면 하늘과 땅처럼 차이가 있다." (『조선왕조실록』 선조 29년(1599년) 2월 2일)

병조가 아뢰기를, "북도의 성제(城制)를 한결같이 왜성(倭城)처럼 개축하라고 승전(承傳)하였습니다. 포로가 되었다가 나온 사람들이 전후로 많지 않은 것은 아니나, 그 중에도 전 좌랑(佐郎) 강항(姜沆), 부장(部將) 손문욱(孫文彧), 무안(務安) 사는 무출신(武出身) 정몽추(丁夢鰍)가 오랫동안 왜중(倭中)에 있었으니, 또한 필시 일본의 성지(城池)와 기계(機械)에 대해 상세히 알 것입니다. 이 사람들에게 북병사의 군관이란 칭호를 주어 내려보내 제진(諸鎭)을 출입하면서 가르치게 한 연후 만약 성과가 있으면 그대로 본도의 변장(邊將)으로 차임하여 그 노고에 보답함이 어떻겠습니까?"하니, 윤허한다고 전교하였다.(『조선왕조실록』 선조 33년(1600년) 7월 24일)

변란을 겪은 후 군정(軍政)이 해이해졌으므로 상교(上敎)에 의하여 특별히 왜성(倭城)의 형제(形制)를 잘 아는 자를 파견하여 순찰사의 진영으로 달려 보냈습니다. 도내의 성을 비록 일시에 다 개축할 수는 없겠으나, 그 중에서 더욱 방어에 긴급한 것으로 퇴락되어 수축하지 못한 곳을 우선 수축하되 왜성의 형세를 참작하여 일정한 기간 안에 공사를 마쳐 변란에 대비하게 하였습니다. 그리고 기타 다른 지역으로 이동한 백성은 추수가 끝난 후 일일이 쇄환하며, 수령(守令)·변장(邊將)도 해조(該曹)로 하여금 선택하게 하였습니다. (『조선왕조실록』 선조 33년(1600년) 7월 17일)

상이 이르기를,"적은 1천~2천 명의 군사만으로도 쳐들어 올 수 있는데 반해 우리 나라 군대는 1만 명으로도 왜병 1천 명을 당하지 못한다. 설마 토평(討平)했다고 하더라도 피해가 적지 않을 것인데 어떻게 이길 것이라고 기필할 수 있겠는가. 지금의 계책으론 양장(良將)과 용사(勇士)를 얻는 것뿐이니, 언론이 아무리 좋은들 무엇에 쓰겠는가."하였다.

이덕형이 아뢰기를, "산성에 대한 일은 성상의 하교가 지당합니다. 도산(島山)의 병영에도 방어 진지를 쌓고 많은 기계(器械)와 군량(軍糧)을 쌓아두었다가 급한 일이 있을 때면 그 성과 함께 성패를 같이하여 장졸(將卒) 모두가 안정된 뜻을 갖게 해야 일을 할 수 있습니다. 만약 평소에 지키지도 못할 곳에다 진(鎭)을 쳐서 영(營)을 만들었다가 급한 때를 당해서 버리고 달아난다면 과연 무슨 이익이 있겠습니까. 좌병영(左兵營)인 도산에는 가등청정(加藤淸正)이 들어왔던 영이 있어서 병사(兵使) 이영(李英)이 내려갈 때 신이 지킬 만한 곳이라고 말하였더니 형세(形勢)를 보고나서 하겠다고 하였습니다. 그리고 우병영(右兵營)는 마산(馬山)인데 적루(賊壘)가 또한 있습니다."하였다.

상이 이르기를,"마산도 성을 쌓을 만한 곳인가?"하자,

이덕형이 아뢰기를, "소신이 마산을 가보지 않아 형세는 알 수 없으나 만약 의거할 만한 험한 곳이라면 우병사(右兵使)가 들어가 처할 수 있습니다. 그리고 부산(釜山)에도 적의 영문이 있으니, 조련된 군대 몇 천 명으로 왜성(倭城)을 굳게 지키면 의거할 만합니다.(『조선왕조실록』 선조 34년(1601년) 1월 17일)

의병장 곽재우, 울산왜성의 이용을 건언하다

곽재우는 1599년 병마절도사로 울산의 경상 좌병영에 부임하여, 울산 왜성의 견고함을 보고 이곳에 정병 2000명만 있으면 충분히 지킬 수 있다고 하고, 울산 왜성의 이용을 주장하였다. 의병장으로 왜성 공격에 참여하였던 경험에서 울산 왜성의 이용 방안을 구체적으로 제시하고 있다.

경상 좌병사 곽재우(郭再祐)가 치계하기를, (중략) 임진년 이전에 변성을 크게 축조하였으나 마침내 지키지 못하였고, 변란 뒤에 또 산성을 쌓았는데 지키지 못하여 진주(晉州)가 함락당하고 황석(黃石)이 또한 패하였습니다. 이런 일이 있은 뒤로 군민은 모두 성을 죽음의 장소라고 하였고 의논하는 사람도 역시 성은 지킬 수 없는 곳이라고 하였습니다. 성을 지키기 어렵다고 한다면 모르지만, 지킬 수 없다고 한다면 역시 잘못이 아니겠습니까. 신은 본디 어리석고 용렬한 사람인데 외람되게 변방을 지키는 장수로서의 중책을 맡았으니 조금이라도 천은(天恩)에 보답할 수만 있다면 만 번 죽어도 여한이 없겠습니다. 어찌 감히 꼭 살겠다는 마음을 가지고 성을 지키는 것을 위험하다고 하겠습니까.

신이 도산성(島山城)을 보니, 청적(淸賊)이 수만 명의 인부를 동원하여 함락시킬 수 없는 성을 쌓았는데, 그 성이 비할 데 없이 견고합니다. 또한 끊어진 산을 이용하여 성을 쌓으니 매우 교묘하여 바로 평지 가운데 생긴 한 개의 산성이며, 외성(外城)의 둘레가 6백여 발[把]에 불과하므로 정병 2천 명이 넉넉히 지킬 수가 있었습니다. 내지(內城)의 병사는 전투에 익숙하지 못한 데다가 길이 또한 멀어서 변경에 급한 일이 생기면 병사를 모으는 일이 매우 어려우니, 변란을 만나 위급할 때 양식도 없는 군대를 끌고 텅 빈 성을 들어가서 지킨다면 패할 것이 분명합니다. 경주와 울산의 군대는 8년 동안이나 적을 토벌하여 전투에 익숙해 있으니 정병(精兵)이 많지 않다고는 못할 것입니다. 만일 공사천(公私賤)을 가릴 것 없이 본토의 유민(流民)을 모두 모은다면 경주와 울산 양부(兩府)에 수성군(守城軍) 2천여 명은 얻을 수 있을 터이니 이 군대로 영구히 성을 지키게 하고, 그 나머지 내지의 각읍에서 모은 여러 계통의 잡군(雜軍) 6천여 명으로 수성군의 봉족(奉足)을 삼아 1인당 1년에 쌀 20여 두(斗)씩을 내게 하면 2천 명의 1년 양식을 지탱할 수가 있을 것입니다.

성보(城堡)를 모두 왜성과 산성으로 옮겨야 합니다

경상도 관찰사 김신원은 왜성이 모두 지세가 좋은 곳에 위치하고 서로 긴밀하게 연결되어 조선의 육군과 수군이 감히 공격할 엄두도 내지 못했다고 하고, 육군의 경우는 성보를 모두 왜성과 산성으로 옮기고 군창 군기고 관사를 모두 성 안에 둘 것을 건의하였다.

> 경상도 관찰사 김신원(金信元)이 장계하였다. (중략) 정유년 이후에는 흉적(兇賊)들이 모두 해변에 주둔하여 모두 지세가 좋은 곳을 골라 성을 쌓고 호(壕)를 파서 수미(首尾)가 서로 연접하여 5~6백 리의 지역에 뻗어 있었다. 그리하여 우리 수군은 감히 정면으로 대결을 못하고 육군도 감히 그 뒤를 습격할 모의를 못하다가, 적이 제 발로 물러간 뒤에서야 비로소 그들이 버리고 간 소굴을 엿보았으니, 이는 다른 이유에서가 아니라 저들이 지세에 웅거하여 남을 제압할 수 있는 방법을 얻었기 때문이다. 그런데 지금 연해의 수령과 진장(鎭將)들은 각각 구기(舊基)로 돌아가서 각자 옛 규례를 따라 고식적으로 세월만 보내고 있으면서, 험한 곳에 웅거하여 스스로 견고히 지켜야 한다는 말을 들으면 이맛살을 찌푸리고 고개를 흔들지 않는 자가 거의 드물다. 만약 적이 침범해 온다면 연해의 형세는 모두 다시 적의 소유가 될 것이고, 다시 우리가 전일처럼 패하여 무너질 것이 틀림없으므로 신은 매우 민망하게 여긴다.
>
> 신의 어리석은 소견으로는 수전과 육수(陸守)는 어느 한 쪽도 폐할 수 없으니, 형세를 골라 요새(要塞)를 설치하는 일 또한 조금도 늦출 수 없다. 연해의 수장(水將)들은 각각 배를 갖추고 사수(射手)와 격군(格軍)을 정돈하여 바다 가운데서 변을 기다리고, 육장은 각기 성지(城池)를 지키고 군민(軍民)을 거느리고서 육지에서 변을 기다리게 해야 한다. 그리고 성보(城堡)를 모두 가까운 적의 소굴과 산성(山城)으로 옮기고, 군창(軍倉)·군기고(軍器庫)·관사(官舍) 등은 모두 성중(城中)에 설치하고서 이민(吏民)들로 하여금 그 밑에 살면서 평상시에는 흩어져 나아가서 농사를 짓고 변고가 있으면 철수해 들어와서 지키게 한다면 이 역시 내가 먼저 적을 제압한다는 뜻이니 전철(前轍)을 그대로 따르다가 적이 침입하면 반드시 함락당하는 형세에 이르는 것보다는 낫다. (『조선왕조실록』 선조

33년(1600년) 12월 10일)

자성대 왜성이 부산진성으로

조선의 부산진성을 함락한 일본군은 새로 부산왜성(증산 일대)과 자성대왜성(현 자성대)을 쌓고 일본군의 조선 공격의 거점으로 삼았다. 일본군이 철수한 이후 조선은 바로 이 자성대왜성을 중심으로 수군의 부산진성을 설치하였다. 새로운 부산진성은 자성대왜성이 위치하였던 독립구릉을 중심으로 다시 성곽을 쌓은 것이다.

임진왜란 이후의 부산진성을 보여주는 지도를 보면, 자성대 구릉을

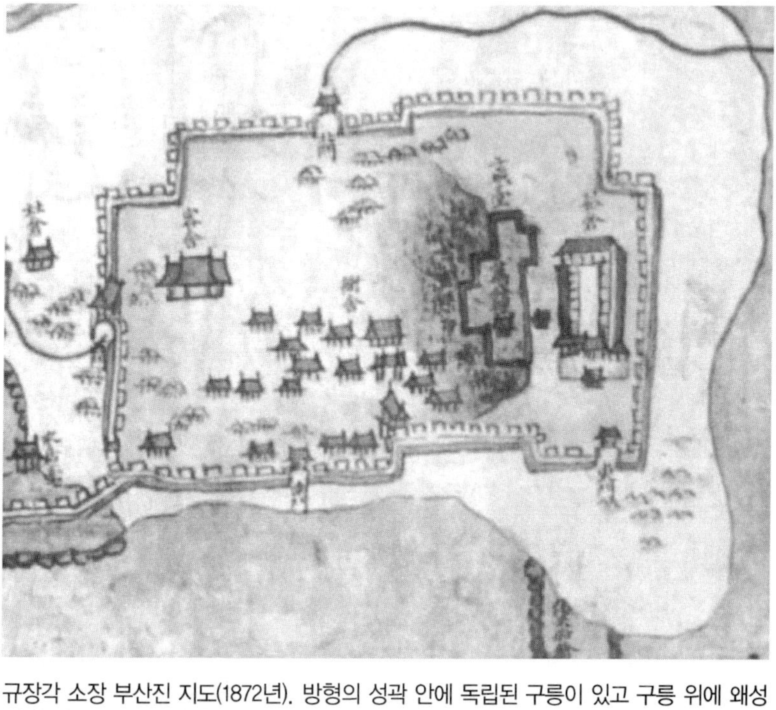

규장각 소장 부산진 지도(1872년). 방형의 성곽 안에 독립된 구릉이 있고 구릉 위에 왜성의 흔적이 그대로 남아있다.

규장각 소장 울산 서생진(1872년). 왜성 안에 서생진의 동헌과 객사, 군관청, 이청, 군기창 등이 위치하고 있다.

중심으로 동서가 긴 장방형의 외곽 성을 쌓고, 동쪽으로 2개의 문을 비롯하여 서문과 북문을 두었으며, 성벽 위에는 여장을 만들었다. 성의 서북쪽 바깥에는 영가대와 수군선이 정박하는 선창이 있음을 알 수 있다. 성 안에는 국왕의 위패를 모신 객사(客舍), 수군들이 거주하는 위사(衛舍), 창고 등이 있었다. 자성대 왜성이 있던 곳은 왜성의 성벽이 그려져 있고 그 안에는 명나라 장수 만세덕의 공덕을 기리는 만공단(萬公壇)이 표시되어 있다. 왜성 안에는 만공단 이외에 다른 건물이 없는 것으로 보아, 평상시에는 평지의 시설물을 이용하고 비상시에는 왜성으로 들어가 농성하는 전략이었던 것 같다.

전쟁 피해의 당사자였던 조선인들은 왜성을 파괴하기는커녕 오히려 그 우수성을 인정하고, 이를 방어의 거점으로 적극적으로 활용하고자 하였다. 자성대왜성, 서생포왜성이 구체적인 사례이다. 왜성은 비극적인 전쟁의 산물일 뿐만 아니라, 조선도 그대로 진성 등으로 사용한 유적이기도 하다. 한편 왜성은 임진왜란이라는 전쟁이 어떤 전쟁이었는지를 생생하게 보여주는 사료이기도 하다. 전쟁으로 엄청난 피해를 입은 조선인들보다 현재의 우리들이 왜성에 대해서 더 절실한 감정을 가지고 있다고 할 수 있을까? 조선인들이 실리를 추구하였다면 우리는 명분만을 쫓고 있는 것이 아닐까?

〈참고문헌〉

『조선왕조실록』

中西豪,「朝鮮側史料に見る倭城」,『朝鮮學報』125, 1987.

4. 황령산 봉수의 하루

조선시대에 부산은 대마도를 비롯한 일본열도와 마주하고 있는 최전선이었다. 여러 수군진과 봉수들이 줄지어 일본열도 쪽을 지키고 있었다. 그런 중에 빈번하게 부산을 왕래한 것은 대마도 사람들이었다. 부산은 대마도를 포함한 일본에서 오는 선박을 어떻게 파악하고 감시하였는지를 1655년 어느 하루의 사례를 중심으로 재구성해 보았다.

대마도에서

1655년 5월 15일, 평성련(平成連)은 한밤중부터 대마도의 북쪽 끝 와니우라(鰐浦) 바닷가에 서서 바람을 기다리고 있다. 벌써 보름째 하늘을 쳐다보며 바람을 읽고 있다. 그는 날씨가 맑은 날이면 뚜렷하게 보이는 조선 땅의 왜관으로 가기 위해서는 바람을 기다리고 있는 것이다. 부산으로 가기 위해서는 동풍이나 동남풍이 불어야 한다. 대마도는 부산의 남쪽에 있지만, 서쪽에서 동쪽으로 흐르는 조류(潮流)의 흐름이 빠르기 때문에 남풍을 타면 목적지인 부산을 크게 벗어나서 울산 쪽으로 가게 된다. 오히려 동풍이 불어야 가장 빠르게 부산에 도착할 수 있다.

그런데 계속 거친 서풍이 불고 있는 것이다. 와니우라에서 왜관까지는 120리 남짓한 거리로, 순풍을 얻으면 불과 대여섯 시간만에도 갈 수 있고 대개는 아침 일찍 나서면 오후에는 닿을 수 있다. 그렇지만 바람이 고르지 못하면 순풍을 기다리느라 두 달씩 기다리는 일도 없지 않고, 순풍에 돛을 올렸다가도 갑자기 서풍이 불어 배가 원하는 방향으로 가지 못하기도 한다.

왜관으로 가기 위해 와니우라에 정박해 있는 모두 3척이었다. 두 척은 대선(大船)이라고 불리는 것으로 쌀을 800가마니라도 실을 수 있고, 뱃사공과 인부(格倭)만 30~40명에 이르는 큰 배다. 한 척은 뱃사공 10명이 타는 작은 배로 큰 배에 비해서 민첩하게 움직일 수 있다. 제1선은 대마도주가 조선과의 교역을 위해 파견하는 무역선으로 세견선(歲遣船)이다. 제2선은 평성련이 직접 승선할 배로 자신을 수행하는 종자 15명, 조선에 바칠 물품을 관리하는 관리 2명, 노군 40명이 타게 될 것이다. 제3선은 작은 배로 통신사들이 탄 배의 뱃길 안내를 맡게 될 것이다. 평성련은 이번에 조선이 파견하는 통신사를 수행하기 위한 임무를 띠고 파견되는 것이다. 통신사가 출발할 기일이 임박했으므로 서둘러 조선으로 가야하는데 날씨가 고르지 않으니 속이 타들어갈 수밖에 없었다.

평성련은 아직 어둠이 가시지 않았지만 드디어 마음을 굳힌 듯 뱃사공들에게 돛을 올리라고 하였다. 포구를 나서는 그의 머리 속에서는 만감이 교차하였다. 이번에는 자신에게 조선이 파견하는 통신사를 수행하는 책임을 맡긴 대마도주는 부디 원만하게 일을 마무리하라고 신신당부하였다. 평성련이 바다 건너 조선에 왕래한 지 벌써 20년 가까이 되었다. 조선은 자신을 골치 덩어리로 생각하고 있을 것이다. 혈기왕성했을 때 그는 조선이 대마도(對馬島)라고 부르는 것을 거부하고 대마주(對馬州)라고 해야 한다고 주장하기도 하고, 조선이 주는 물품의 질이 좋지 못하다고 따지기도 했다. 왜관 선창에 방파제를 쌓는 문제로 왜관에 3년이나 머물면서 고집을 피운 적도 있다. 그러나 이

제는 상황이 변했다. 조선이 파견하는 통신사는 인삼이나 목면의 교역 못지않게 중대한 사안이 되었다.

그렇다. 조선의 통신사는 이제 관례적으로 모든 무사의 우두머리인 장군이 교체될 때 이를 축하하는 사절로 파견되기에 이르렀다. 조선부터 에도(江戸)까지 심지어는 장군을 대면하는 자리까지 시종일관 대마도의 관리들이 통신사를 수행한다. 통신사 수행은 에도는 물론이고 일본 전국에 대마도의 중요성을 알릴 수 있는 둘도 없는 기회다. 게다가 막부로부터도 적지 않은 수고비를 받을 수 있고, 막 에도에 문을 연 대마도의 인삼가게의 평판도 덩달아 높아질 것이다.

드디어 조선의 강산이 손에 잡힐 듯이 가까워졌다. 어느 틈에 저 멀리 조선의 군선과 왜관에서 보낸 작은 배가 쏜살같이 다가오고 있었다. 평성련은 옆에 서 있던 시종에게 대마도주가 작성해 준 서계(書契)를 준비하라고 일렀다. 조선 해안에 상륙하기 위해서는 대마도주의 도항 허가서가 필요하기 때문이다.

황령산에서

김계옥(金戒玉)은 황령산(荒嶺山) 정상에 자리한 황령산봉수에서 수평선(물마루, 水宗 水旨)을 지켜보고 있었다. 물마루를 넘나드는 배가 있는지 살펴보고 있는 것이다. 연대에서 바다를 지키는 일을 맡은 병사를 봉군(烽軍)이라고 하는데, 그도 황령산봉수의 봉군이다. 김계옥말고도 이 봉수에는 네 명의 봉군이 더 있고, 책임자인 오장(伍長)이 있다. 1000척이 넘는 산 꼭대기에 바다를 지켜보는 일이 쉬운 일이 아니다. 여름철은 산을 오르내리는 것이 고역이고, 겨울에는 매서운 바람이 살을 에는 듯하다. 게다가 부산 앞바다는 일본 배들이 넘나드는 길목에 있다. 1년이면 80척 가까운 배들이 왜관을 출입하므로 5일이면 1번 쯤은 물마루에 배가 나타난다. 수평선에 배가 보이면 비상상황이다. 조선의 국법에 따르면 조선의 배가 마음대로 물마루를 넘어갈 수 없고, 또한 외국의 배도 허가 없이 들어와서는 안되기 때문이다. 황령산봉수에서 보이는 수평선까지가 조선의 바다이고, 특별한 경우가 아니면 그 바깥으로 조선인들이 나갈 수 없었다.

5월 15일 정오 무렵에 초량왜관에서 배 1척이 대마도로 떠나는가 싶더니, 2시 경에는 수평선 위에 작은 점처럼 3척의 배가 나타났다. 그는 초여름 햇살에 나른해진 눈을 부릅떴다. 아직은 너무 거리가 멀어서 조선의 어선인지 일본에서 온 배인지 알 수 없지만, 즉시 산 아래 있는 관아와 수군 기지에 연락해야 한다. 왜관을 떠나는 배야 대마도로 물건을 잔뜩 싣고 떠나는 일본인들의 배일 것이고, 수군의 주둔지인 부산진(釜山鎭)에서도 이미 알고 있을 것이다. 그러나 물마루에 새로 나타난 배는 임진년(壬辰年)의 적선처럼 조선을 침략하려고 나타난 배일지 모르기 때문이다. 옆에서 선잠을 자고 있던 동료 봉군을 두들겨 깨워 이웃한 해운대 장산 자락의 간비오(干飛烏) 봉수와 구산(龜山)의 봉수에 물마루에 배가 나타났음을 신호로 알리라고 소리치고는, 오장에게 보고하였다. 오장은 배가 나타났다는 이야기를 듣자 말자 김계옥과 다른 두 명의 봉군에게 동래부와 좌수영, 부산진에 직접 내려가서 알리라고 명령하였다. 김계옥과 동료 봉군들은 산 아래를 향해 뛰어 내려가기 시작했다.

황령산 봉수는 조선 초기부터 봉수제가 폐지될 때까지 존재한 대표적인 연안봉수이다. 부산 앞바다에서 일어나는 배의 움직임을 감시하는 일에서는 중심에 위치하고 있다. 황령산의 동쪽으로는 간비오봉수, 기장 남산봉수, 아이포봉수, 울산의 이길봉수, 하산봉수가 바다를 잘 살필 수 있는 산 위에 자리하고 있고, 서쪽으로는 구산 봉수, 다대포의 응봉봉수, 가덕도봉수에서 바다를 내려다보고 있다. 부산 주변에 이렇게 많은 봉수들이 바다를 감시하고 있는 것은 고려시대부터 바다로부터 이 땅을 쳐들어오는 적들이 끊이지 않았기 때문이다. 일본인들이 모여 살고 또 끊임없이 사람과 배가 드나드는 왜관에서 가장 가까운 봉수가 황령산봉수이므로 언제나 긴장을 늦출 수 없는 상황이다.

황령산의 동북쪽에는 동래부사가 있는 동래성(東萊城)이 있고, 동쪽으로는 낙동강 동쪽에서 울산에 이르는 바다 전체를 관할하는 좌수영(左水營)이 있다. 산 아래 서남쪽 바닷가에는 수군들이 주둔하는 부산진성(釜山鎭城)이 있다. 황령산 봉수는 물마루를 넘어 들어오는 배가 있으면 이 세 곳에 봉군을 보내어 상황을 보고해야 한다. 김계옥은 동북쪽 능선을 따라 내려가 동래성을 향했다.

봉군 중 하나는 부산진성을 향해서 서남쪽 능선을 달려내려 갔다. 부산진성은 임진왜란 때 최초로 일본군과 맞붙은 성이다. 당시 수군의 지휘관(僉使)이었던 정발(鄭撥)은 용감하게 맞서 싸웠으나 성은 함락되고 성 안에 있던 군사들은 전멸하였다. 임진년에 전멸당한 성이 어디 부산진성밖에 없었겠는가. 다대진(多大鎭)을 비롯하여 동래성(東萊城)을 지키던 사람들도 모두 죽임을 당했다. 이제 그 임진년 전쟁의 참혹함을 직접 체험한 사람들은 거의 없지만, 입에서 입으로 일본군들이 조선인들의 코를 베고 귀를 베어간 이야기들이 전해지고 있지 않은가. 북쪽으로는 울산에서 서쪽으로 김해에 이르는 바닷가에 늘어선 수군의 진영과 봉수들은 모두 일본의 침략을 막기 위한 것이 아닌가. 문현고개를 한달음에 내려와 좌천(佐川)을 건넌 봉군은 가쁜 숨을 몰아쉬며 첨사 홍여한(洪汝漢)에게 물마루에 3척의 배가 나타났음을 알렸다. 첨사는 바로 배를 검문하기 위해서 초탐장(哨探將)이자 부산진의 제2 전선(戰船) 함장(艦長) 김거남(金巨男)으로 하여금 전선을 타고 나가 3척의 배를 확인하도록 하였다. 봉군이 한숨을 돌리는 사이에 초량에 있는 왜관 쪽에서 작은 배 1척이 역시 앞바다로 나가는 것이 보였다. 저 배는 필시 왜관에서 일본인들의 출입을 감시하는 관인(禁徒倭)들이 탄 배일 것이라고 생각하면서 이번에는 느릿느릿 황령산 꼭대기를 향해 걷기 시작하였다.

동래부에서

2시가 조금 넘은 시간에 황령산 봉군 김계옥과 간비오 봉군 정계인이 달려와 물마루에 선적이 불분명한 세 척의 배가 나타났다고 급하게 보고하였다. 동래부사 한진기(韓震琦)는 동래에 온 지 불과 2달도 되지 않았다. 얼마 전까지도 사헌부 지평(持平)이라는 청요직에 있었고 출세가도를 달리던 자신이었다. 그러나 청나라 사신으로 간 역관들이 인삼을 지나치게 많이 가져간 일과 연루된 이광재의 처벌을 가볍게 해줄 것을 주청하였다가, 외직으로 쫓겨나고 말았다. 외직이라면 지평이 되기 전에 전주에서 판관을 지낸 일이 있었다. 그러나 일본을 마주하고 있는 군사 요충지에 근무하게 되었으니, 각오를 새롭게

규장각 동래부 지도(1872년). 한 가운데 둥글게 표시된 동래부 아래, 황령산봉수, 그 아래 부산진성, 오른쪽에 경상좌수영, 바다 가운데 대마도가 보인다.

하지 않을 수 없었다. 외직으로 밀려난 처지가 처량하기도 했지만, 사헌부의 지평은 사간원의 간관들과 마찬가지로 임금에게도 직언을 마다하지 않은 것이 소임이 아니던가. 관리들의 비리를 들추어 바로잡는 일도 중요하지만, 외적의 침입으로부터 종묘사직을 지키는 일 또한 긴급한 일이 아닌가. 그러나 여러 가지로 동래는 낯설기만 하다. 봉수의 봉군들이 수시로 달려와 수상한 배가 물마루에 나타났다고 할 때마다, 팽팽한 긴장감을 느끼지 않을 수 없었다.

한꺼번에 세 척이나 나타났다고 하니 예사롭지 않다고 생각하면서도, 우선은 부산진 첨사인 홍여한이 배를 내어 검문에 나설 것이라고 짐작하였다. 바다에서 일어나는 일은 우선은 부산진과 좌수영 소관이다. 경상좌도의 수군을 총괄하는 좌수영이 바로 이웃하고 있다는 사실만으로도, 국경에 위치한 동래가 심상한 곳이 아님을 느끼곤 한다. 아니나 다를까 6시 경이 되자 부산진 첨사 홍여한이 세 척의 배가 대마도에서 온 것이며, 일단 왜관 앞에 정박토록 하였다고 보고해 왔다. 바로 훈도(訓導) 이형남(李亨男), 별차(別差) 이신남(李信男) 등을 보내어 구체적인 사정을 확인해 보라고 명령했다.

두 사람이 돌아와서 세 척의 배가 온 연유를 보고하였는데, 특별한 이상은 없다고 하였다. 다만 예조 참판과 참의 앞으로 각각 서신을 가져왔다고 하였다. 서한을 가져온 것은 이들이 한양에서 경접위관(京接慰官)이 와서 마중해 줄 것을 노리는 것이 분명하다. 그러나 지금은 그럴 때가 아니다. 통신사의 파견이 임박해서 한양도 어수선할 것이고 동래에서도 준비해야 할 일이 한두 가지가 아니다. 훈도 이형남에게 평성련이라는 자에게 접위는 동래 부사인 내가 맡을 것이니 경접

위관은 기대하지 말라고 이르도록 하였다. 소문으로 듣기는 평성련이라는 자는 자주 문제를 일으켰던 자라고 한다. 이번에도 자신의 시종을 15명을 끌고 왔다고 한다. 원래 시종들은 11명만 접대하도록 되어 있다고 하니, 15명이 왔다고 이들을 다 대접하면 앞으로는 더많이 끌고 올지도 모를 일이다. 왜인들의 접대에 동래의 부담이 적지 않은데, 이들이 점점 많이 찾아온다면 심각한 문제다. 이 일에 대해서도 11명만을 접대할 뜻을 분명히 하라고 일렀다.

일본으로 가는 통신사 일행은 이미 4월 20일에 한양을 출발하였다. 며칠이면 동래에 들이닥칠 것이다. 통신사는 좋은 바람을 기다리느라 한 달을 기다리는 일도 적지 않다고 한다. 한양에서 오는 관인들을 접대하는 일이 만만치 않을 것이다. 이번에 정사로 임명된 조형(趙珩)은 정3품 대사간이다. 자신보다 품계도 높고 관직도 누구나 선망하는 자

황령산 봉수대의 현재

리에 있던 분이다. 그렇지만 조정이 돌아가는 모습을 속 시원히 들을 수 있을 것이다. 접대는 걱정이지만, 오랜만에 서울 이야기를 마음껏 들을 수 있을 것이다.

Ⅲ. 왜성

1. 왜성이란

부산을 중심으로 한 울산에서 순천에 이르는 지역에는, 임진왜란·정유재란 당시 조선을 침략한 일본군들이 쌓은 성들이 30여 개가 남아있다. 이를 왜성(倭城)이라고 한다. 왜성은 전국시대라는 전란과정에서 급속하게 발달한 일본의 축성기술을 고스란히 반영하고 있다는 점에서 일본 성곽 연구에 아주 중요한 자료이다. 일본에 남아있는 성은 풍신수길(豊臣秀吉, 토요토미 히데요시)의 일국일성령(一國一城令) 이후 전투 목적으로 쌓은 성은 모두 파괴되고 행정적인 목적으로 새로 건설된 것이다. 그래서 전국시대의 일본 성의 진면목을 보여주는 것은 남해안에 남아있는 왜성들이 유일하다. 한편으로 왜성은 우리가 눈으로 직접 확인할 수 있는 임진왜란의 가장 직접적인 증거이기도 하다.

부산지역에는 구포왜성·호포왜성·양산왜성을 비롯하여 부산왜성, 기장왜성, 가덕왜성 등이 있다. 그 주변으로는 울산 쪽의 서생포성, 임랑포성, 김해의 죽도성, 웅천왜성, 안골포왜성, 거제도의 송진포왜성·장문포왜성·영등포왜성·왜성동왜성 등이 있다. 정유재란 시기에는 서쪽으로 순천으로부터 동쪽으로는 울산까지 왜성이 있었다. 그러나 이러한 많은 왜성들은 사실은 최종적으로 부산진에 있었던 부산왜성을 지키기 위한 것이다. 낙동강을 따라 올라가면서 축성된 왜성은 종으로 부산왜성을 보호하고 있는 것이고, 경남해안에 있는 왜성들은 횡으로 부산왜성을 보호하는 역할을 갖고 있었다. 그런 면에서 임진왜란의 성격을 이해하기 위해서는 왜성의 축성 목표를 이해할 필요가 있다.

임진왜란과 왜성

1592년 4월 부산진성과 동래성을 함락시킨 일본군은 그 직후부터 교두보 확보와 물자 보급을 위해 부산왜성을 축조하였다. 부산왜성은 그해 9월에는 이미 완성되었으며 천수각(天守閣)도 갖추고 있었다. 이후, 1592년 11월 경 소서행장(小西行長, 코니시 유키나가)가 평양에 축성을 하였고, 우희다수가(宇喜多秀家, 우키다 히데이에)는 한성의 남산에 축성을 하였다. 본격적으로 왜성이 축조된 것은 1593년 5월 이후로 모리휘원(毛利輝元, 모리 테루모토) 이하 약 20여명의 장수들은 서생포에서 거제도에 이르기까지 부산 인근의 남해안의 중요 거점에 왜성을 축조하기 시작하였다. 이 때 축조한 성이 '임진왜란기 왜성'에 속한다.

현재 밝혀진 성으로는 서생포왜성(西生浦倭城), 임랑포왜성(林浪浦倭城), 기장 죽성리왜성(機張竹城里倭城), 동래왜성(東萊倭城), 부산왜성(釜山倭城, 또는 증산왜성(甑山倭城)), 부산왜성의 지성(支城)인 자성대왜성(子城臺倭城), 동삼동왜성(東三洞倭城, 일명 추목도왜성(椎木島倭城)), 구포왜성(龜浦倭城, 일명 의성(義城)), 감동포왜성(甘筒浦

倭城), 죽도왜성(竹島倭城, 또는 김해왜성(金海倭城)), 죽도왜성의 지성인 신답왜성(新沓倭城)), 가덕왜성(加德倭城), 가덕도왜성의 지성, 안골포왜성(安骨浦倭城), 웅천왜성(熊川倭城), 웅천왜성의 지성인 자마(子馬)·명동(明洞)왜성, 거제도의 영등포왜성(永登浦倭城), 송진포왜성(松眞浦倭城), 장문포왜성(長門浦倭城) 등 20여성이 있다.

정유재란과 왜성

일본군은 임진왜란의 강화교섭이 성립되고 나자 부산, 가덕도의 두 왜성에 약간의 군사만을 남겨두고 대부분 본국으로 철수하였다. 이후, 강화교섭이 결렬되자 선조 30(1597)년 봄 일본군이 재차 침공하여 정유재란을 일으켰다. 이때 소서행장 등은 부산포왜성·안골포왜성·가덕도왜성·죽도왜성·서생포왜성 등 임진왜란 때의 왜성을 다시 점령하고, 수군(水軍)은 웅천왜성을 근거지로 삼았다. 일본군은 서생포왜성과 구포왜성, 죽도왜성과 지성, 가덕도왜성, 웅천왜성과 지성, 거제도 내의 왜성 등을 수축하는 한편, 동쪽으로는 울산, 서쪽으로는 순천지역까지 전선이 확대되면서 울산왜성(蔚山倭城), 양산왜성(梁山倭城), 물금의 증산왜성(甑山倭城), 창원왜성(昌原倭城, 일명 마산왜성), 왜성동왜성(倭城洞倭城), 고성왜성(固城倭城), 사천왜성(泗川倭城, 일명 선진리왜성(船津里倭城)), 남해왜성(南海倭城), 순천왜성(順天倭城) 등 8개의 성을 새로 쌓았다.

이 밖에도 축조시기가 불분명한 왜성으로는 농소성(신답성), 마사성, 호포성(고포성) 등 3개의 성이 있고, 아직 알려지지 않은 왜성들도 상당수 있을 것으로 생각된다. 이상의 왜성을 표로 정리하면 다음과 같다.

번호	성명칭	축조시기	축조자	소재지
1	왜성동성	1597	소오요시토시(宗義智)	경상남도 거제시 시등면
2	영등포성	1592	시마즈 요시히로 외	경상남도 거제시 장목면 구영리
3	송진포성	1593	후쿠시마 마사노리 외	경상남도 거제시 장목면 송진리
4	장문포성	1593	하치스카 이에마사 외	경상남도 거제시 장목면 장목리
5	고성성	1597	깃카와 히로이에	경상남도 고성군 고성읍
6	마사성	시기불명	나베시마 나오시게 외	경상남도 김해시 생림면
7	농소성 (신답성)	시기불명	나베시마 나오시게 외	경상남도 김해시 주촌면 덕곡리
8	남해성	1597	아키사카 야스하루 외	경상남도 남해군 남해읍 선소리
9	마산성	1597	나베시마 나오시게 외	경상남도 마산시 산호동
10	사천성 (선진리성)	1597	모리 요시나리 외	경상남도 사천시 선진리
11	호포성	시기불명	불명	경상남도 양산시 동면 가산리
12	양산성 (증산성)	1597	쿠로다 나가마사(黑田長政)	경상남도 양산시 물금면
13	웅천성	1592	코니시 유키나가(小西行長)	경상남도 진해시 남문동
14	웅천지성 (김포산성)	1593	소오 요시토시	경상남도 진해시 명동
15	웅천지성 (소산성)	1593	마쯔라 시게노부 외	경상남도 진해시 명동
16	안골포성	1592	와키사카 야스하루 외	경상남도 진해시 안골동
17	가덕성	1592	코바야카와 타카가게	부산광역시 강서구 눌차동
18	가덕지성	1593	모리 테루모토(毛利輝元)	부산광역시 강서구 성북동
19	김해 죽도성	1593	나베시마 나오시게 외	부산광역시 강서구 죽림동
20	임랑포성	1593	모리 요시나리 외	부산광역시 기장군 장안읍
21	기장성 (죽성리성)	1593	쿠로다 나가마사	부산광역시 기장군 죽성읍
22	부산지성 (자성대)	1593	모리 히데모토	부산광역시 동구 범일동
23	부산성	1592	모리 테루모토 외	부산광역시 동구 좌천동
24	동래성	1593	깃카와 히로이에	부산광역시 동래구 칠산동
25	구포성	1593	모리 히데가네	부산광역시 북구 구포동
26	추목성	1593	모리 테루모토	부산광역시 영도구 청학2동

번호	성명칭	축조시기	축조자	소재지
27	추문구성	1593	모리 테루모토	부산광역시 중구 중앙동
28	서생포성	1593	카토오키요마사(加藤清正)	울산광역시 울주군 서생동
29	울산성 (학성)	1597	카토오키요마사	울상광역시 중구 학성동
30	순천성 (신성리성)	1597	우키다 히데이에 외	전라남도 순천시 해룡면 신성리

왜성의 위치선정과 구조

각각의 왜성은 남해안의 중요거점에 위치하고 있다. 또한 강이나 바다에 바로 면하거나 200~500m 정도 떨어진 독립된 구릉을 택하고 있고, 표고 최저 10m에서 최고 220m 사이에 위치한다. 성을 축성할 때는 주변의 강이나 하천 등의 지형을 교묘하게 이용하고, 부근에 내려다 볼 수 있는 구릉이 있는 장소는 피하였다. 특히 선박의 출입과 물자의 운송이 편리한 장소에 축성된 점이 특징이다. 예를 들면, 태화강과 접해있는 울산왜성의 동남쪽 암반지대, 바다와 접해있는 서생포

김해 죽도왜성에서 바라 본 낙동강 하구 일대

왜성의 동북쪽 암반지대, 바다와 접한 순천왜성의 서북쪽 암반지대 등에는 모두 선착장이 위치하고 있다.

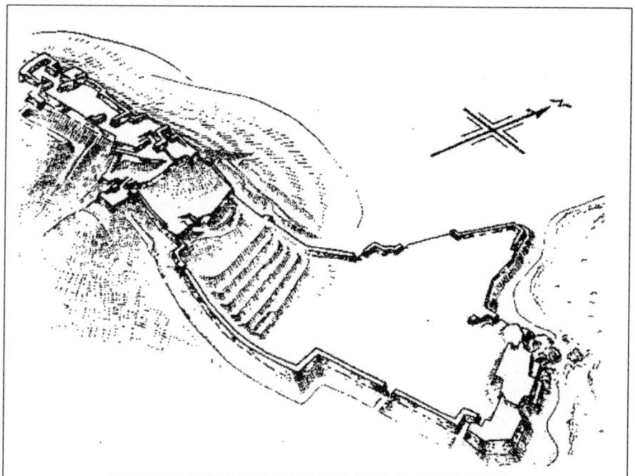
서생포왜성의 조감도(왜성지연구회(동경), 『왜성』 I ,p108에서 전재)

서생포왜성 조감도 – 제곽식 형태를 이루고 있다.

왜성은 주로 수비하기 좋은 독립 구릉지의 정상부, 산복부를 삭평하여 본성을 산지 또는 구릉에 설치하고 외곽은 평탄한 개활지까지 뻗치는 평산성(平山城)으로 축조되었다. 이런 축조방식은 산성의 유리한 이점을 취하는 한편 병력의 집중, 물자조달을 위한 평지, 항만의 확보를 쉽게 하고자 한 것이다. 그리고 산 정상을 깎아 마치 시루를 엎어놓은 모양과 같다하여 당시 조선에서는 증성(甑城 또는 시루성)이라고 부르기도 했다.

왜성은 한 성을 높이와 형태가 다른 여러 개의 구획(郭)으로 나누고 지형을 교묘하게 이용하여 복잡한 구조를 이루고 있다. 특히, 기장왜성・서생포왜성과 웅천왜성 등은 성곽 안이 계단식으로 확연히 구분되어 방어하기에 이상적인 구조를 가지고 있다. 구조적으로 방형의 구획을 다수 축조하며, 각 성곽의 사이에는 문과 통로를 만들어 외곽이나 하부의 성곽 방어선이 뚫리더라도 다른 곽에서 방어할 수 있도록 되어 있다.

곽의 배치에 따라 자성대왜성 · 순천왜성과 같이 중심이 되는 본환(本丸)[3]을 가운데 두고 그 외곽을 포위하듯 성곽이 배치되는 윤곽식(輪郭式) 형태, 웅천왜성 · 안골포왜성 · 사천왜성과 같이 본환을 중심으로 곽을 사다리처럼 붙여 나가는 제곽식(梯郭式) 형태, 임랑포왜성과 같이 본환을 중심으로 양쪽 면으로 곽을 붙여 나가는 연곽식(連郭式), 소용돌이처럼 돌아들어가도록 만든 와곽식(渦郭式) 등으로 축조된다. 그밖에도 기장왜성처럼 본환 주변에 계단식으로 곽을 배치한 계곽식(階郭式), 본환과 이환(二の丸)[4]을 나란히 배치하는 병곽식(竝

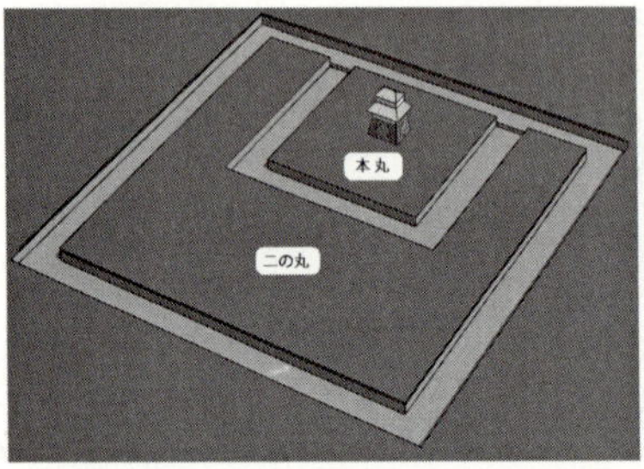

제곽식(梯郭式)

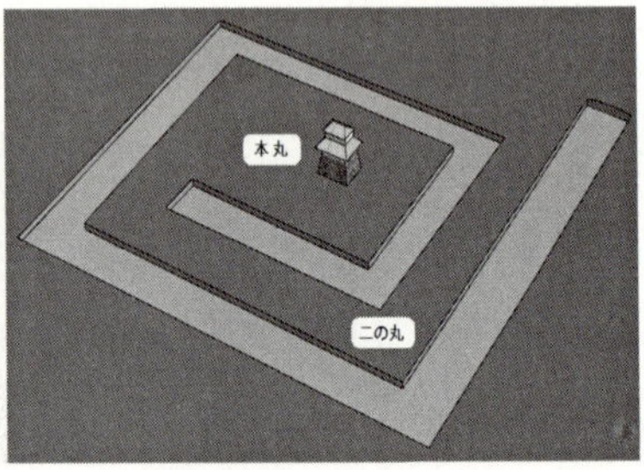

와곽식(渦郭式)

윤곽식(輪郭式)

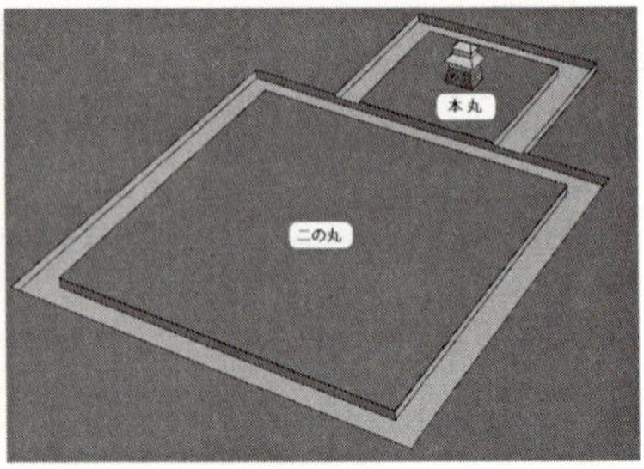

연곽식(連郭式)

---

3) 성의 중심 혹은 가장 높은 곳에 위치한 부분을 말한다. 지휘관이 거처하며 대개 天守閣을 설치하여 전투를 지휘하는 장소로 쓰인다.

4) 本丸 주변에 위치한 두 번째로 중요한 곽이라는 뜻이다.

郭式)도 있다. 지형이나 목적에 따라서 혹은 성의 방어력과 안전성을 높이기 위해서 여러 가지 방식을 조합하여 쓰기도 하였다.

왜성의 성문이나 출입구는 호구(虎口)라고 부른다. 호구는 유형별로 송진포왜성・장문포왜성 등 주곽부에 설치한 외승형(外枡型:옹성처럼 성벽의 바깥쪽으로 만든 호구), 기장왜성・서생포왜성・울산왜성・웅천왜성 등의 내승형(内枡型: 성벽 안쪽에 만들어진 호구), 영등포왜성・장문포왜성・왜성동왜성 등과 같은 손위형(喰違型:출입구 성벽을 서로 엇갈리게 하여 축조), 일반적인 성문처럼 둘러싸는 구조가 없는 평형(平型)으로 나눌 수 있다. 특히, 서생포왜성의 경우 이러한 네 가지 유형의 호구가 모두 나타나기 때문에 더욱 중요하다. 이밖에 서생포・부산・죽도・안골포・웅천・울산왜성 등에서는 치(雉) 형태의 성곽방어시설 구조물이 나타나기도 한다.

왜성에서 빠질 수 없는 것이 바로 누각(櫓)과 천수각이다. 누각은 망루 및 무기고의 역할을 하던 건물로 전투시에는 조총이나 화살 등을 숨어서 발사하는 장소로 쓰였다. 구포・마산・웅천・서생포왜성 등 성벽의 상부에는 누각 건물이 얹혀 있었던 것으로 보이는 흔적이 확인되기도 하였다. 임랑포왜성의 지성, 구포왜성의 지성, 죽도왜성의 지성에서는 굴립주(堀立株) 건물을 세운 흔적이 발굴되어 주로 목조건물이 배치되었음을 확인할 수 있다.

누각 중 규모가 가장 큰 것인 천수각이다. 평시에는 무기보관과 망

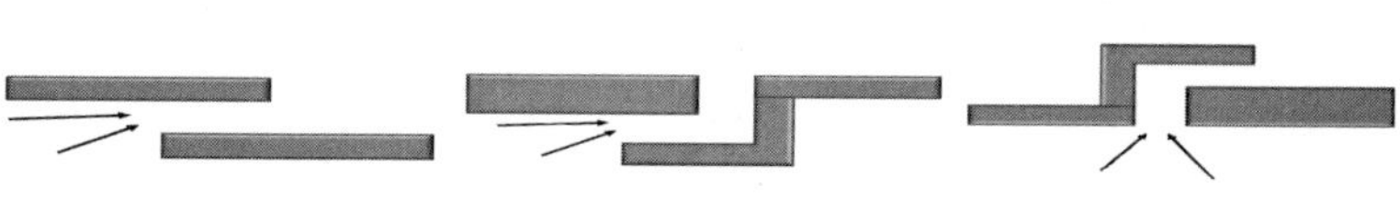

좌: 손위형 // 중: 외승형 // 우: 내승형

루 역할을 하지만, 전투발생시 장군의 지휘소(조선의 將臺에 해당)로 이용된다. 중심곽인 본환 가운데 가장 요충지에 입지하는 천수각은 3~7층의 건물이었으며, 각 층의 사방에는 협간(狹間)이라고 하는 여러 개의 창문을 두었다. 부산・웅천・기장・서생포・울산・순천왜성 등 대부분 왜성에는 천수각의 터가 남아 있다.

한반도 남해안 일대의 왜성

● **가덕도왜성** - 부산광역시 강서구 눌차동에 있는 왜성. 임진왜란 때 소조천융경(小早川隆景, 코바야카와 타카카게)와 입화종무(立花宗茂, 타찌바나 무네시게)가 축성을 담당하였으며, 도진가구(島津家久, 시마즈 이에히사) 등이 주둔하였다. 1593년 풍신수길의 명령에 의해 쌓여진 것으로 생각된다. 초기에는 전략적 요지에 간단하게 임시로 쌓은 형태였는데, 축성이 완료되기 까지는 약 5개월 정도가 소요된 것으로 본다. 가덕도 왜성은 1593년의 강화교섭, 1594년 철수명령이 떨어졌음에도 1596년까지 입화(立花, 타찌바나) 도진(島津, 시마즈) 가문이 주둔하였다. 이후 정유재란 중인 1597년 6월 3일에 파괴되었다.[5)]

● **구포왜성** - 부산광역시 북구 덕천2동에 있는 왜성으로 임진왜란 당시 소조천과 입화 등이 김해, 양산 등지로 진격하기 위하여 축조한 석성으로 김해 죽도성의 지성으로 알려져 있다. 성의 서편으로는 낙

---

5) 류교열,「韓半島 南海沿岸의 倭城과 그 築城 意味 - 가덕도 倭城趾를 중심으로」,『일본어문학 14』, 2002.
太田 秀春.「<조선성지실측도>와 왜성-조선총독부의 식민지 지배와 관련하여」,『한국문화 25』, 2000.

동강이 흐르고 있어서 그 밑에 선박을 정박할 수 있도록 하였다. 일명 감동포성, '구법곡의 진'이라고도 한다. 성 안에는 천수각지가 있고, 성벽은 아래쪽에서 위쪽으로 올라가며 나사모양으로 감돌며 좁혀 올려 쌓은 성으로 누각지 1개소와 최고 8~10m의 성벽이 남아 있다. 현재, 지방문화재 기념물 6호로 지정되어 있다.[6)]

● **농소왜성** - 경상남도 김해시 주촌면 농소리에 소재한 왜성으로 과도직무(鍋島直茂, 나베시마 나오시게)에 의해 1593년 경 축성되었다. 김해 죽도왜성의 지성으로 1916년 조선총독부 명에 의해 주변지를 실측한 도면이 남아 있다. 신답왜성이라고도 하며, 상-하 2단의 곽(郭)으로 되어 있다. 상단은 가공한 석재로 기단부를 이룬 다음 그 위에 흙을 쌓았고, 하단은 흙으로 쌓았다. 사방 약 80m의 소규모 성곽이다.[7)]

● **동래왜성** - 부산광역시 동래구에 위치했었다. 임진왜란 때 읍성이 함락되고 난 뒤, 1593년에 이르러 모리수원(毛利秀元, 모리 히데모토)을 비롯한 여러 장수들에 의해 축성되어 이후 전쟁이 끝날 때까지 이용되었다. 부산진성의 지성이다.[8)]

---

6) 심봉근 외, 『龜浦德川洞遺蹟』, 東亞大學校博物館, 2006
부산광역시 북구, 『북구 통계연보』, 부산광역시 북구, 2005.
김문길, 「구포왜성과 전투에 관한 연구」, 『아시아지역 연구7』, 2004.
김문길, 「임진왜란과 구포왜성(龜浦倭城)에 관한 연구」, 『한일언어문화연구 10』, 2006.
부산광역시, 『부산의 문화재』, 2009.
7) 太田 秀春. 「<조선성지실측도>와 왜성-조선총독부의 식민지 지배와 관련하여」, 『한국문화25』, 2000.
高田撤, 「金海竹島倭城の遺構と遺物」, 『倭城の研究3』, 1999.
8) 부산대학교 한국민족문화연구소, 『부산의 역사와 문화』, 부산대학교 출판부, 1998.

기장왜성의 토교(土橋). 토교로 오르내리기 불편하기 때문에 현재는 계단을 설치하였다.

● **명동왜성** - 경상남도 진해시 명동에 위치한 왜성으로 종의지(宗義智, 소오요시토시)를 비롯한 일본군 장수에 의해 1593년 축성되었다. 둘레 약 360m, 성벽 높이는 1~2m로 해발 80여m에 위치한다. 웅천성의 지성으로 이곳에서는 무기도 생산했던 것으로 추정하고 있다. 산의 봉우리에 위치하였으며, 성은 상-하 2단의 곽으로 구성되어 있고 성내는 평탄하다. 식민지시기에 만들어진 『고적대장(古蹟臺帳)』에 따르면 명동왜성으로부터 동북측과 북측에 조금 떨어진 곳에 2개의 석축 소성이 있는데, 이는 흙을 쌓아 서로 연결했던 것으로 여겨진다. 식민지시기에 만들어진 실측도가 존재한다.[9]

---

9) 沈奉謹, 「거제도성지」, 『한국남해연안성지의 고고학적 연구』, 학연문화사, 1995.
太田 秀春. 「<조선성지실측도>와 왜성-조선총독부의 식민지 지배와 관련하여」,

기장왜성 성벽의 모습.

● **부산왜성** - 부산광역시 동구 좌천동에 있던 성으로 왜장 모리수원이 1592년 부산진성의 자리에 일본식 왜성을 쌓은 것으로 추정하고 있다.

● **서생포왜성** - 울산광역시 울주군 서생면 서생리에 있는 왜성으로 가등청정에 의해 축조되었다. 죽도왜성, 부산왜성, 울산왜성과 봉화로 서로 연락하였다하여 봉화성(烽火城)이라고도 불린다. 일본의 성곽 축조 방식인 성벽 기울여쌓기가 두드러지며, 일본식 성문 구조가 모두 나타난다. 둘레는 약 4.2km, 면적은 15만 1,934㎡로 국내에 남아 있는 왜성 가운데 규모가 가장 큰 성 중 하나이고, 그 원형을 가장 잘 유지하고 있다는 점에서 사료적 가치가 높다.[10)]

『한국문화 25』, 2000.

10) 이건하, 『조선시대의 왜성』, 국학자료원, 2003.
도정탁, 『울산지역 성곽의 성격』, 영남대 교육대학원 석사학위논문, 2007.

● 웅천 안골왜성 - 경상남도 진해시 안골동에 소재한 왜성으로 협판안치(脇坂安治, 와키자카 야스하루) 등에 의해 축성되었다. 경상남도 시도기념물 275호로 지정되어 있다. 성의 둘레는 594m, 성벽은 4~7m 정도이며, 성내의 면적은 약 5000평이다. 산의 지형을 3등분으로 나누어 부분적으로 정상을 평평하게 깎은 뒤 본성, 제1외곽, 제2외곽을 나누어서 따로 돌로 쌓고, 외곽으로 각 부분을 연결하였는데, 외곽의 일부는 흙으로 쌓았다. 성의 남쪽과 서쪽은 만을 끼고 있는데, 이는 바닷길을 이용하기 쉽도록 해변까지 이용한 것으로 추정된다.11)

● 웅천왜성 - 경상남도 진해시 남문동에 위치한 왜성이다. 소서행장에 의해 1592년 축성되었다. 진해시의 남산 꼭대기에서 능선을 따라 산기슭으로 쌓은 산성이다. 일본군의 제 2기지로 활용되었으며, 정상부에 본곽을 두고 아래에 2개의 곽을 질서 있게 배치하였다. 육지방면으로도 방비하기 위해 남쪽으로 긴 나성을 둘렀다. 성내의 넓이는 약 5000평 정도로 현재 남은 성벽 길이는 약 700~800m 이며, 성벽의 높이는 3~8m이다.『고적대장(古蹟臺帳)』에 의하면 원래 이곳은 웅포성이라 하여 조선시대에 왜구의 침입에 대비하기 위해 쌓았던 것을 임진왜란 때 일본군이 보수하여 사용한 것으로 추정하고 있다.

● 임랑포 왜성 - 부산광역시 기장군 장안읍에 위치한 왜성으로 모리수원에 의해 1593년에 축성되었다.『고적대장(古蹟臺帳)』에 따르면 기장에서 동북방면으로 약 20리 부근 해안에 면한 작은 산 위에 있

---

11) 류교열,「韓半島 南海沿岸의 倭城과 그 築城 意味 - 가덕도 倭城趾를 중심으로」,『일본어문학 14』, 2002.
경남 발전연구원 남해안발전연구지원센터,『경남의 역사문화 테마관광 구상 기초자료집』, 경남발전연구원, 2007.

기장 죽성리 왜성 일대 실측도

다고 하였다. 왜성은 산 정상 부분의 주곽과 산록의 거관부(居館部)로 구성되어 있는데, 본성은 1917년 조선총독부의 명령에 의해 조사가 실시된 바 있다.

● **자성대왜성** - 부산광역시 동구 범일동에 소재한 왜성으로 모리 휘원에 의해 1593년에 축성되었다. 현재의 부산 자성대 공원 일대에 해당한다. 부산왜성의 지성이다.

● **기장왜성** - 부산광역시 기장군 기장읍에 소재하고 있으며, 1593

년 흑전장정이 축성하였다. 부산 기념물 48호로 지정되어 있고, 성의 둘레는 약 960m로 현존하는 성벽은 약 300m 정도로 높이는 4~5m이다. 해발고도 64m인 독립된 구릉의 높은 곳을 본곽으로 하는 윤곽식 산성이다. 그 축성연대를 두고 『선조실록』에는 선조 28년(1595) 기장 두모포에 왜인들이 축성하는 역사를 일으키고 있다는 기사가 수록되어 있어서 1593년설과 1595년설이 양립하고 있다.

● **죽도왜성** - 부산광역시 강서구 가락동에 소재하고 있으며, 1593년 과도직무에 의해 축성되었다.

이순신장군의 『난중일기』에서

1592년 9월 1일자 이순신의 장계에서 다음과 같이 기술하고 있다.

"부산성 동쪽 한 산에 5리 쯤 되는 언덕 밑 세 곳에 정박한 왜선이 모두 470여 척이 있었는데, 우리의 위세를 바라보고 두려워서 감히 나오지 못하고 있으므로, 여러 전선이 곧장 앞으로 돌진하자 배 안과 성안 산 위 굴속에 있던 적들이 총통과 활을 가지고 거의 다 산으로 올라 여섯 곳에 나누어 머물며 내려다보면서, 철환과 화살을 빗발처럼 우레처럼 쐈다. 부산성 안의 관사는 모두 철거하고 흙을 쌓아서 집을 만들어 이미 소굴을 만든 것이 백여 호 이상이나 되며 성 밖의 동서쪽 산기슭에 여염집이 즐비하게 있는 것도 거의 삼백여 호이며 이것이 모두 왜인들이 스스로 지은 집인데 그중의 큰 집은 층계와 희게 단장한 벽이 마치 불당 절간과도 비슷한 바 그 소행을 따져보면 매우 분통하다."

〈참고문헌〉

경남 발전연구원 남해안발전연구지원센터, 『경남의 역사문화 테마관광 구상 기초 자료집』, 경남발전연구원, 2007.

太田秀春. 「<조선성지실측도>와 왜성-조선총독부의 식민지 지배와 관련하여」, 『한국문화 25』, 2000.

이건하, 『조선시대의 왜성』, 국학자료원, 2003.

『선조실록』

복천박물관, 『기장 두모포진성・죽성리왜성 시온~죽성 간 도로 공사 구간 내 발굴조사 보고』, 2008.

金泰虎, 「文祿・慶長の役における朝鮮半島 南岸構築の倭城に見る役割と機能」, 『地域と社會』 5, 2002.

2. 왜성의 분포를 통해본 방어체계

현재에도 경상남도 해안을 중심으로 30여 개의 왜성이 존재하고 있다. 왜성이 비록 대체로 해안을 따라 분포하고 있지만 결코 동일한 위상을 갖고 있는 것은 아니다. 왜성은 축성 시기에 따라서 개전 초기, 해전 패배 이후, 남해안으로 후퇴한 이후, 정유재란기의 왜성으로 각각 나눌 수 있고, 또 그 위상에 따라서 본성(本城), 단성(端城, 側城), 출성(出城)으로 크게 나눌 수 있다. 본성은 다시 본영, 최전방성, 거점적 본성, 후방지원성으로 나눌 수 있다.

시기적으로 보면, 개전 초기에 쌓은 성으로는 남해안을 중심으로 한 부산포성, 안골포성, 가덕성, 죽도성, 서생포성이 있다. 이들 성은 일본군의 상륙거점이자 교두보적인 역할을 하는 성이었다. 내륙으로 진출하는 과정에는 연결성(伝えの城)이라고 하여 부산~서울~압록강에 이르는 진격로 상에 종적인 라인을 따라 성을 쌓았는데, 이는 풍신수길이 직접 조선에 올 것을 염두에 둔 것이다. 이처럼 개전 초기에는 남해안의 교두보와 내륙의 연결성을 쌓았는데, 이는 종적으로 전개되는 전투양상을 반영하고 있다. 그러나 조선 수군의 활약으로 일본 수군이 참패를 거듭하자, 풍신수길은 해전의 중지를 명령하는 한편, 일본의 군선을 피난시킬 수 있는 성을 해안에 축조하도록 하였다. 그 대표적인 예가 바로 웅천왜성이다.

교두보에서 거점성으로

한편 명군의 참전과 평양성 전투 패전 이후, 일단 일본군들은 1593

년 2월 29일까지 서울로 철수하였다. 다시 4월 18일에는 일본군이 남해안으로 철수하였다. 풍신수길은 이 무렵 부산포에서 웅천 사이에 20여 개의 성을 축성하도록 명령하고 있다. 그 결과 종적으로 축성되었던 연결성은 무의미해졌고, 남해안을 중심으로 왜성들이 횡적인 라인을 형성하게 된다. 이때 교두보 역할을 하였던 개전 초기의 왜성들도 새롭게 보강공사를 거치게 된다. 이렇게 쌓은 성들은 거점성(仕置の城)라고 불렀다.

정유재란 기의 왜성 축조

정유재란 시기에 다시 침략한 일본군은 남해안 왜성을 거점으로 하면서 전라도를 평정하고, 충청도까지 진격하였다. 남해안의 각 지역에 쌓았던 왜성에 더해, 새로운 성을 쌓았다. 1597년에 순천왜성, 남해왜성, 사천왜성, 고성왜성, 마산왜성, 양산왜성, 울산왜성을 쌓는 한편 명과의 강화교섭 과정에서 일단 파괴했던 왜성도 다시 복구하였다.

이 시기에는 일본군의 전선이 한층 더 넓어져서, 왜성은 동단은 울산, 서단은 순천에 이르렀다. 즉, 횡적인 범위가 넓어졌기 때문에 각각의 본성이 공격에 노출되기 쉬운 상황에 있어서 방어력을 강화할 방안이 필요하였다.

이러한 방위 문제를 극복하기 위해 부산왜성의 전방에 본성인 호포왜성 및 죽도왜성, 단성인 양산왜성, 농소왜성, 마사왜성을 배치하였다. 이들 왜성에 의해서 부산성을 중심으로 한 방어권이 한층 강화되었다.

정유재란 때 서단의 최전방성으로 축성된 순천왜성은 서측에 대하여 철저한 차단기능을 가진 외곽선을 구축하고 호구(虎口)의 수도 한정하였다. 이는 육지에 이어져있는 주변지역의 공격에 대한 방어력을 강화하기 위한 것이다.

동단 최전방성인 울산왜성은 1597년 11월 10일에 공사를 시작하였으나 아직도 완성되지 않은 12월 22일, 조선군과 명군에게 포위되었다. 12월 26일 모리수원(毛利秀元)을 비롯한 일본군의 울산왜성 구원부대는 서생포왜성에 집결하였으나, 다음해인 1월 4일에 포위를 풀기까지 울산왜성은 혹독한 농성전을 할 수밖에 없었다. 피아간의 전투가 격렬해지면서 본성을 중심으로 한 단성・출성에 의한 방어체제를 뛰어 넘어서, 다른 본성을 지원하는 전술・전략으로 변경하지 않을 수 없었다. 즉, 하나의 본성을 거점으로 한 방어체제를 유지하면서도, 임기응변적인 방어전술을 채택하여 인근의 본성에서 지원하도록 하였다.

왜성의 분류

우선 본성으로는 개전 초기부터 있었던 부산왜성, 웅천왜성, 거제도의 왜성(영등포왜성, 송진포왜성, 장문포왜성), 서생포왜성, 가덕왜성, 그리고 사료에 기록되어있지 않은 김해 죽도왜성, 안골포왜성을 비롯하여, 일본군이 남해안으로 철수한 후에 새롭게 쌓은 기장왜성, 임랑포왜성, 울산왜성이 포함된다. 그 중에서 부산왜성(부산포성)이 본영(本營)에 해당하고, 최종적으로는 모든 왜성은 부산왜성을 방어하기 위한 것이라고 할 수 있다. 울산에서 순천에 이르는 왜성들은 대체로 횡적으로 분포하고 있지만, 부산 주변의 왜성은 낙동강 연안(죽도) 및 내륙부(동래), 영도·가덕도·거제도 등이 부산왜성을 여러 겹으로 감싸듯이 분포하고 있는 사실에서도 부산왜성의 중요성을 짐작할 수 있다.

최전방성은 전기에는 서생포왜성과 웅천왜성, 후기에는 울산왜성과 순천왜성이었다. 웅천왜성은 견내량해협의 동쪽으로 공격해오는 조선 수군에 대응하는 목적을 갖는 한편, 남해안으로 후퇴한 후에는 횡렬 체제에서 서단의 최전방성으로 기능하였다. 그 주변에는 단성도 배치되어, 웅천왜성을 중심으로 한 방어권을 형성하였다. 동단의 서생포왜성도 단성을 갖추고 있었다. 이 두 성은 최전선의 성이기 때문에 적으로부터 공격에 노출되기 쉽다. 서단의 웅천왜성에는 소서행장이, 동단의 서생포왜성에는 가등청정을 두었다. 적의 공격에 반격하고, 침입을 방어하기 위해 조선에 상륙한 일본군 가운데 최강이라고 할 수 있는 두 무장을 배치한 것이다.

거점적 본성은 성에 특정한 역할과 기능을 따로 정하지 않고 방어의 한 거점으로서의 임무를 담당한 왜성이라고 말할 수 있다. 기장왜성, 임랑포왜성, 안골포왜성, 김해죽도왜성, 호포왜성이 그것에 해당한다. 김해 죽도왜성과 호포왜성은 부산성, 안골포왜성은 웅천왜성, 기장왜성은 서생포왜성을 원거리에서 방어하는 역할을 하였던 것으로 생각된다. 이와 같이 부산왜성, 웅천왜성, 서생포왜성을 중심으로, 그 외의 본성 단성과 출성이 멀리서부터 방어에 가담하여 횡라인에 있어서 3대 방어권을 이루고 있었다.

남해상 몇몇 섬의 본성은 피난장소의 제공과 물자의 공급을 목적으로 하는 후방지원성(後方支援城) 혹은 피난성(避難城)이었다. 후방지원성으로는 일본군이 남해안으로 후퇴하기 전에 축성한 거제도의 왜성(영등포왜성, 송진포왜성, 장문포왜성)을 비롯하여 가덕왜성을 들 수 있다. 거제도의 왜성은 1592년 5~6월에 되풀이되어 전개된 해전의 참패를 만회하고자 일본 수군의 일시적 피난과 병력보존을 위하여 축성된 것이다. 거제도의 왜성도 일본군이 남해안으로 후퇴하면서 거점성 체제로 변화하지만 후방지원성으로서 물자 비축과 보급 및 피난처 기능을 수행했다. 정유재란기에는 순천왜성이 새롭게 최전방성이 되면서 그 후방에 남해왜성이 후방지원성으로 축성되기도 하였다.

단성(端城, 側城)

단성으로는 1592년 견내량해전 이후에 축성된 것으로 보이는 왜성동왜성을 비롯하여 7개소가 있다고 기록되어 있고, 추목도왜성, 동래왜성, 웅천단성(명동왜성), 서생포단성, 울산왜성 등이 확인된다. 부산왜성의 단성이라고 명기되어 있는 동래왜성과 추목도왜성은 각각 본성인 부산왜성의 외곽선 바깥에 있다. 이처럼 단성은 본성의 외곽선으로부터 떨어진 장소에 독립된 성으로 구축되었다고 할 수 있다.

단성은 본성의 외곽선과 떨어진 장소에 구축되어 본성 방위의 한 축을 담당하였다. 적의 활동의 감시와 정찰, 경계활동을 하였을 것이다. 즉, 본성으로 공격해오는 적을 조기에 발견, 적의 급습을 방지하기도 하고, 적의 대대적인 공격에 대비하여 본성 병력이 전투태세에 임할 시간을 버는 방파제와 같은 기능과 역할을 담당하였다.

출성(出城, 繫ぎの城)

출성은 단성과 함께 본성 방어의 한 쪽을 돕는 기능과 역할은 같이 담당하고 있었지만 단성과 달랐다. 출성으로는 웅천왜성의 출성, 거제왜성의 출성이 대표적이다. 출성은 반드시 본성에만 존재한 것은 아니고, 단성에서도 보인다. 각각의 본성과 단성의 외곽선으로 둘러싸이면서도 약간 떨어진 독립된 형태로 적 동향을 정찰하고 감시하는 기능을 맡았다고 생각된다.

즉 출성은 본성으로부터 돌출되어 있으면서도 그 범위 내에 포함되어 있던 성이라고 생각할 수 있으며, 부산 자성대왜성도 출성으로 볼 수 있다. 이 부산 자성대왜성은 일본군이 평양성전투에서 패퇴한 뒤 조선-명나라 수군이 부산항을 공격할 것에 대한 대책으로서 축성된 것이라 생각된다. 그 위치는 바다와 부산왜성의 중간지점에 위치하고, 또한 부산왜성의 외곽선에 포함된다. 본성 외곽선으로 둘러져 있는 출성은 단성보다는 본성에 대한 종속성이 강하다고 할 수 있다. 그 규모는 곡륜이 하나 정도인 것으로부터 단성에 필적할 만한 부산 자성대왜성에 이르기까지 다양하다.

부산지역의 왜성

부산왜성이 조선을 침략한 일본군의 본영에 해당하였으므로, 왜성이 중층적인 구조로 부산 외곽을 방어하도록 배치되어 있었다. 임진왜란기에는 영도(추목도왜성), 동래(동래왜성), 구포(구포왜성), 가덕도(가덕왜성), 기장(기장왜성), 임랑포(임랑포왜성), 김해(죽도왜성)

지역이 일차적인 방어선을 구축하고 있었고, 부산에서 벗어난 진해(웅천왜성)와 울산(서생포왜성)이 최전방이자 외곽 방어선이었다고 할 수 있다.

정유재란기에는 동서의 전선이 확대되면서 새롭게 많은 왜성을 쌓았지만, 부산 지역의 방어력을 강화한 흔적도 확인할 수 있다. 특히 낙동강을 따라 구포 북쪽으로 호포(호포왜성, 本城), 양산(양산왜성, 端城),

왜성의 분포

김해(죽도왜성, 농소왜성, 마사왜성은 각각 端城)에 왜성을 쌓아 북쪽 방어선을 강화하였다.

왜성은 단순히 평면적으로 펼쳐져 있는 것이 아니라, 각 성의 위상과 기능이 다르며, 또 축성 시기도 서로 다르다. 특히 정유재란기에 왜성의 동서단이 확대되면서, 부산왜성의 방어력을 강화하기 위하여 양산, 호포, 김해 지역에 새로운 왜성을 쌓은 것도 주목할 만하다.

〈참고문헌〉

金泰虎, 앞의 논문

村井章介, 「朝鮮史料から見た倭城」, 『學習院史學』 46, 20. 8.

3. 최대 규모의 왜성 웅천왜성

경남 해안에 있는 왜성 중에서 가장 큰 것이 바로 웅천 왜성이고, 이 성은 상삼경승(上杉景勝, 우에스키 카게카쯔)의 병력 3천명이 축성하였다. 축성 직전의 웅천 부근의 전황은 부산만의 서쪽 진해만에서 1592년 5월로부터 6월에 이르기까지 이순신이 거느린 조선 수군과 일본 수군이 격돌하였다. 당초에 웅천포는 조선 수군의 근거지였는데, 이를 탈취하고자 협판안치(脇坂安治), 구귀가륭(九鬼嘉隆), 가등가명(加藤嘉明)의 수군이 공격하여 두세 번에 걸쳐 해전을 치뤘지만 조선 수군에게 모두 패하였다. 그래서, 풍신수길(豊臣秀吉)은 일본 수군에게 해전은 회피하라고 명령하는 한편, 웅천에 상륙하여 연결성[つなぎ城]을 설치할 것을 상삼에게 명령하였던 것이다.

6월 21일에 상삼와 함께 웅천에 도착한 숙로(宿老) 직강겸속(直江兼續, 나오에 카네쯔구)이 선정한 장소는 웅천읍성(조선의 읍)의 남동쪽으로 1.5km 떨어진 웅천포 서쪽의 해발 184m의 남산(南山) 정상과 중턱에 자리하고 있다. 남쪽과 동쪽은 깎아지른 듯한 벼랑(斷崖)으로 되어 있고, 북쪽은 비교적 완만하게 경사를 이루며 해안으로 내려간다. 유일하게 육지와 연결된 서쪽은 작은 산이 중첩되어있고, 남북으로부터 연못이 길게 자리잡고 있다. 산 정상에서는 진해만을 다니는 선박들이 한 번에 보이고, 또한 웅천포 내에 적선이 침입하는 경우에는 산꼭대기에서 공격할 수 있는 곳이다.

성 아래의 웅천포는 서쪽 방향으로는 거제도 북안의 좁은 수로를 거쳐서 전라남도에 이르고, 또한 동쪽 방향으로는 가덕도 북측 해협을 거쳐 부산에 이른다. 웅천은 경상도로부터 전라도에 이르는 군사상의 중요한 지점에 위치한 것이다. 웅천포 부근의 지리는 일본에게도 잘 알려져 있었으며, 웅천포로부터 서쪽으로 3킬로 떨어진 제포(薺浦)[12]는 실정(室町) 시대에 일본과 조선 간 무역의 최대 거점이었다. 또한 이 지방의 가마에서 생산한 웅천 다완(茶碗)은 안토도산시대(安土桃山時代)에 다기(茶器)로서 호사가들이 선호하였다.

상삼은 기후와 풍토가 익숙하지 않은 환경에서 축성공사를 시작하였다. 그래서 병졸들은 기후와 풍토에 익숙치 않은 데다, 점점 가을의 찬 기운(秋冷)을 엄습하면서, 고통스러워하는 자, 혹은 병사(病死)하는 자가 많았다고 하며, 310명의 병사 중에 44명이 죽었다고 한다. 상삼의 영지인 월후(越後)와 신농(信濃)이 비록 추운 곳이라고 해도 조선의 한기는 한층 더욱 혹독하여 건강을 해치는 경우가 많았다.

상삼의 웅천왜성

상삼군이 총력을 기울여 완성한 웅천왜성은 어떤 규모로 지어졌을까? 성곽의 산 정상에는 천수각 자리가 남아있는데, 부산왜성, 서생포왜성보다 커서 왜성 중에서는 최대급이었다. 성의 규모는 동서 약 700m, 남북 약 600m에 이르고, 주곽을 주변으로 여러 곡륜(曲輪)들이 복잡하게 설치되고, 적들의 침입은 각 호구(虎口)에서 방비할 수 있는 구조로 되어 있다. 유일한 통로가 있는 서쪽면은 장성 형식의 성벽으로 단성(端城)을 연결하고, 다시 이중 삼중의 공굴(空堀)을 파서 방어

12) 본래 제(薺)는 냉이의 뜻으로 냉이포, 즉, 과거에는 乃而浦로 불리던 곳이었다. 이를 한자로 표기하면서 제포가 된 것이다.

를 견고하게 하였다. 해안에 면한 남측 경사면에는 2개의 길게 뻗은 석루(石壘)를 쌓아 선착장을 엄호하였다. 이러한 성곽구조는 곡륜(曲輪)을 많이 이용한 전투 목적의 일본식 성곽과 거주구역을 장성으로 둘러싼 조선성의 형식을 병용한 독자적인 것이다.

웅천왜성은 상삼으로부터 소서행장(小西行長)에게 인도되었고, 소서는 1596년까지 이곳을 거성으로 삼았다. 이 성에는 명나라의 특사, 명나라의 강화교섭담당자 심유경(沈惟敬) 등이 자주 방문하여, 소서와 강화조건의 절충을 거듭했는데, 웅천왜성은 일본의 체면을 지키기에 어울리는 건축물이었다고 한다.

1593년 11월, 웅천왜성을 방문한 선교사 세데베스는 "이 웅천성은 난공불락을 자랑하고, 단기간에 실로 놀라운 공사가 이루어졌다. 거대한 성벽, 누각, 주거지가 훌륭하게 구축되어, 산의 사면에 소서행장

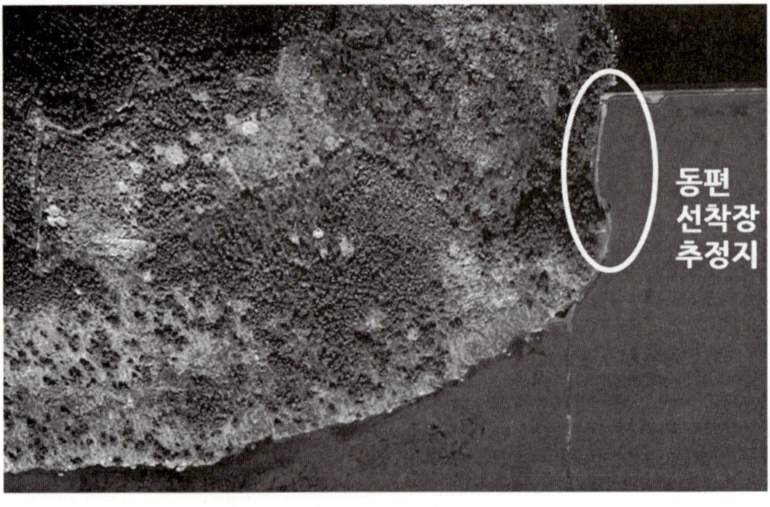

웅천왜성의 위성사진과 선착장 위치

과 그의 막료 및 병사가 주둔하고 있다. 그들은 모두 잘 지어진 넓은 집에 거주하고 있었으며, 무장의 가옥은 돌담으로 둘러져있다"고 하여 웅천왜성의 웅대한 성곽의 모양을 기록하였다.

웅천왜성 주변의 상황

웅천왜성에서 북서쪽으로 약 1.5km 지점에는 이 지역의 조선측 거점인 웅천읍성(성내동)이 있다. 북쪽으로 약 2km 떨어진 해발 240m의 자마산(子馬山)에는 자마왜성, 서쪽으로 웅천만 건너편 약 4km 떨어진 곳에는 명동왜성, 동쪽으로 웅동만 건너편 약 3.5km 떨어진 곳에는 안골포왜성, 다시 안골포왜성 맞은 편에는 가덕도의 가덕왜성이 있고, 진해만을 사이에 두고 남서쪽 약 10km 떨어진 곳에는 거제도의

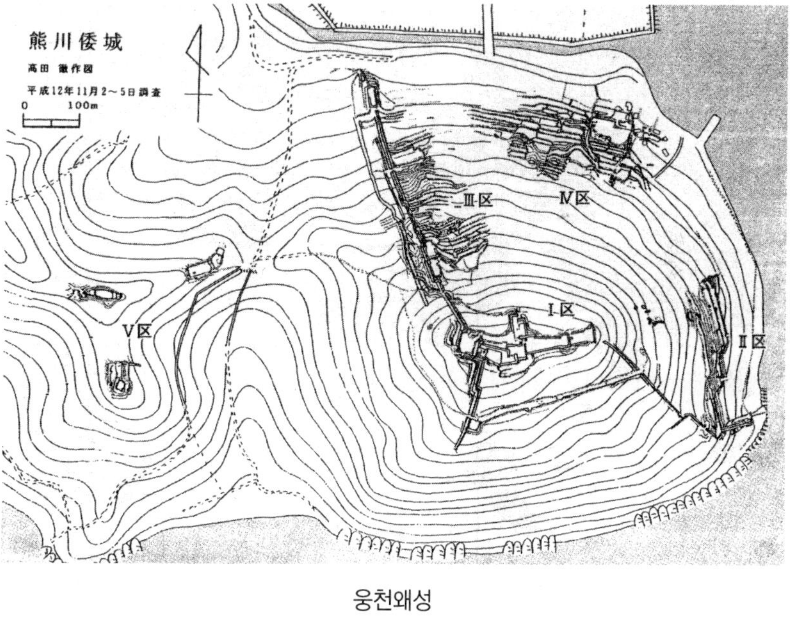

웅천왜성

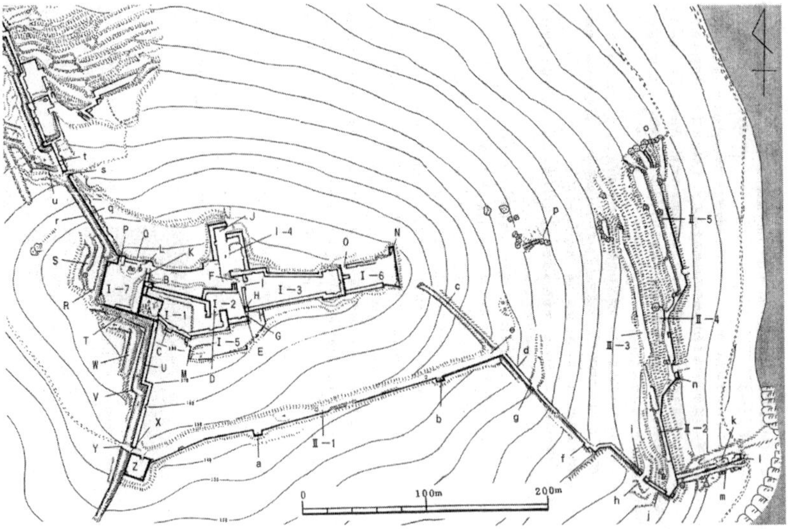

본환(本丸) 주요부. Ⅰ-1이 주곽(主郭). 서남쪽의 A가 천수(天守)

영등포왜성이 있다. 이처럼 웅천왜성을 중심으로 주변에 왜성이 밀집되어 있는 웅천왜성의 위치가 그만큼 중요하기 때문이다. 그 중에서도 웅천왜성이 규모나 구조가 가장 탁월하여 여러 왜성 중에서도 중심적인 역할을 하는 성곽임을 알 수 있다.

〈참고문헌〉

高田徹, 「韓國の倭城」, 『歷史讀本』 53-5, 2008.

城郭談話會, 『倭城の研究』 5, 2002. pp. 81~131.

4. 서생포왜성(西生浦倭城)과 왜성(倭城)의 특징

임진왜란 정유재란 당시 일본군들이 쌓은 왜성은 여러 가지 면에서 조선의 성곽과 달랐다. 조선의 성은 행정적인 목적의 성은 물론이고 군사적인 목적의 성도 평지에 쌓는 경우가 많았다. 한편 농성 및 피난을 위한 성들은 대체로 산 위에 자리한 산성이었다. 조선의 성의 가장 큰 특징은 성벽은 수직에 가깝게 쌓아 올리고, 일정한 영역을 한 겹으로 둘러싸는 것이다.

그런데 왜성은 성벽의 경사는 대체로 60°이고, 일정한 영역을 성벽을 둘러싼 다음 다시 그 안을 여러 공간(曲輪)으로 분할하는 방식을 택하였다. 무엇보다도 큰 특징은 성을 신속하게 쌓을 수 있다는 사실이다. 왜성의 가장 외곽에 위치한 순천왜성과 울산왜성도 불과 3~4개월만에 완성하였고, 일본군 최대의 거점이었던 부산왜성도 4개월이라는 짧은 기간에 쌓았다고 한다. 현재 왜성의 모습을 가장 잘 유지하고 있는 서생포왜성의 사례를 통하여 왜성의 특징에 대하여 살펴보고자 한다.

입지

현재의 서생포 왜성은 내륙부에 위치하고 있지만 축조 당시에는 해안에 면한 작은 구릉(해발 125m) 위에 입지하고 있었다. 즉 동쪽에 남아 있는 높은 성벽이 바로 바다에 면하고 있어서 배가 바로 이곳에 접안하여, 사람과 화물이 오르내릴 수 있었다. 이처럼 바닷가에 면한 평지에서 구릉의 정상까지 성벽을 두름으로써 평산성(平山城)의 장점을 살리고 있다. 그래서 평상시에는 주둔하기에 편리하고 물자의 운

반도 용이한 한편, 전투시에는 구릉지에 마련된 복잡한 성벽으로 구획된 공간(曲輪, 쿠루와)을 이용하여 농성함으로써 방어력을 높일 수 있었다. 이러한 성곽의 평면구조를 나와바리(縄張り)라고 하고, 성 내부의 평탄지(삭평지)를 곡륜(曲輪)이라고 하며 이를 토루, 석벽, 해자 등으로 보호하는 방법이 여러 가지로 고안되었다.

남해안의 왜성들은 거의 대부분 해안에 직접 접해있는 구릉에 입지하고 있다. 일본으로부터 배로 군량미와 무기・화약 등을 운반해 와야 했기 때문에, 배가 성에 직접 접안할 수 있도록 한 것이다. 웅천왜성에서 바닷가로 길게 뻗은 석축도 접안시설을 보호할 목적도 가진 것으로 생각된다.

성벽

왜성의 성벽은 대부분 석축이다. 일본 근세 초기의 성벽은 토루도 많이 사용하였지만, 왜성은 모두 석축인 것은 치열한 전투 속에서 방어력을 높일 필요가 있었기 때문일 것이다. 또한 전투과정에서 화승총을 많이 사용하게 되면서, 다문로(多聞櫓)와 같은 공격시설이 필요하게 된 것도 석축을 채택한 중요한 원인이 되었다. 비가 오면 화승총을 쓰기 어려우므로 지붕이 있는 건물 속에서 사격을 하는 편이 유리하였다. 그러나 토루로 이루어진 성벽에는 건물을 올리기 어렵기 때문에 하중을 버틸 수 있는 석축을 선호하게 된 것이다. 현재 왜성은 석축 부분만 주로 남아있으나, 성벽을 따라서 길게 건물이 들어서 있는 모습을 상상할 필요가 있다.

성벽은 대개 60° 정도의 경사를 이루고 있어서 수직으로 쌓은 조선의 성보다 짧은 기간에 쌓을 수 있었다. 서생포왜성의 경우는 주변에서 충분한 석재를 구할 수 없었기 때문에 상당히 먼 거리에서 돌을 구해온 것으로 생각된다. 성벽을 쌓는 데 사용된 돌은 대체로 500~600kg 정도의 크기였다. 서생포 왜성 안의 주통행로는 일정하게 약 10°의 경사를 이루고 있어서 처음에는 산 정상으로 석재를 나르는 운반로의 역할을 하였던 것으로 생각된다. 이 길 표면에는 일정한 크기의 돌(栗石)이 박혀 있는 것이 확인되는데 이는 통나무를 깔고 그 위로 석재를 운반할 때 지반을 보강하기 위한 것이다. 석재 하나를 나르는 데는 통나무와 운반용 수레를 이용하면 10명 정도의 인력이 필요하였다.

석축

성벽을 쌓은 방법에는 여러 가지가 있는데, 크게 석재를 가공한 정도, 쌓은 방법, 외관에 따라서 구분할 수 있다. 우선 석재를 가공한 정도에 따라서 야면적(野面積, 노즈라즈미, 막돌쌓기), 타입접(打込接, 우찌코미하기, 다듬돌쌓기), 절입접(切込接, 키리코미하기, 마름돌쌓기)로 나눈다. 쌓은 방법에 따라서는 궤쌓기(布積, 누노즈미), 막쌓기(亂積, 란즈미)으로 나누며, 외관에 따라서는 산목쌓기(算木積, 산기즈미), 골쌓기(谷積, 타니즈미), 귀갑적(龜甲積, 킷코우즈미), 옥석적(玉石積, 타마이시즈미) 등으로 나눈다.

특히 왜성에서는 석재를 가공한 정도나 쌓은 방법으로 보면 대체로 막돌 막쌓기가 많으며, 외관상으로는 성벽의 모서리를 장방형의 돌을 짧은 변과 긴 변을 교대로 쌓아올리는 산목쌓기를 흔히 볼 수 있다.

해자(空堀)

해자(空堀)는 그 목적에 따라서 세 가지로 구분되는데, 산허리를 절단하여 성곽 접근을 원천적으로 차단하는 굴절(堀切), 성벽을 따라 가면서 구덩이를 파 성벽의 방어력을 높이기 위한 횡굴(横堀), 성벽에 대하여 수직 방향으로 구덩이를 파서 적의 이동을 방해하는 수굴(竪堀)이 그것이다. 그 중 횡굴은 성벽 접근을 어렵게 하는 기능뿐만 아니라, 1차적인 방어선, 병력의 이동 및 통신로로도 이용되었다.

평지에서 구릉으로 올라가는 성벽(登り石垣)은 먼저 성벽 축조 부분을 따라 길게 구덩이를 파고 그 구덩이의 흙을 이용해서 석벽 안쪽을 내탁(内托, 裏込み)하였다. 구덩이는 그대로 해자(空堀)의 기능을 갖게 함으로써 성벽의 방어시설로 삼았다. 이처럼 왜성에는 성벽을 따라서 판 구덩이와 성벽에 대하여 수직으로 판 구덩이를 이용하여 성의 방어력을 높인 점이 주목할 만하다. 동시대 일본열도의 성들은 토루(土壘)에서 석축(石垣)으로 이행하면서 공굴(空堀)이 소멸되는 과정에 있었는데, 한반도의 왜성에는 복잡한 공굴을 갖춘 경우가 많다. 이는 치열한 전란의 과정에서 공굴의 중요성을 다시 인식하면서, 방어력을 최대로 끌어올릴 목적으로 설치한 것이다.

서생포왜성의 경우에도 석벽을 따라 성곽 전체를 공굴로 감싸고 있으며, 북쪽 사면에는 석벽을 따라 판 횡굴 바깥에 다시 공굴을 파기도 하였고, 또한 세 줄기의 수굴도 확인된다. 이처럼 왜성은 석축과 성의 내부만이 아니라 성의 바깥에도 방어시설을 마련한 점이 큰 특징이다. 한편 가장 서쪽에 위치한 천수각이 세워진 구획(本丸) 바깥 쪽에는 이중으로 굴절(堀切)을 만들어 산허리를 끊음으로써, 방어력을 높이고 있다. 서생포왜성의 경우는 공굴은 이중으로 둘렀을 가능성이 크고 현재는 농경지로 이용되고 있으나 원래는 더 깊게 굴착되었을 것이다.

호구(虎口)와 마출(馬出)

성의 출입구는 호구(虎口)라고 하는데 이 또한 출입구의 방어력을 높이기 위해서 성벽을 어긋나게 하거나 꺾여 들어오게 만든다. 가장 발달한 형태의 호구는 승형(升形) 호구라고 하는데, 이는 출입구가 마치 됫박처럼 네모난 형태를 이루기 때문이다. 우리나라의 성이 성문의 안팎으로 옹성을 둘러 방어력을 높이는 것과 같은 발상이다. 호구는 성벽 바깥 쪽으로 돌출된 것은 외승형 호구, 성 안으로 만들어진 것을 내승형 호구라고 한다. 호구는 방어를 위한 시설이기도 하지만 반대로 공격으로 전환할 때 성 안의 병력이 밖으로 나갈 수도 있는 곳이기도 하다. 그래서 호구 앞에서 보병이나 기병을 집결시키는 장소를 만들기도 하였는데 이를 마출(馬出)이라고 한다. 호구 앞에는 토교(土橋)나 방어벽(茀, 카자시)이 있는 경우가 많았는데, 이를 발달시켜 호구 전면에 ㄷ자형의 공굴을 파고 성벽의 전면에도 공굴을 파서 그 사이에 생긴 공간을 마출로 활용하게 되었다.

사라진 부분

현재 왜성에서 볼 수 없는 부분으로는 천수각이라고 부르는 전투지

휘소, 성벽 위에 세웠던 목재 방어벽이나 다문로와 같은 건물, 호구에 설치한 문(승형 호구일 경우 바깥쪽을 高麗門, 안쪽을 櫓門이라고 한다), 성 안에 위치한 가옥이나 창고 등을 들 수 있다.

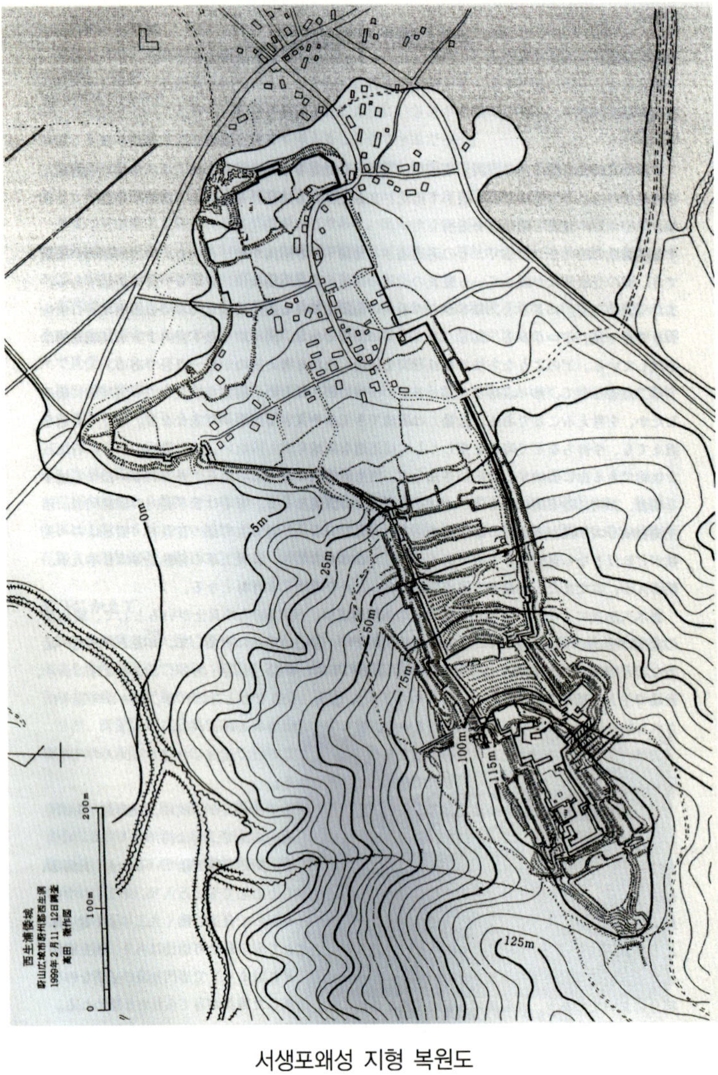

서생포왜성 지형 복원도

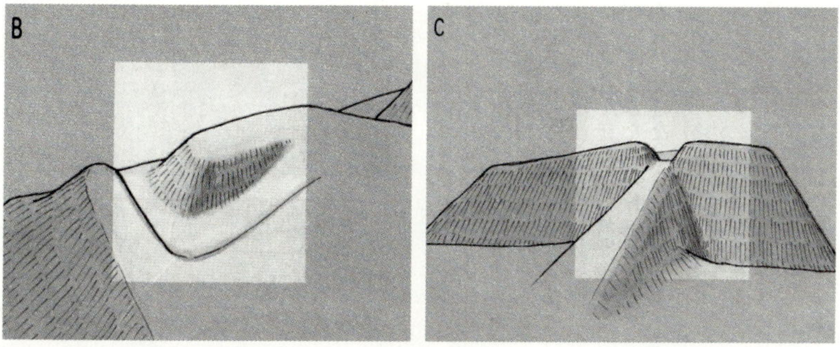

호구와 토교

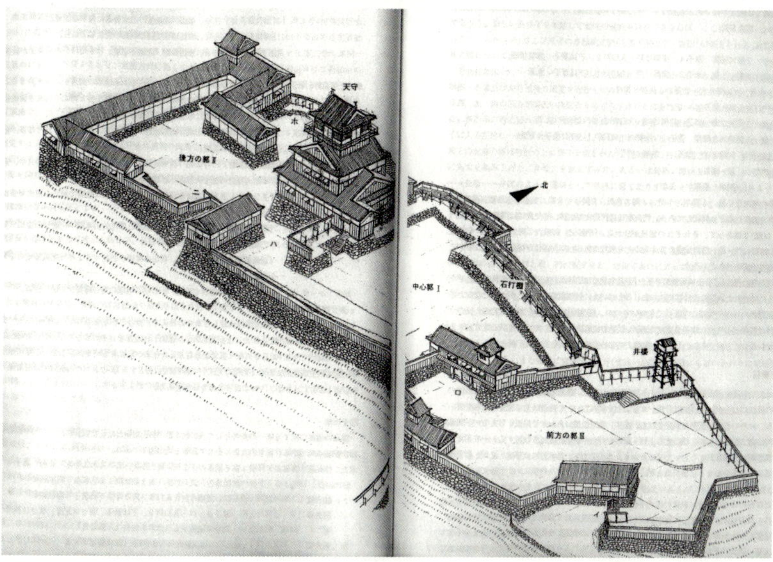

서생포 왜성 중심부 복원도

일본의 성곽

성벽의 방어

서생포왜성의 폐쇄된 출입구

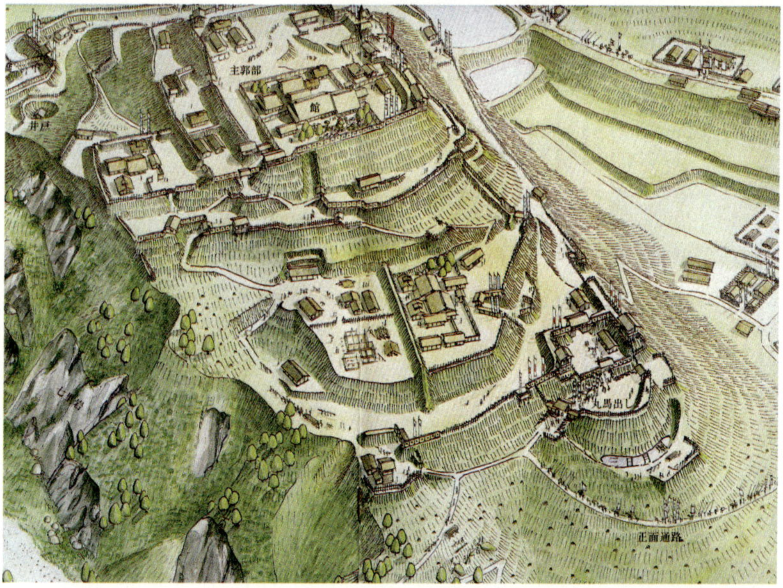

일본의 전국시대 성곽 복원도(『戰國の城』, 學研, 2011)

〈참고문헌〉

城郭談話會, 『倭城の研究』5, 2002.

朝日新聞社, 『城』, 週刊朝日百科日本の歷史 21, 1987.

『戰國の城』, 學研社, 2011.

5. 흑전장정(黑田長政)과 기장왜성(機張倭城)

부산의 외곽에 자리잡고 있는 기장왜성(機張倭城)은 1593년 흑전장정(黑田長政)이 처음 축성하였고, 그대로 이 성을 거성으로 삼았다. 다시 1595년 가등청정(加藤清正, 카토오 키요마사)가 성을 수리하였는데, 현재 이 성은 석축 등이 거의 원형대로 유지되고 있다. 기장왜성은 임진왜란 당시 대표적인 무장이었던 흑전 및 가등과 깊은 연관을 가지고 있는 성이다.

흑전장정은 전국시대(戰國時代) 말기에서 에도시대(江戶時代) 전기에 활동한 무장으로 찌쿠젠(筑前) 후쿠오카번(福岡藩)의 초대 번주(藩主)이다. 풍신수길(豊臣秀吉)의 군사(軍師)였던 흑전효고(黑田孝高, 쿠로다 요시타카)의 장남으로 태어났으며, 세키가하라(関ケ原) 전투에서 으뜸가는 무공을 세웠기 때문에 후쿠오카번 523,000석(石)을 받아 초대 번주가 되었다.

1592년 제3번대 5000명을 이끌고 조선으로 건너온 흑전은 김해, 창원, 창녕, 성주, 추풍령, 청주 등을 거쳐 5월 7일에 한성에 도착하였다. 이후 황해도 지역의 평정을 담당하게 된 흑전은 선조를 쫓아 개성을 공략하고 평양까지 진출하였다. 이후 명의 참전과 더불어 전선이 소강상태에 들었으나, 흑전은 행주산성 · 진주성 전투에 참여한 뒤, 기장성(機張城)에 주둔하게 되었다.

정유재란 때는 다시 양산왜성(梁山倭城)을 축조하고 이곳에 주둔하였으며 1597년에는 가등청정이 지키고 있던 울산성에서 전투에 벌어지자 구원군을 파견하였다. 이때 최전방에 해당하는 울산왜성(최동방), 순천왜성(최서방), 양산왜성(내륙부)을 포기하고 전선을 축소할 것을 풍신수길에게 건의하였으나, 풍신수길은 양산왜성에서만 철수하도록 회답하였다. 이에 흑전은 부산 서쪽의 구포왜성으로 물러나 주둔하였다.

가등청정(1562~1611) 역시 흑전과 같은 시대에 활동한 인물로 히고국(肥後國) 쿠마모토번(熊本藩)의 초대 번주이다. 풍신수길의 심복이었다. 풍신 사후 덕천씨(德川氏)의 가신(家臣)이 되었고, 세키가하라 전투에서 공을 세워 히고국(肥後國) 전체를 영지로 받아 쿠마모토 번주가 되었다.

임진왜란 제2 번대(番隊)의 주장(主將)으로 과도직무(鍋島直茂, 나베시마 나오시게)·상량뢰방(相良頼房, 사가라 요리후사) 등을 거느렸다. 제1번대의 소서행장과 선봉을 다투어 4월 17일에 부산에 상륙한 후 5월3일에 남대문을 통해서 한성으로 들어갔다. 이후 1번대 3번대와 더불어 북상하여 임진강전투를 거쳐 해정창(海汀倉) 전투에서 한극성(韓克誠)이 이끄는 조선군(朝鮮軍)을 격파하고 함경도를 평정하였다. 이때 조선의 왕자 임해군(臨海君)과 순화군(順和君)을 포로로 삼았다. 다시 가등은 조선의 국경 두만강을 넘어 올량합(兀良哈, 오랑캐)까지 진공하였다. 1593년 제2차 진주성전투에서는 성의 북쪽 공격을 담당하여 귀갑차(亀甲車)를 만들어 진주성 함락에 성공하였다.

정유재란 때는 좌군의 선봉이 된 소서행장과 함께 우군의 선봉이 되었다. 이때 일본군의 작전목표는 먼저 전라도를 철저하게 격파하고 다시 충청도로 진격한 다음 이를 달성하면 후퇴하여 거점이 될 성곽을 건설하는 데 있었다. 서생포왜성을 출발한 가등은 전라도를 향해 서진하여 조선군이 지키던 황석산성(黃石山城)을 함락하고 전라도의 중심지 전주를 점령하였다. 다시 충청도 진천으로 진출하여 최초의 작전 목표를 달성하였다. 때문에 일본군은 축성 예정지로 후퇴하였는데, 가등은 서생포왜성 동쪽에 새롭게 축성한 울산 땅에 들어가 스스로 성곽 건설 계획을 정한 후에 서생포왜성으로 이동하였다. 가등은 울산왜성이 완성된 이후에는 서생포왜성과 울산왜성의 수비를 담당하였다.

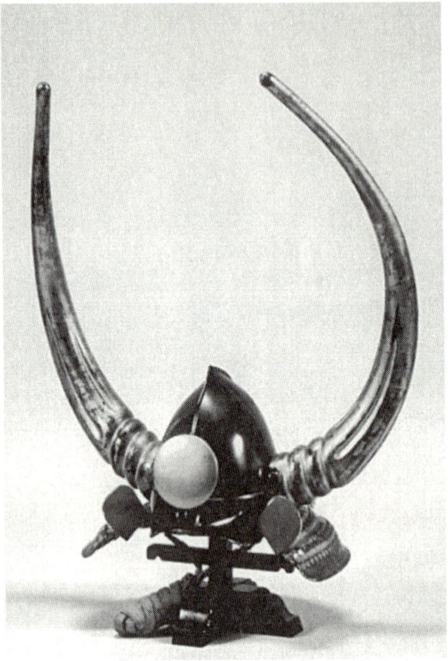

흑전장정이 쓰던 투구

1597년 12월 완성을 앞둔 울산왜성에 57000명의 조선과 명의 병력이 쳐들어갔다. 울산성 전투가 시작되자 가등은 측근 500명만 이끌고 울산왜성으로 들어갔다. 미완성 상태인데다가 물과 식량이 부족한 상황에서 가등은 조선군과 명군의 공격을 10일동안 막아내었으며, 주변 지역에서 모여든 일본군의 도움으로 울산성 방어에 성공하였다. 가등은 조선인들 사이에서 귀상관(鬼上官)이라고 불리며 두려움의 대상이 되었다고 하며, 축성술에도 아주 능한 인물이었다. 명성 쿠마모토성(熊本城)을 건설한 인물로도 유명하다.

흑전과 가등이라는 당시 일본을 대표하는 무장이 쌓은 성인만큼 기장왜성은 작은 규모이지만 공략하기 힘든 구조를 가지고 있다. 독립된 구릉을 차지하고 있는 기장왜성에는 토교(土橋)를 만들어 한 사람씩 줄지어 올라가도록 하였다. 이는 방어하는 쪽에서 쳐들어오는 상대를 쉽게 공격하기 위한 것이다.

성의 남쪽은 바닷가로 이어지고 성의 동쪽으로는 강이 흐르고 있다. 서쪽과 북쪽도 계곡을 사이에 두고 산이 있어서 방어에 아주 유리한 지형이다. 왜성에는 출성(出城 혹은 子城)을 함께 쌓은 경우가 많은데, 기장왜성도 성의 후방과 전방에 출성을 쌓았다. 이는 외곽의 방어력을 높이기 위한 것이다.

현재 기장왜성은 독립구릉 위에 석축 부분이 잘 남아있다(1, 主廓). 그러나 왜성은 우리나라의 성처럼 돌로 쌓은 성곽만 중요한 것이 아니라, 주변의 지형을 이용한 여러 가지 시설물이 성 전체의 방어력을 높이는 역할을 한다. 우선 왜성의 동남쪽에서 바다 쪽으로 뻗은 구릉 위에 출성(2, 子城)이 위치하고 있었다. 한편 서쪽에서 북쪽으로 청강천(清江川)까지 길게 공굴(空堀. 등고선을 따라서 굴

가등청정의 초상화

착하였으므로 横堀이라고 할 수 있음)을 파서 서쪽 외곽 방어선을 구축하고(A・B) 다시 이 공굴과 직각으로 ㄴ자형의 석축과 토루를 쌓아 북쪽 방어를 강화하고 있다(3・4. 4는 소형 곡륜). 주곽 바깥에는 다시 C・D의 공굴과 토루가 있다. 곡륜(曲輪) 2의 바깥으로도 공굴과 물을 담은 해자가 여러 겹으로 존재했던 것으로 생각된다(「機張城圖」). 주곽 주변에도 특히 동쪽 남쪽 서쪽 사면에 여러 겹의 공굴이 배치되어 있다. 이처럼 기장성은 바다와 강을 끼고 있는 독립된 구릉에 주곽부를 두고, 그 주변을 석축・토루・공굴・해자・토교로 에워싸고 있음을 알 수 있다. 곡륜의 배치와 지형으로 보아 ④가 대수문(大手門, 오오테몬)으로 정문에 해당하며 ② 부분이 약수문(搦手門, 가라메테몬. 상황이 불리할 때 피신하기 위한 문)으로 생각된다.

한편 기장왜성은 원래 이곳에 위치하고 있던 두모포진을 구획 속에 포함시킨 것으로 생각된다. 5 부분을 중심으로 남아있는 석축은 왜성 석축과는 다른 방식이고 조선 읍성의 석축 방식과 공통되는 점이 있기 때문이다. 기장 왜성의 석축은 대체로 다음과 같은 특징을 가지고 있다. 1) 혈태적(穴太積) 계통의 숙련된 석축 쌓기이며 석재는 전체적으로 타입접(打込接)을 썼다. 2) 석재의 석면은 대체로 넓은 면이 드러나게 하였는데 길이는 짧은 편이다. 3) 우각부(角石・角脇石)에는 산목적(算木積)이 관찰되지 않는다(전체적으로 산목적이 아니다). 4) 석축의 구배는 직선적인 것이 많고 일부 꼭대기 부분에서 급경사가 보인다. 5) 이입석(裏込石, 석축의 뒤쪽에 채워넣은 돌)의 사용량이 일반적으로 많다. 6) 석재 사이의 틈에는 작은 돌로 채워 평활하게 만들었다.

또한 성벽의 구성을 보면 각석과 각협석으로 조성되는 우각부와 성벽의 본체를 이루는 축석부(이 부분의 석재를 築石 혹은 平石)로 나눌 수 있다. 다시 성벽은 횡으로 석재가 나란히 배열되는 상태(橫目地)를 포적(布積)이라고 한다.

흑전장정의 기마상

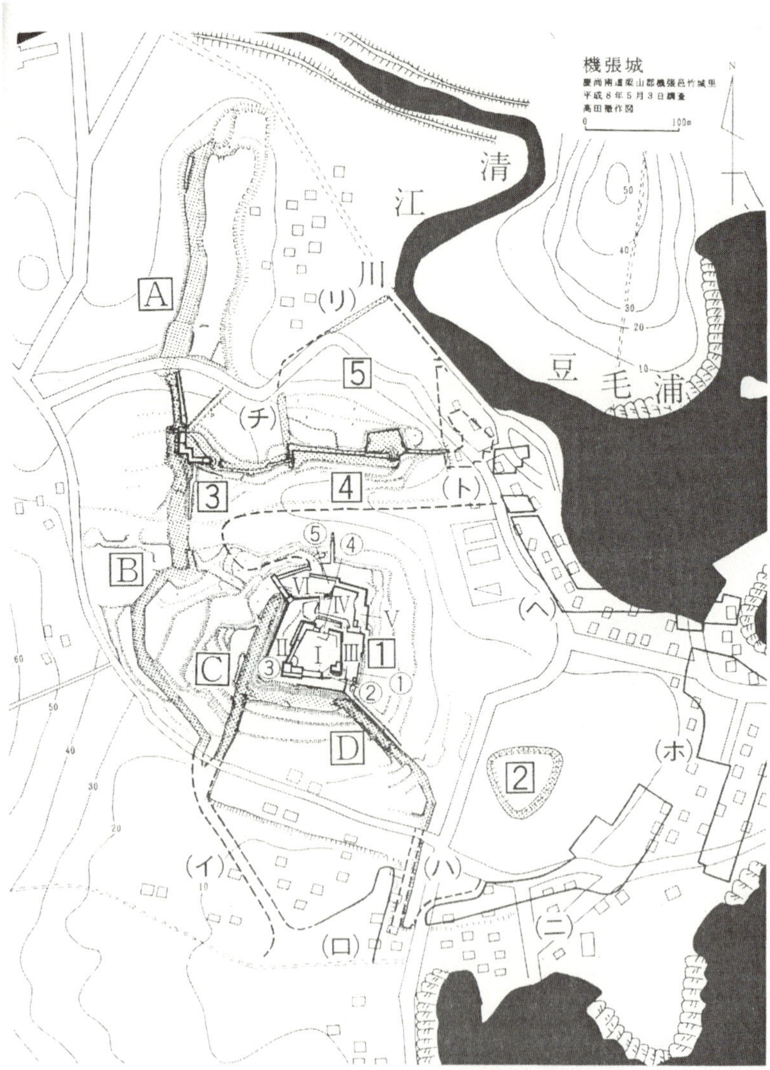

기장왜성(北垣聰一郎, 1997)

기장왜성도

〈참고문헌〉

城郭談話會,『倭城の研究』, 創刊號, 1997.

北垣聰一郎, 「プランからみた機張倭城とその石積み技術」, 『倭城の研究』 創刊號, 1997.

Ⅳ. 왜관

1. 거대한 Japan Town

에도시대(江戸時代)는 흔히 쇄국 정책이 시행된 시대로 알려져 있지만, 예외적으로 나가사키(長崎)의 데지마(出島)와 토오진야시키(唐人屋敷)에는 네덜란드인과 중국인이 거주할 수 있었다. 또 하나 예외적인 장소로 바로 대마도와 부산의 왜관(倭館, 和館)이 있었다. 왜관은 현재 용두산(龍頭山) 아래 초량(草梁)을 중심으로 약 10만평에 달하는 넓은 면적에 왜관이 자리하고 있었다.

왜관의 성립

1675년 대마도 측의 공사책임자 좌치목좌위문(佐治杢左衛門, 사지모쿠자에몬)은 일본인 목수를 비롯하여 150명의 인부를 거느리고 초량으로 건너와 조선 측 목수 등과 함께 왜관 공사를 시작하여 1678년에 완성하였다. 용두산의 남쪽 사면에서 바닷가에 위치한 용미산(龍尾山)에 이르는 공간에 높이 1.8m의 담장을 쌓고, 그 안에 동쪽과 서쪽의 건물군을 배치하였다. 동쪽은 평상시에 일본에서 건너와 장기체류하는 사람들이 거주하였고, 서쪽은 외교 목적으로 건너온 일본의 사신들이 일시적으로 거처하였다.

왜관 안에는 왜관의 책임자인 관수(館守)가 거처하는 관수옥(館守屋)을 비롯하여 재물의 신인 변재천(辯財天)을 모시는 신사, 동향사(東向寺)라는 절, 도자기를 굽는 곳, 교역품을 보관하는 창고, 주민들의 생활필수품을 판매하는 가게 등 많은 건물들이 있었다. 특히 동일한 직종을 가진 사람들이 같은 구역에 모여살아서, 일본의 성하정(城下町, 죠카마찌)을 방불케 하였다.

왜관 앞에는 배를 대는 선창이 있었는데, 반원형으로 방파제를 쌓았고 용미산(龍尾山)에 의지하여 바람을 피할 수 있었다. 배를 대는 잔교(棧橋)도 설치되었는데, 매립 방식이 아니라 해안을 굴착하여 만든 것이다.

왜관의 풍경

왜관에 사용된 목재나 기와는 모두 조선에서 조달하였고, 인부들도 주로 범어사(梵魚寺)와 효의사(曉義寺)의 승려 및 일반 농민들이 동원되었다. 왜관을 건설하는 동원된 목수와 인부는 조선측이 연인원 125만명, 일본측이 2,000명이었다고 한다. 이처럼 왜관 건설을 조선과 일본의 합작으로 진행된 대규모 토목공사였다.

건물 자체에도 조선식과 일본식이 혼재하였다. 방 안에는 타타미를 깔고 조선식 온돌을 설치하지 않았다. 특히 일본인이 상주하는 건물은 현관, 마루, 복도, 화장실, 부엌은 물론이고 목욕탕까지 갖추고 있었다. 이들 건물은 일본식 미닫이문, 비를 피하기 위한 덧문(아마도)을 설치하였고 접대공간인 응접실(床の間, 토코노마)도 마련하였다. 왜관이 완공되자 454명의 일본인들이 입주하였다.

왜관의 생활

왜관은 남자들만 거주하는 특수한 공간이었다. 그래서 장기체류는 할 수 있지만 영주는 할 수 없는 셈이었다. 또한 높은 담으로 외부와 단절되어 있었으며, 특별한 경우가 아니면 왜관 바깥으로 나갈 수 없었다. 물론 여성의 출입도 금지되어 있었다. 조선은 왜관에 일본인이 거주하는 것을 허용하기는 했지만, 외부와 접촉하는 일을 철저하게 금지하였다. 계해약조(1683년)를 보면 조선의 태도를 분명히 알 수 있다. 조선은 일본인이 왜관 바깥으로 나가는 일이나 밀무역, 일본인과 조선인 관리가 다투는 일을 모두 사형으로 다스리고자 하였다.

1. 경계구역 밖으로 나가지 말 것. 어기면 사형.
2. 밀무역 자금을 주고 받으면 모두 사형.
3. 사무역(私貿易)을 하고 있을 때 방 안에 들어가 밀무역을 일삼는 자는 쌍방이 사형.
4. 조선이 지급한 물품을 왜관으로 반입할 때 일본인은 조선의 하급관리를 구타하지 말 것. 이를 어긴 쌍방은 모두 사형.

이처럼 닫힌 공간에 남자들만 살고 있었기 때문에 종종 조선인 여자와 스캔들이 일어나기도 하였다. 이를 교간(交奸)이라고 하였는데, 조선 측에서는 중개자와 여성을 모두 사형으로 처벌하였고, 일본인 남자도 동일하게 처벌하려고 하였다. 그러나 일본인의 상식으로는 교간이란 사람을 죽인 것과 다르며 남녀가 서로 교제한 정도로 사형에 처한다는 것을 이해할 수가 없었다. 이 때문에 대마도측은 조선과 협의하여 일본의 법관습과 타협점을 찾으면서 양쪽이 공평하게 처벌받을 수 있도록 한 신묘약조(1711년, 交奸約條라고도 한다)를 맺었다.

1. 대마도 사람이 왜관을 나가 조선 여성을 강간하면 사형.
2. 여성을 유인해서 화간(和姦)하는 자, 혹은 강간 미수에 그친 자는 유배.
3. 왜관으로 들어간 여성을 보고도 통보하지 않고 교간한 자는 그 이외의 죄를 적용.

변박의 초량왜관도

이처럼 조선은 왜관을 엄격하게 단속하려고 하였지만, 일본의 청주나 스기야키(杉燒) 요리를 조선인들이 좋아하게 되었고, 조선인들 중에는 왜관의 일본인과 의형제를 맺기도 하였다. 조선인들이 일본에서 만든 종이로 만든 양산을 쓰고 다니거나, 일본도를 차고 활보하기도 하고 일본의 고급 종이인 미농지(美濃紙)에 글을 쓰고 그림을 그리기도 하였다. 조선이 단 맛을 내는 데 주로 꿀이나 엿을 사용하였다면, 왜관에서는 설탕을 이용하여 조선인의 입맛을 사로잡기도 하였다. 왜관은 조선시대의 재팬 타운으로서 일본의 문물이 조선으로 전해지는 통로였던 것이다.

변박이 그린 초량왜관도.

가운데 용두산을 중심으로 동쪽에 일본인들이 상주하는 동관, 서쪽으로 객관인 삼대청이 있다.

그림 오른쪽 하단이 낮은 산이 용미산이며 그 안쪽으로 방파제를 두른 선창이 보인다. 해안을 따라 줄지어 서있는 건물을 교역품을 보관하는 창고이다. 그림 하단의 돛을 단 배는 일본의 범선으로 생각된다.

용두산 아래 한 가운데 위치하고 있는 것이 관수가 거처하는 관수옥이

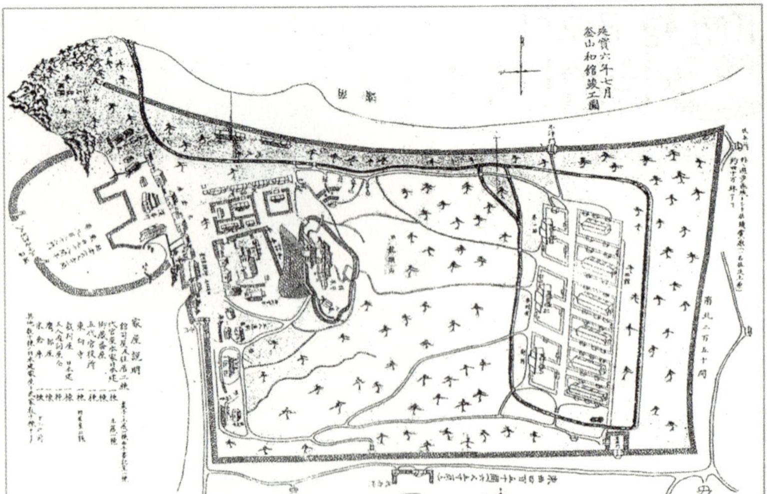

초량왜관 지도 (18세기 중엽). 아래가 북쪽, 위가 남쪽이며, 동서가 길게 과장되어 있다. 오른쪽이 3대청이 있는 서관, 왼쪽이 관수옥 등이 동관이다. 방파제와 잔교 등 선창의 모습을 구체적으로 알 수 있다.

며, 관수옥 동쪽이 사무역이 이루어지던 개시대청(開市大廳)이다. 용두산 동쪽 가장 위에 있는 것이 동향사(東向寺)라는 절이다.

조선사 편수회 『조선사료집진』 서관의 경관. 3대청과 6행랑이 자세히 그려져 있다.

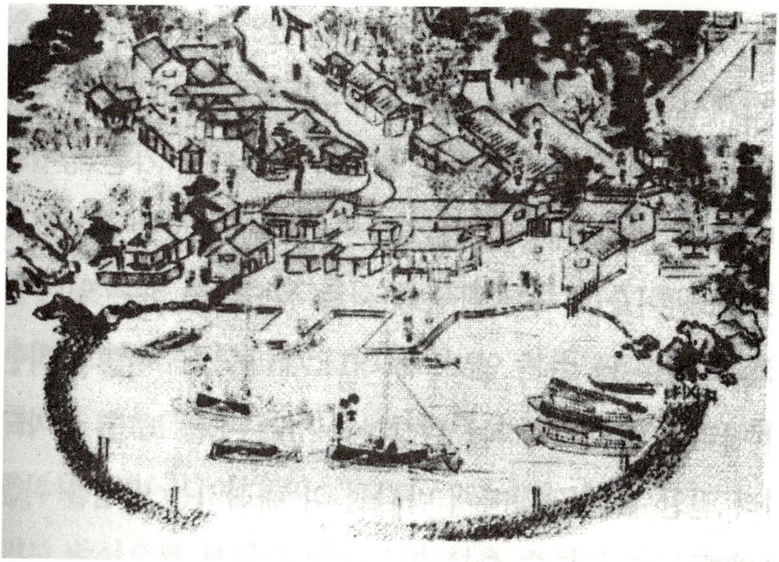

조선사편수회 『朝鮮史料集眞』 속의 왜관도

〈참고문헌〉

다시로 가즈이(정성일 역), 『왜관-조선은 왜 일본사람들을 가두었을까?』, 논형, 2005.

2. 길종(吉宗)과 인삼(人蔘)

덕천막부(德川幕府) 8대 장군인 길종(吉宗, 요시무네)은 평생 『동의보감』 곁에 두고 살았다고 한다. 1718년 대마도는 왜관을 통하여 입수한 허준의 『동의보감』(1613년)을 길종에게 바쳤다. 『동의보감』을 손에 넣은 길종은 이틀 뒤에 바로 『동의보감』 속에 있는 조선의 문자를 보고 그것이 어떤 글자인지를 가르쳐달라고 에도(江戶)에 있는 대마도의 번저(藩邸)에 문의하였다. 그리고 다시 새 짐승 풀 나무 등 약 종류가 일본에 있는 것과 조선의 것이 같은지 어떤지, 일본에 있으나 조선에는 없는 것, 또 그 반대의 경우는 없는가를 조사하여 문서로 작성하여 제출하도록 명령하였다. 1721년에는 조선의 새와 짐승 그리고 풀과 나무를 조사하도록 왜관에 지시를 내렸다. 이와 함께 『동의보감』 탕액편(湯液篇) 중에 나오는 약재들의 일본 이름이 불확실한 것을 비롯하여, 일본어로 되어 있는 약재 중에 한자어로 불확실한 것을 조선에서 어떤 한자를 쓰는지 알아내도록 하였다.

조사대상이 된 『동의보감』의 약재 이름을 보면 모과(木瓜), 임금(林檎), 백두옹(白頭翁), 오미자(五味子) 등이 있고, 일본어의 조사항목으로는 사쿠라, 에노키, 카에데, 동구리, 히노키, 키리, 쿠스노키 등이 있었다. 전체 항목은 178항목에 이르렀다. 그런데 이러한 조사는 원래 다른 목적이 있었다. 그것은 바로 인삼의 생초(生草) 즉 모종을 얻으려는 것이었다. 여러 가지 약재의 실물을 바치도록 하면서, 그 속에 인삼의 생초도 같이 가져오려고 한 것이다.

당시에 인삼은 재배하는 것이 아니라 산 속에서 자연적으로 자라는 산삼밖에 없었다. 대마도는 부산의 왜관을 통해서 인삼을 수입해서 에도(江戶)의 인삼좌(人蔘座)에서 판매하였다. 대마도가 인삼을 수입하는 데는 막대한 은이 필요했고, 은의 유출을 막기 위해서 길종은 인삼을 일본에서 재배하고자 하였던 것이다.

일본에서 인삼이 인기가 있었던 이유는 무엇일까? 15세기 후반부터 조선에서는 중국의 값비싼 한약재 대신 조선에서 생산되는 인삼을 많이 사용하는 탕약재 등을 개발하였고, 인삼을 주요 약재로 하는 이른바 '인삼의학(人蔘醫學)'이 발달하게 되었다. 인삼의학의 집대성이 바로 『동의보감』이었다. 당시 일본인들도 조선에서 약재로 널리 쓰이는 인삼을 거의 만병통치약처럼 여겨서, 무사들은 자신의 주군을 위

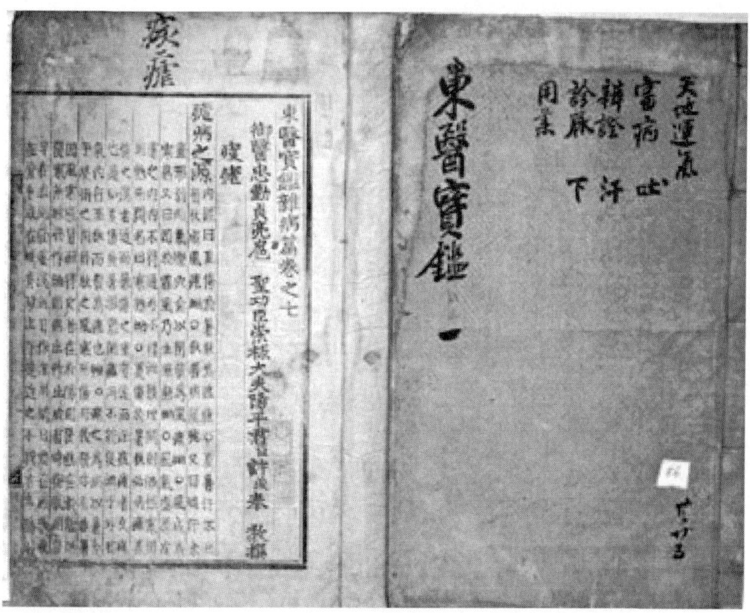

동의보감

해서 인삼좌에 줄을 서서 기다리는 일을 마다하지 않았고, 인삼이 다 팔려서 살 수 없게 되면 주군을 위해 할 일을 다 하지 못했으니 자결하겠다고 인삼좌의 상인들을 위협하기도 하였다. 길종도 인삼의 열렬한 신봉자였기 때문에 『동의보감』을 읽어보고, 인삼의 중요성을 더욱 절감하고 인삼의 생초를 손에 넣고자 한 것이다.

길종은 조선방(朝鮮方)[13]의 월상우위문(越常右衛門, 코시쯔네우에몬)을 약재질정관(藥材質正官)으로 임명하고 왜관에 파견하였다. 1721년 7월에 왜관에 도착한 월상우위문은 10월에 3뿌리의 인삼 생근을 에도(江戶)로 보냈다. 며칠 뒤 길종은 노중(老中) 수야충지(水野忠之, 미즈노타다유키)를 통해서 인삼을 가지고 온 대마도주 종의성(宗義誠, 소오요시노부)에게 다음과 같은 위로의 말을 전하였다.

> 요즘 조선의 인삼 생근을 헌상받으시고 그것이 매우 진귀한 물건인지라 매우 만족하고 계십니다. 그와 관련하여 매우 중요한 보물이므로 뿌리가 되었든 열매가 되었든 간에 조달을 할 것이며, 대마도에서도 심어보도록 하십시오.

길종은 인삼의 뿌리나 열매를 더 많이 입수하도록 종의성에게 의뢰하는 한편, 대마도 땅에도 인삼을 심어보도록 권유하였던 것이다. 1728년까지 35뿌리의 생초와 생근, 그리고 60알의 씨앗을 길종에 헌상하였다. 이때부터 일본은 인삼의 시험재배에 들어가게 된다. 예상외로 인삼 재배는 순조롭게 진행되었다. 일광(日光), 에도의 약원(藥園), 길종의 어좌소(御座所) 세 곳에서 시험재배하였는데, 길종은 에

---

13) 조선관계 기록을 담당하는 기관.

도성의 취상(吹上, 후키아게)라는 꽃밭에 약초를 심어놓고 매일같이 그 곳을 찾아 돌아보곤 하였다고 한다. 일광 등에서 재배에 성공하여 1738년에 일본교(日本橋) 본석정(本石町, 혼고쿠쵸)에 있는 약종상이 인삼 씨앗을 발매하기에 이르렀고, 1763년에는 신전(神田, 간다)에 조선인삼좌(朝鮮人蔘座)가 개설되었다.

이후 일본에서는 조선의 인삼은 조선인삼(朝鮮人蔘, 쵸센닌징), 조선의 인삼 씨앗을 가져가 일본에서 재배에 성공한 인삼을 오타네닌징(お種人蔘)이라고 구별하게 되었다. 일본에서 생산된 인삼이 조선인삼을 대체하게 되자, 대마도는 조선의 인삼을 독점적으로 수입해서 얻을 수 있었던 이익이 크게 줄어들게 되었다. 또한 조선의 인삼씨앗을 일본에 들여오는 데 큰 공로를 세운 월상우위문도 1733년에 왜관에서 객사하였다. 그러나 그의 노력은 『동의보감탕액류화명(東醫寶鑑湯液類和名, 1726년, 丹羽正伯)으로 결실을 보게 된다. 조선인삼 때문에 은이 유출되는 것을 막기 위해서 인삼의 일본 재배에 도전한 길종은 혜안을 가진 지도자라고 할 수 있고, 길종의 명을 받아 부산의 왜관으로 건너와 인삼의 생근과 씨앗을 구해 바친 월상우위문 역시 주군의 뜻을 이해하고 임무를 완수하기 위해 목숨을 바친 충신이라고 할 것이다.

인삼(人蔘)과 닌징 원래 인삼이라는 말은 원래 약용으로 쓰이는 인삼을 가리키는 말이었으나, 일본에서는 에도시대 이후 미나리과의 뿌리채소 당근(胡蘿蔔, こらふ)이 외국에서 전해지면서, 인삼처럼 큰 뿌리를 먹기 때문에 같은 종류로 여겨서 이른바 미나리인삼(芹人蔘)이라고 하였다. 점차 당근을 많이 먹게 되고, 또 서양의학이 보급되어 인삼의 사용이 줄어들자, 인삼이라고 하면 당근을 가리키게 되었다. 그후에는 인삼은 조선인삼, 약용인삼, 고려인삼 등으로 부르게 되었다.

〈참고문헌〉

다시로 가즈이(정성일 역), 『왜관-조선은 왜 일본사람들을 가두었을까?』, 논형, 2005.

貫井正之, 「東アジアの文化交流 － 許浚撰著『東醫寶鑑』と日本の受容」, 『名古屋外國語大學外國語學部紀要』 33, 2007.

3. 우삼방주(雨森芳洲)와 성신외교(誠信外交)

왜관에 머물렀던 사람 중에서 현재 가장 잘 알려진 인물로 우삼방주(아메노모리호오슈우, 1668~1755)가 있다. 그는 에도시대 중기를 대표하는 유학자이다. 1990년 일본을 방문한 노태우 대통령은 궁중 만찬회에서 "조선과의 외교를 담당하였던 우삼방주가 성의(誠意)와 신의(信義)의 외교를 신조로 하였다"고 언급하였고, 2002년 한국을 방문한 코이즈미 쥰이찌로오(小泉純一郎) 수상도 '성신외교'라는 우삼방주의 말을 소개한 바 있다.

우삼방주

그는 9살에 이미 한시를 지었다고 하며 18살에 에도로 가서 목하순암(木下順庵, 키노시타 쥰안)의 문하생이 되었다. 목하는 등원성와(藤原惺窩, 후지와라 세이카)의 손제자이며, 그의 문하에서는 신정백석(新井白石, 아라이 하쿠세키), 실구소(室鳩巢, 무로 큐오소오), 기원남해(祇園南海, 기온 난카이) 등의 걸출한 인물들이 배출되었다. 그 중에서도 "시는 백석, 문장은 방주"라고 할 정도로 우삼은 목문(木門)에서도 뛰어난 존재였다.

당시 대마도는 덕천 막부로부터 조선과의 외교 및 무역, 조선통신사의 접대 등의 업무를 위임받아 그 실무를 처리하고 있었으므로, 유학의 교양을 갖춘 조선의 관인들과 시문(詩文)을 나누고 교섭할 수 있는 일급 유학자를 찾고 있었다. 한편으로 막부 쪽에도 대마도에 영향력을 행사할 수 있는 인물이 필요하였다. 목하와 친분이 있었던 대마도주 종의진(宗義眞, 소오요시자네 1639~1702)가 적당한 인물을 천거해 줄 것을 부탁하자, 목하는 우삼을 지목하였다. 그래서 우삼은 대마번(對馬藩)의 장학생으로 1년에 금 10량을 받게 되었는데, 이때 나이는 불과 22세였다(1689년). 1693년에 처음으로 대마도로 건너간 우삼은 지행(知行) 200석(石)의 대마 번사(藩士)가 되어 외교문서의 해독과 작성을 담당하는 진문역(眞文役)과 대마번주에게 유교적인 교양을 가르치는 시강(侍講)을 맡았다.

그는 1702년 35세의 나이에 처음으로 부산의 왜관에 건너왔으며, 1703년부터 조선어를 배우기 시작하였다. 그는 매일같이 조선의 일본어역관(倭通事)으로부터 조선어를 배웠는데, 그때의 상황을 이렇게 전하고 있다. "여름 뜨거운 날씨에 배운 말을 옮겨 쓸 때면, 현기증이 날 정도였지만, 수명을 5년 단축한다는 각오로 하면, 성취하지 못할 리가 없다고 생각하고, 밤낮으로 긴장을 늦추지 않고 노력하였다." 그의 재능과 노력 덕분에 1년 만에 조선어 공부를 마치고 대마도로 돌아가게 되었는데, 이후 조선통신사 행렬을 수행할 때, "오고 가는 반년의 기간 동안 한 번도 통역에 의지하지 않고 공사(公私)로 조선인과 이야기할 수 있게 되었다." 1705년에 다시 건너와 이번에는 조선의 지리, 역사, 풍속, 인정 등에 대해서도 폭넓게 공부를 하였고, 그 결과물이 『교린수지(交隣須知)』라는 책이다.

교린수지

『교린수지』는 조선어 학습을 위한 책인데, 분야별 사전의 형태를 취하고 있다. 먼저 천문 시절 방위 지리 인품 두부 신부 수목 화품 의

관 여식 채색 풍물 시청 음식 행동 정지 심동 언어 등 60개의 분야로 나누어 단어를 배열하고, 그 단어를 사용한 조선어 예문을 제시하고 있다. 조선어 예문 옆에는 카타카나로 일본어 번역을 병기하고 있다. 이 책은 일본 최초의 조선어 학습서이자, 18세기의 조선어를 그대로 보여주는 귀중한 자료이기도 하다.

그 후 그는 1711년과 1718년 두 차례에 걸쳐서 조선통신사를 수행하였다. 1711년의 조선통신사 파견 때 우삼과 동문(同門)인 신정백석은 막부에서 장군(將軍) 시강(侍講)으로 막부의 정책에 큰 영향력을 발휘하고 있었다. 특히 조선통신사와 관련하여 통신사 접대 비용이 막부의 재정을 악화시키고 있다고 판단하고, 접대 비용을 삭감하는 개혁을 단행하는 한편 조선에 보내는 문서에도 장군을 일본국대군(日本國大君)이란 표현 대신 일본국왕(日本國王)이라고 쓰기도 하였다. 이런 문제로 대마도 쪽에서 외교의 실무를 담당하고 있던 우삼과 갈등을 빚기도 하였다.

외교 분쟁

신정은 대군(大君)이라는 말이 조선에서는 왕의 적자(嫡子)를 뜻하는 말이므로 조선에 보내는 외교문서에 어울리지 않는다고 보고 일본국왕(日本國王)으로 써야한다고 하였다. 우삼은 일본국의 주권자는 천황이므로 장군이 국왕을 칭하는 것은 참월(僭越)한 행위라고 비판하였다. 그러자 신정은 천황은 중국의 황제와 동격이고 왕은 그 아래에서 실질적인 정치권력을 행사하는 것이므로 문제가 없다고 하였다. 결국 신정의 주장대로 조선에 보내는 국서에 일본국왕이라고 썼고,

이 국서 사건과 관련하여 정사(正使) 조태억(趙泰億)은 귀국한 후에 처벌을 받게 되었다. 이 과정에서 우삼은 관례와 원칙을 지킬 것을 주장하였고, 조선의 관인과도 친밀한 관계를 맺게 되었다.

제술관 이동곽(李東郭)은 우삼과의 교분을 "통신사로서 반년 넘는 일정을 함께 하는 가운데, 아침저녁으로 시를 나누고 술잔을 거듭하고 담소하는 등 의기투합하여 마침내 나라를 넘는 친구가 되었다. 이를 자손대대로 전하여 그와 내가 둘도 없는 친구였음을 영원히 전하고 싶다"고 하였다.

이때 통사로 따라갔던 현덕윤(玄德潤)과도 친밀한 관계를 맺었다. 후에 왜관 업무의 조선쪽 책임자인 훈도(訓導)가 된 현덕윤은 왜관에 딸린 훈도의 관사를 자비로 수리하고, 성신당(誠信堂)이라고 이름을 지었다. 우삼도 이에 답하여 「성신당기」를 지으니, 이를 액자로 만들어 성신당에 걸어두었다고 한다. 이후 현덕윤 집안과 우삼 집안은 3대 100년에 걸쳐서 우정을 나누었다. 우삼의 성신을 바탕으로 한 외교사상도 이 성신당에서 비롯되었다고 할 수 있다.

> "일본에 가까운 나라는 조선만한 곳이 없다. 『춘추전(春秋傳)』에서도 인(仁)을 가까이 하고, 이웃에게 잘하는 것이 나라의 보물이라고 하였다."

신유한과의 친교

1719년에 통신사로 파견된 제술관 신유한(申維翰)과도 우삼은 친밀해졌다. 에도에서 돌아오는 길에 신유한은 자신이 쓰던 유건(儒巾)

을 주었다고 한다. 유건은 성균관 학생이나 생원, 진사 등이 향교나 서원에서 쓰는 것으로 선비들이 실내에 있을 때도 흔히 썼다. 우삼에게 유건을 준 것은 신유한이 그를 자신과 같은 선비로 인정했다는 뜻이다. 『해유록』에서 신유한은 우삼을 이렇게 평가하였다. "그는 일본 문인 가운데 걸출한 인물로 조선어, 중국어, 일본어에 능하고, 제자백가에 대해 잘 이해하고 있다. 일본어로 번역할 때, 다름과 같음, 문자의 쉬움과 어려움을 잘 알고 있다. 스스로 마음 속에서 더러움과 깨끗함을 구별한다."

우삼방주 초상화.

대마도를 떠나면서 신유한은 "오늘밤 정을 담아 나를 전송하는데, 이승에서는 다시 그대를 만날 길이 없겠도다."라는 시를 지었다(今夕有情來送我, 此生無計更逢君). 이에 우삼은 눈물을 흘리면서 "저는 이미 늙었습니다. 이제는 다시 세상 일에 참여할 수 없습니다. 곧 섬의 귀신이 될 날만 남았는데 제가 무엇을 바라겠습니까? 다만 원컨대 그대는 본국에 돌아가 조정에 등용되어 영화로운 이름을 떨치시기 바랍니다."라고 하였다. 짧은 만남이었지만, 조선과 일본이라는 국가의 틀을 벗어나 그들은 지기(知己)가 된 것이다.

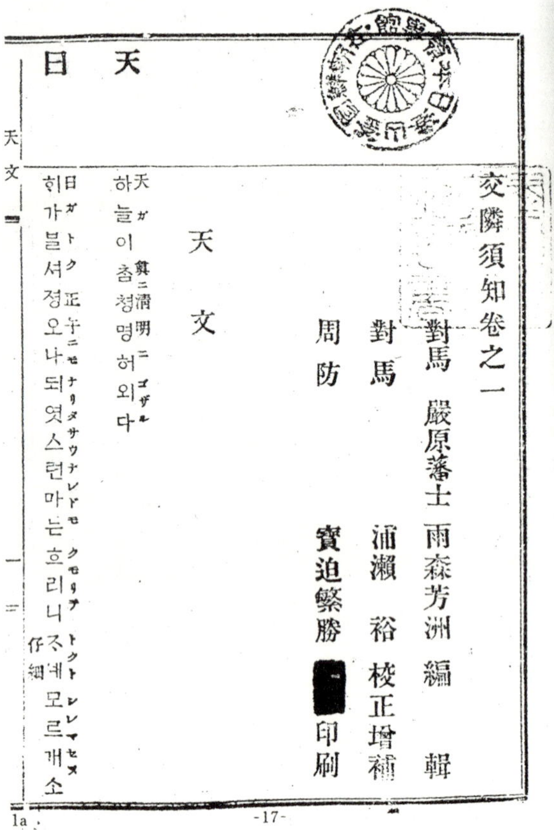

交隣須知卷之一

對馬 嚴原藩士 雨森芳洲 編輯

對馬 浦瀨 裕 校正增補

周防 寶迫繁勝 印刷

天文

天 하늘이참청명허외다

日 히가블셔정오나되엿스련마는흐리니仔細모르개소

1a -17-

『교린수지』

교린제성

그는 61세 때 자신의 외교 경험을 바탕으로 『교린제성(交隣提醒)』을 저술하였다. 조선과의 외교에서 주의해야 할 점을 54개 조항에 걸쳐 설명한 이 책은 지금의 우리로서도 배울 점이 많다. 먼저 조선과의 교린에는 무엇보다도 인정(人情)과 시세(時勢)를 아는 것이 중요하다고 하였다. 즉 풍속이나 습관 역사 문화 그리고 일본과의 관계를 알아야 한다고 지적한 것이다. 또한 통역은 두 나라의 사정에 정통하지 않으면 말을 옮길 때 잘못을 범할 수 있고, 그것이 중대한 외교문제가 되는 경우도 있다고 하였다. 또한 일본과 조선은 생각하는 방식이나 예절이 다르고 좋고 싫어하는 것도 다르기 때문에, 일본의 풍습이나 예절로 조선인을 대하면 사안에 따라서 어긋나는 일이 많으므로 주의해야 한다고 하였다. 마지막 조항은 성신외교에 관한 것인데, "성신(誠信)으로 사귀는 것에 대하여 사람들이 이야기를 하고 있지만, 대다수는 그 뜻을 확실히 이해하지 못하고 있다. 성신이란 실의(實意: 진실한 마음)를 뜻하며, 서로를 속이지 않고 다투지 않으며, 진실된 글로써 사귀는 것이야말로 진실한 성신이다. 조선과 진실하고 성신한 교제를 하려고 한다면, 사신을 보내는 것을 우리측에서 포기하고, 조금이라도 그들을 성가시지 않게 해야 할 것이다. 그러나 이것은 쉬운 일이 아니다. 다만 종래의 관습은 그 나라에서도 그렇게 간단히 고치겠다고 말할 수 없을 것이기 때문에, 우선 당분간은 관습을 그대로 유지하고, 더 이상 조선에게 신용을 잃는 일만은 하지 말았으면 한다."(『교린제성(交隣提醒)』)

〈참고문헌〉

岩方久彦, 「雨森芳洲の研究」, 『日本文化研究』 27, 2008

永留久惠, 『조선을 사랑한 아메노모리호슈』, 어드북스, 2009.

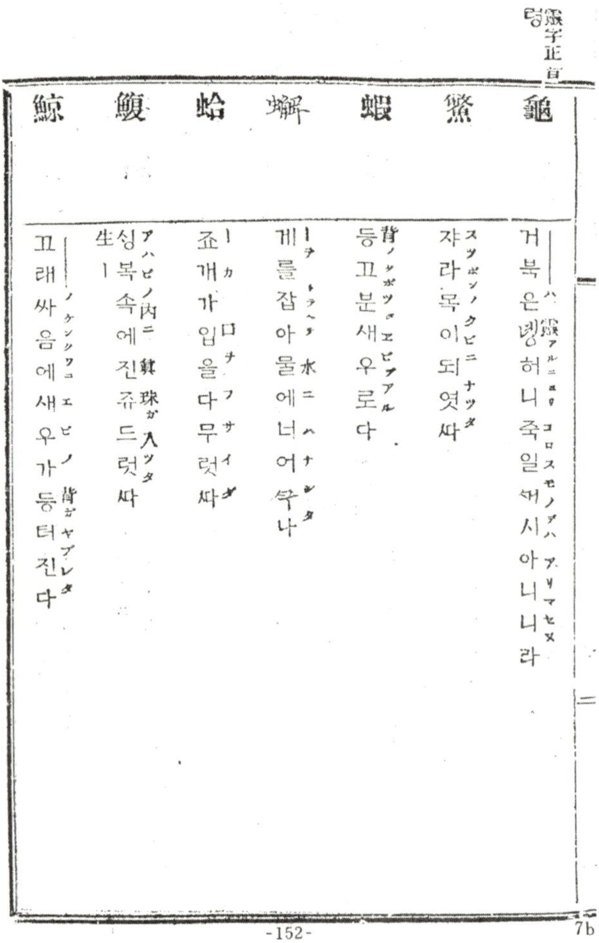

龜 거북은 령허니 죽일 꺼시 아니니라

鱉 쟈라 목이 되엿짜

蝦 등 꼬분 새우로다

蟹 게를 잡아 물에 너어 두나

蛤 죠개가 입을 다무럿짜

鰒 生싱복 속에 진쥬 드럿짜

鯨 꼬래 싸음에 새우가 등 터진다

-152- 7b

『교란수지』

조선통신사와 동행하고 있는 우삼방주. 진문역(眞文役) 우삼동오랑(雨森東五郎)이라는 글씨 아래 말을 탄 인물이다.

4. 조선 일본 간의 표류민

근세 동아시아에는 표류민 송환에 대한 국제적인 관행이 존재하였다. 원칙적으로는 표류민이 도착한 국가에서 모든 비용을 부담하여 본국으로 송환하는 것이었다. 특히 조선과 일본 사이에는 왜관이 일본 표류민을 송환하는 통로 역할을 하였다.

표류민 송환

조선 초기에는 조선 표류민 송환을 조선과 통교 관계를 맺고 있던 서일본(西日本)의 영주층이 담당하였지만, 1443년 계해약조 이후 조선과의 통교·무역의 권한을 대마도의 종씨가 갖게 되면서 대마도가 맡게 되었다. 이처럼 일본의 영주나 대마도가 스스로 경비를 부담하면서 표류민을 송환한 목적은 조선 정부에 대한 우호적인 태도를 표명하고 그 대가로 통교의 기회를 얻어 경제적인 이익을 누리려는 것이었다. 조선과의 통교할 수 있는 도서의 발급(1418년), 해마다 일정한 수의 무역선을 보낼 수 있는 세견선(歲遣船) 정약(1424년), 조선으로 도항할 수 있는 문인(文引) 제도의 확립(1438년), 계해약조(1443년) 등을 통해 통교체제가 정비되자, 표류민 송환은 조선 일본 간의 통교에 새롭게 참여할 수 있는 수단이기도 하였다.

한편 일본인들도 종종 조선 연안에 표류해왔다. 일본 표류민은 어로나 여행을 위해서 바다에 나왔다가 표류한 경우와 무역을 위해서 일본과 중국 사이를 왕래하다가 표류한 경우가 많았다. 이들 표류민에 대해서는 현지의 지방관이 우선 왜구가 아닌지를 조사한 다음 순수한 표류로 판단되면 모두 왜관과 대마도를 통하여 송환하였으며, 특히 중국과 관련된 경우는 후하게 접대하고 신속하게 송환하였다. 계해약조 이후 조선 연안의 왜구는 자취를 감추고 본격적으로 표류민 송환이 이루어진다. 1454년에 중국에 조공하러 갔다가 귀국하는 길에 전라도 내례포에 표착한 일본 선박이 있었다. 조선은 문인이 없음에도 불구하고 전라도 관찰사로 하여금 경상도 제포(웅천)로 예인하도록 하고, 경상도 관찰사에게는 양식을 지급하여 송환하도록 지시하고 있다. 그러나 삼포왜란 등으로 양국의 관계가 악화되면 일본 표류민도 왜구로 의심하는 경우도 있었고, 표류한 선박에 대하여 양식만을 지급하고 상륙을 금하는 경우도 있었다. 이를 방환(放還)이라고 하였으며, 배가 파손되지 않은 한 자력으로 귀국하도록 하였다.

조선도 내정이 안정되면서 도서 주민이나 조운군(漕運軍) 등이 일본으로 도항하거나 표류하는 경우 호구 안정과 조세 수취를 목적으로 이를 송환하기 위해서 노력하게 되었다. 특히 제주도민들이 의도적으로 일본으로 도항하는 경우도 있었는데 이에 대해서 조선은 적극적으로 대처하였다. 이때도 대마도가 표착지의 영주로부터 조선인의 신병을 인도받아 송환하는 역할을 맡았다. 이러한 방식은 메이지유신으로 전근대적인 통교체제가 단절될 때까지 유지되었다.

조선인의 표류

1696년에 일본 북해도(北海道)에 표착한 이지항(李志恒)은 『표주록(漂舟錄)』을 남겼는데, 북해도에 거주하는 원주민인 하이(蝦夷)는 문자나 농경을 몰라 어로와 수렵으로 생활하는 짐승같은 부류이며,

그 북방에는 키가 큰 붉은 털을 가진 족속이 있는데, 그 지역에 표류하면 아무도 살아남지 못한다고 기록하였다. 붉은 털의 키큰 종족은 당시 동쪽으로 진출한 러시아인으로 생각된다. 조선 후기만 해도 9000명에 달하는 조선인이 일본에 표류하였다. 해류의 방향 때문에 조선인이 일본에 표류하는 경우가 압도적으로 많았다.

이지항은 본래 부산 출신으로 1696년 당시 50세로 동래부 소속 6품 무관이었다. 강원도 원주로 공무차 출항하였다가 북해도 북서쪽에 표착하였다. 이후 마쯔마에부(松前府)를 거쳐 에도(江戸)의 쓰시마번저(對馬藩邸)로 호송된 후 오오사카, 쓰시마를 거쳐 11개월 후인 1697년에 귀국하였다. 조선인으로는 처음으로 북해도에 간 사례일 뿐만 아니라 그가 지은 표주록은 기이한 체험을 바탕으로 한 조선시대의 대표적인 표류기의 하나다. 그는 마쯔마에의 아우사(阿吽寺)의 주지였던 서류(瑞流)와 교류하였는데, 한시(漢詩)에도 조예가 깊어 이지항과 많은 시문을 나누었다. 서류가 이지항을 위해 지은 송별시는 다음과 같다.

> 올 때에는 글로 정이 더욱 화목하였는데
> 오늘은 기쁨과 슬픔이 얽히고 설키는구려
> 미처 다 뵙지 못한 채 님을 보내니
> 내 혼은 꿈마다 그대 따르리

나라는 달랐지만, 필담으로 나누는 두 사람의 심정은 간절하기 그지없다. 이밖에도 마쯔마에 번주가 이지항의 글씨를 받고 칭찬하자 모두들 그의 시와 글씨를 요청하여 마쯔마에부에 체재하는 기간 중에 쓴 글이 100권에 달할 정도였다고 한다. 이처럼 『표주록』에서 이지항은 일본에 대해서 우호적인 감정을 표현하고 있다. 국가권력이 개입하지 않은 민간인끼리의 교류에는 외교의례를 둘러싼 갈등이나 문화를 과시하는 경쟁심리는 전혀 보이지 않는다.

1817년 해남 대둔사(현재의 대흥사) 승려 15명이 경주에서 불상을 만들어 수송하다가 일본의 찌쿠젠(筑前)에 표착하여 나가사키(長崎)에 호송된 후의 모습을 일본인 화가 부전일혜(浮田一蕙, 우키타잇케이 1795~1859)가 그린 『조선표객도(朝鮮漂客圖)』라는 그림이 있다. 이 그림에는 부전이 승려 일행과 필담하면서 느낀 감상과 조선 승려들이 일본측에 써준 감사 서찰도 수록되어 있다.

일본인의 표류

에도시대에 일본인이 조선에 표착한 것은 92건 1235명이었다. 1819년 7월 2일에는 충청도 비인(庇仁)에 일본인 25명이 표착하였고, 그 속에는 사쯔마번(薩摩藩)의 무사 3명이 포함되어 있었다. 무사들이 표착하는 경우는 대단히 드물었는데, 안전희등태(安田喜藤太, 야스다 키토오타)는 상세한 일기를 남겼다. 그는 비인현 현감이었던 윤영규(尹永圭)과 접촉하면서 있었던 여러 가지 체험들을 자세히 기록하고 있다. 7월 4일 표류한 배를 찾아온 윤영규는 "귀국과 아국은 이미 수호를 맺고 있으므로, 귀국의 배가 해난사고로 고생하고 있는 것을 그냥 보고만 있을 수 없다"고 하고, 조선의 국법에 따라 배 안에 있는 물건을 모두 점검하게 해 달라고 하였다. 이는 해안을 침탈하러 온 것인지를 확인하기 위한 것이었다. 이후 안전이 일본의 담배, 유구(琉球)의 소주인 아와모리(泡盛), 삼조선(森祖仙, 모리 소센)의 원숭이 그림을 보여주자, 윤영규는 하나하나 좋은 평가를 해주었다고 한다. 7월 25일 본국으로 귀환을 위해 부산으로 가게 되자 안전 일행은 헤어지기에 앞서 윤영규에게 석별의 시를 지어주었다.

흰 구름 십만리 떨어진 귀국에서 고국으로 돌아가게 된 것도, 실은 그대의 인정이 깊기 때문일까

ししくものやへたつをちにかへりみは きみのなさけのふかきゆへかも(安田喜藤太)

헤어지면 다시 만날 일이 없겠지만, 함께 본 달을 생각하면 오늘까지 보여준 그대의 깊은 정을 생각하게 되겠지

わかれてはともに見しよのつきかけに よせてそきみをしのひやはせん(日高)

안전 등이 쓴 시를 보고 윤영규는 낙관을 찍어 줄 것을 요구하였다. 일본시에는 보통 낙관을 하지 않지만, 야스다는 성인(姓印) 자인(字印) 아인(雅印) 등을 찍어주었다. 윤영규는 안전의 아호인 습취정(拾翠亭)을 보고 좋은 이름이라고 칭찬하였다. 헤어지면서 안전은 배에 기르던 새끼 산양을 윤영규에게 주고 가려고 했으나, 윤영규는 짐승이기는 하지만 고생을 함께 하였으니 데리고 가는 것이 좋겠다고 하면서 먹일 풀을 마련해 주었다. 또 안전이 친

森祖仙의 원숭이 그림.

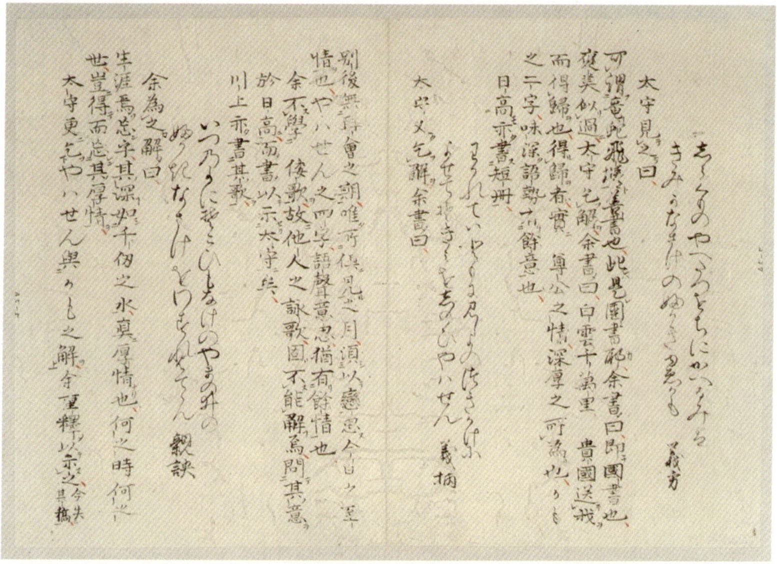

안전 등이 쓴 시

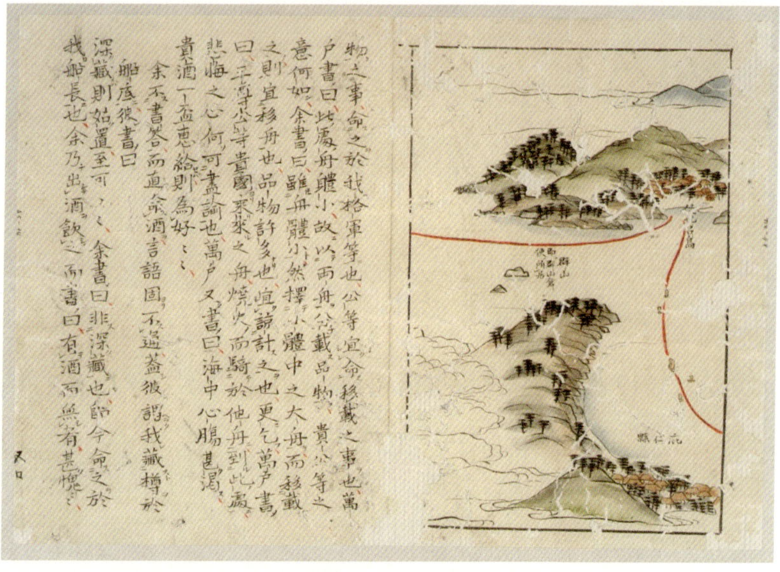

충청도 비인현 주변

구로부터 받은 그림을 기념으로 주려고 하자, 그림을 준 친구의 정성을 무시하는 것이 된다고 거절하였다고 한다. 안전 일행은 부산의 왜관을 거쳐 무사히 일본으로 돌아갔다. 안전와 윤영규는 시에 노래한 것처럼 다시 만날 일은 없었지만, 안전은 그의 일기에서 윤영규를 조선(朝鮮)의 거벽(巨擘)이라고 칭송하고 그에 대한 기억을 소중히 간직하였다.

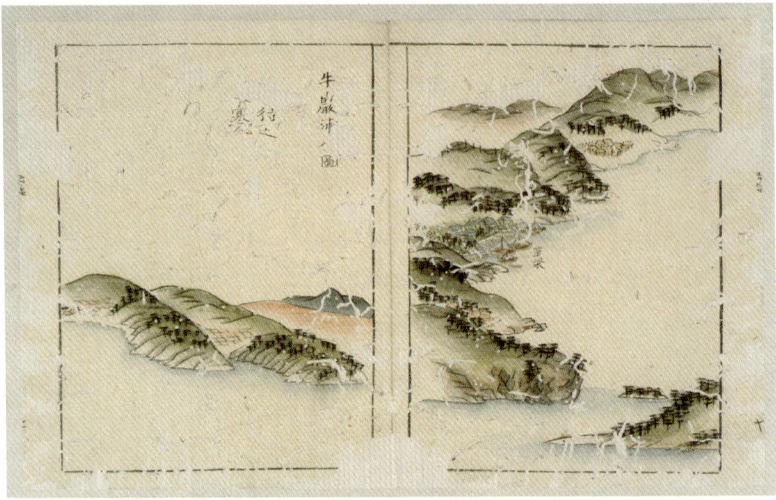

부산 초량 우암포

〈참고문헌〉

민덕기 외, 「조일간 표류민 연구」, 『한일관계사연구』12, 2000.

池内敏, 「1819년 충청도에 표착한 일본선의 표류기」, 『한국학논집』45, 2009.

池内敏, 『薩摩藩士朝鮮漂流日記 「鎖国」の向こうの日朝交渉』, 講談社, 2009.

神戸大學附屬圖書館 住田文庫 http://www.lib.kobe-u.ac.jp/sumida/index.html

V. 동래

1. 부산에서 유행한 일본 요리 -스기야키

왜관(倭館, 和館)[14]에서 일본인들이 조선인을 접대할 때 가장 인기 있었던 메뉴는 스기야키였다. 왜관에서는 신년 축하, 외교적인 절차, 조선들과의 협상 때 자주 향연이 열렸다. 이때 상당히 호화로운 요리를 제공하였는데 오리냄비찌게(鴨鍋), 스기야키(杉燒) 등이 대표적이었다.

스기야키는 정확하게는 스기바코야키(杉箱燒き)인데, 삼나무로 만든 상자인 스기바코 안에 된장을 넣고 육수를 부어 끓인다. 그런 다음 대구 아니면 철에 따라 나는 날짐승 고기를 넣어가면서 야채를 섞어서 끓인다.

당시 왜관에서 통역관을 지냈던 소전기오랑(小田幾五郎, 오다 이쿠고로오)는 『통역수작(通譯酬酌)』이라는 책을 지었는데, 그 속에는 스기야키와 관련된 내용이 적지 않다. 소전이 조선사람에게 일본 요리 중에서 무엇이 입에 잘 맞느냐고 물어보면, 첫째는 스기야키, 둘째는 안코(아귀요리), 셋째는 도미통구이(濱燒き, 하마야키)와 소멘(素麪)이라고 대답하였다고 한다. 『통역수작』에 보이는 에피소드를 하

14) 일본에서는 같은 음을 가진 和館이라고 표기하기도 하였다.

나 들어보자.

"스기야키와 아귀 요리는 정말 조선사람들이 좋아하더군요. 지난번에 동래부사가 연향에 참석하러 오셨을 때, 의뢰하신 대로 스기야키를 조리하였답니다. 굉장히 마음에 드셨던 모양입니다. 드시고 남은 것은 음악을 연주하던 사람들에게도 나누어 주셨습니다. 연대청까지 가져오게 하여 드셨지요. 스기야키는 부사만 그런 것이 아니라, 서울에서 내려오신 양반님들도 좋아하셨는데, '일본의 된장 맛이 좋다'고들 말씀하시더군요. 일찍 역관을 역임하신 박사정(朴士正, 朴俊漢)이라고 하시는 분은 이것을 유독 좋아하셨는데, 대마도에 체재하실 적에는 아침저녁으로, 그리고 귀국하시는 배 안에서도 이쪽에서 준비를 하여 내드린 적이 있답니다. 그리고 나서 선물용으로 가져가고 싶다고 하시기에, 작은 통에 2~3개 담아드렸더니, 귀국 후 서울에서 부산으로 내려오신 높으신 분들에게 잡수시게 하였다고 전해 들었습니다. 이밖에도 일본선물로 보명주(保命酒)를 한두 병 가져가신 모양입니다만, 그에 대한 평판은 알 수 없습니다. "일본의 고급술과 된장을 싫어하는 조선인은 없다"고 듣고 있습니다."

소전은 스기야키가 조선 사람에 인기가 있었던 것은 일본 된장(미소) 때문이라고 하였지만, 익혀서 먹는 재료에도 비결이 있었다. 스기야키에 반드시 들어가는 재료는 도미, 전복, 달걀이었고, 그밖에도 유부, 무, 유채잎, 유자, 파, 톳, 토란, 우엉 등이었다. 당시 최고의 생선으로 쳤던 도미, 씹는 맛이 일품인 전복, 깔끔한 색깔과 함께 포만감을 주는 달걀이 주재료로 들어가고 여기에 유부나 야채들이 어울어져 감칠 맛을 낸 것으로 보인다. 일본 국내에서 스기야키 요리는 재료가 3~4종류밖에 들어가지 않는데, 왜관 쪽에서는 훨씬 다양한 재료들을 이용하였다. 왜관의 스기야키 요리는 요즘 일본에서 인기가 있는 비빔밥처럼 여러 가지 재료를 한 그릇에서 조리하였기 때문에 조선인의 입맛에 맞았던 것 같다.

음식에는 술이 빠질 수 없다. 왜관 안팎의 연회에는 술이 빠지지 않았다. 그런데 두 나라 사람의 술문화는 자못 달랐다. 일본주는 근세 초기에 일어난 양조기술 혁명의 결과물이다. 백미를 발효시킨 흰누룩을 써서 역시 백미로 술을 빚은 다음, 떫은 맛을 내는 부유물을 재를 넣어 침전시킨 뒤 맑은 술로 만든다. 일본주는 조선 사람들 사이에도 평판이 좋았다.

"일본의 이름난 술을 여러 가지 마셔보았습니다만 한결같이 꿀물같은 맛이었습니다. 자주 마시는 최고급 술은 우리나라(조선) 사람도 좋아합니다만, 일본 술은 맛도 좋고 술 마시고 난 뒤끝도 좋아 모든 것이 다 좋습니다. 조선의 술하고는 조금 다릅니다만, 일본의 고급 술은 썩 괜찮습니다. 우리나라에도 이름난 술이 있습니다만, 소주에다가 꿀맛을 더한다면 일본의 고급 술에 필적할 것인데, 조선에서는 독한 것을 제일 많이 만듭니다. 베이징이나 그밖의 오랑캐의 술 가운데는 소주가 많이 있습니다. 일본은 쌀이 좋기 때문에 술로는 천하제일이라고 생각됩니다.(『통역수작』)"

한편 조선 쪽에서 내는 술에는 막걸리처럼 단시일에 주조한 것과 소주처럼 독한 증류주가 주종을 이루었다. 이에 대해서 일본 쪽에서는 현재 일본주라고 하는 청주가 대표적인 술이었다. 소전기오랑의 아들 소전관작(小田管作, 오다 간사쿠)은 조선의 술에 대해서 다음과 같이 기록하고 있다.

"술에는 여러 가지가 있다. 흔히 만드는 것은 소주라고 한다. 청주라고 하는 것은 신맛이 난다. 탁주는 보리를 가지고 빚는 경우가 많은데, 탁주를 마시면 허리가 아파서 잘 걷지 못하게 된다. 이름난 술로는 계강주(桂姜酒) 죽력주(竹瀝酒) 이외에도 여러 가지가 있다. 이는 모두 소주에 계피, 생강, 꿀 등을 넣어서 맛을 부드럽게 한 것으로 따로 제조하는 것이 아니다. 화소주는 술을 내릴 때 소줏고리에 계관화(鷄冠花, 맨드라미)를 얹어 놓아 예쁜 색깔이 우러나도록 한다(象胥紀聞拾遺)"

그밖에도 소전은 최고급술은 일년주(一年酒)라고 하며, 그 이외에도 이화주(梨花酒), 방문주(方文酒) 등이 있다고 하고, 일년주는 땅 속에 묻어두고 한 겨울이 지난 뒤 5개월이 지나면 꺼낸다고 하였다. 또 소주의 최상급은 오홍로(烏紅露)이며, 조선인들은 주로 독한 술을 즐긴다고 하였다.

이처럼 조선사람들은 독한 술을 마셨고, 왜관의 일본인들은 조선의 술을 그리 좋아하지 않았다고 한다. 지금도 한국인들은 소주든 위스키든 스트레이트로 쭉쭉 들이키고, 일본인들은 소주에도 물을 타서 마시는데, 조선시대에도 다르지 않았던 것 같다. 그렇다면 왜 조선인들은 독한 술을 먹어도 괜찮았던 것일까?

일본인들이 먹은 조선의 요리

소전기오랑은 조선인의 술문화에 대해서 흥미로운 기록을 남겼다.

"조선에서는 독한 소주를 사람들이 많이 마시고 있습니다. 그렇지만 늘 육식을 하기 때문에 비장이나 위가 튼튼한 것 같습니다. 그 때문일까요? 남자든 여자든 목청이 높은데, 보통 대화를 할 때도 마치 싸움을 하는 것처럼 들립니다. 특히 여성의 목소리를 하늘을 찌를 듯이 날카롭답니다. 술을 잘 마시는 여자분들이 위 아래로 많이 계시는 모양이지요?(『통역수작』)”

그는 조선인이 소주를 먹어도 견딜 수 있는 것은 육식 탓이라고 생각하였고, 스스로도 육식에 맛을 들이고 있었다. 조선인들이 대접한 요리를 보면, 요리상에는 말린 꿩 넓적다리 한쪽, 말린 쇠고기, 돼지고기 편육 1접시, 돼지곱창(소곱창) 1접시 등이 올라갔다. 일본인들은 대체로 다리가 넷 달린 동물을 먹지 않았지만, 왜관 생활이 길어지면서 여러 가지 고기를 먹게 되었다. 소전은 쇠고기를 좋아하였고, 돼지·노루·물개 고기도 좋기는 하지만 이들은 모두 사슴고기와 비슷하고 쇠고기만 못하다고 하였다. 그는 호랑이 고기를 직접 먹기도 했다.

“제가 스무 살 무렵의 일이었을까요? 용두산 방향으로 호랑이를 쫓아가서 하루에 2마리를 때려잡았습니다. 그 중 1마리를 관수가(館守家)에서 해치우게 되었는데, 왜관 사람들에게 마음대로 먹으라고 하는 것입니다. 그래서 저도 1~2 덩이 받아왔답니다. 맛은 늙은 소처럼 기름기가 없었습니다. 모두들 몸에 얼마나 좋은 효과가 나타났는지 모르겠습니다만, 그래도 뭔가 힘이 솟는 듯한 느낌이 난다고들 말하더군요(『통역수작』)”

이처럼 왜관에는 고기를 좋아하게 된 일본인도 있었고, 또 일본인들이 좋아하는 고기도 있었다. 짐승 고기나, 새, 생선을 얇게 잘라서 바위나 돌 위에 얹어 햇볕에 말린 것을 조선에서는 포라고 하는데, 왜관에서는 이것을 히모노라고 하여 즐겨 불에 슬쩍 구어서 먹었다고 한다. 그 중에서 쇠고기 말린 것을 편포라고 하는데, 고기를 얇게 자른 다음 참기름과 간장을 섞어 만든 양념을 발라서 말린 것이다.

이처럼 왜관은 조선의 음식문화와 일본의 음식문화와 만나고 또 서로 뒤섞이는 장소이기도 하였다.

〈참고문헌〉

다시로 가즈이(정성일 역), 『왜관 -조선은 왜 일본사람을 가두었을까?』, 논형, 2005.

2. 실버로드와 동래상인

일본의 은화

에도시대(江戸時代) 초기만 해도 일본은 동아시아에서 가장 은을 많이 생산하는 국가였다. 에도 에도막부(江戸幕府)가 주조한 경장정은(慶長丁銀)은 순도 80%에 달하는 고품위 은화로 일본 국내에서 유통되었을 뿐만 아니라, 왜관·조선을 통해서 중국으로도 건너갔다. 당시 중국은 은본위제를 취하고 있었기 때문에, 은의 소비량이 많았고, 그 상당부분을 일본의 은화가 차지하였다. 신정백석(新井白石, 아라이하쿠세키)가 추산한 바에 따르면, 경장정은의 전체 주조량 120만관(4500톤) 중에서 일본 국내에서 유통된 것은 10% 정도이고, 나머지는 모두 조선과 중국으로 건너갔다고 한다. 그런 의미에서 경장

경장정은(慶長丁銀). 경장시대에 만들어진 쇳덩이처럼 생긴 은이라는 뜻이다.

정은은 일본 국내의 화폐가 아니라 국제적인 무역상품이었다고 할 수 있다. 즉 당시 일본은 막대한 양의 은을 해외에 수출하고 있었던 것이다. 그 수출통로는 바로 나가사키와 부산의 왜관이었다.

왜관에서 일본의 은화로 주로 조선의 인삼, 중국의 백사(白絲)나 견직물을 구매하였다. 중국의 비단은 조선이 정기적으로 파견하는 사신이나 조선과 중국 국경에서 열리는 시장에서 상인들이 구입하여 부산으로 가져왔다. 이때 결제수단으로 가장 많이 사용된 것이 일본의 은화였다. 백사는 주로 교오토(京都)의 니시진(西陣)에 위치한 비단직조인들이 고급 비단을 짜는 데 사용되었다. 고급 비단의 원료는 새하얀 광택이 나고 매듭이 없이 이어져 있는 백사가 가장 이상적이었다. 18세기 중엽까지 일본에서 생산되는 생사가 중국의 백사보다 질이 떨어졌기 때문에 교오토의 비단직조인들은 중국의 백사를 사용하였다. 생사를 공급하는 업자들은 중국의 백사를 구입하기 위하여 미리 대마도에 은화로 자금을 제공하였다. 이렇게 교오토를 출발한 일본의 은화는 대마도・왜관을 거쳐 조선으로 들어갔고, 다시 중국의 백사와 교환되었던 것이다. 17~8세기 동안 이렇게 일본의 은화가 인삼이나 중국의 백사와 교환되는 실버로드가 동아시아의 중요한 교역로로 존재하였다.

동래상인

일본의 은화와 중국의 백사를 연결하는 역할을 수행한 것은 동래상인[15)]이다. 왜관이 있던 조선시대에는 동래가 곧 부산이었다. 부산 지역에는 동래부가 설치되었는데, 동래부사는 곧 오늘날의 부산시장이

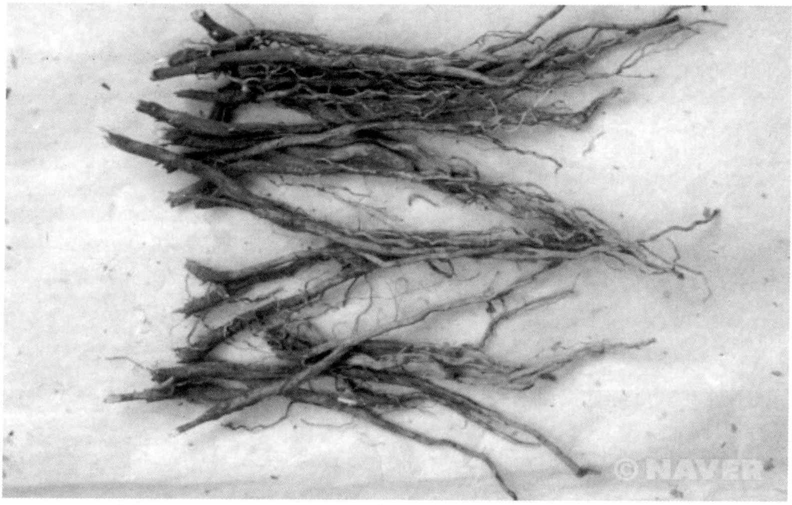

황금. 속 썩은 풀 등으로 불리며, 전염성 질환의 해열 효과가 좋은 약재이다.

었고 동래부사가 머물렀던 동래읍성이 부산시청인 셈이다. 한편 경상좌도의 수군을 통괄하는 좌수영 역시 동래 지역을 관통하는 수영천의 하구에 위치하고 있었다. 이에 대해서 왜관은 동래라는 중심에서 떨어진 변두리에 불과했다. 그러나 식민지시대에 들어서 왜관 주변을 중심으로 일본인들이 신시가지를 형성하면서 부산이라는 새로운 근대도시가 출현하게 된다. 현재의 동래는 부산시의 일부이지만 내륙부에 위치하고 있어서, 해안을 따라 발달한 지역과는 다른 특성을 지니고 있다고 할 수 있다. 동래를 본관으로 하는 부산지역의 유서깊은 토호(土豪) 동래 정씨의 존재 역시 동래지역이 가진 특성의 일부분을 이루고 있다.

왜관에서 이루어지는 무역에 동래상인들이 참여한 것은 어쩌면 당

15) 여기서 동래상인은 동래출신 상인만을 지칭하는 것이 아니라 전국 각지 출신으로 동래에서 활동하던 상인들을 말한다.

연한 일이라고 할 수 있다. 왜관에서는 국가 내지 국가기관이 운영하는 공무역(公貿易), 왜관 내의 개시대청(開市大廳)을 중심으로 이루어지는 개시무역(開市貿易, 私貿易) 그리고 밀무역(密貿易)의 형태로 무역이 이루어졌다. 그 중에서 동래상인이 간여한 것은 개시무역과 밀무역이다.

人蔘代往古銀 表 (貨幣博物館所藏)

조선인삼 대금으로 지불하기 위해서 특별히 주조한 인삼대왕고은(人蔘代往古銀)

개시무역은 양국 상인 간에 이루어지는 사무역으로, 정부의 허가를 받은 합법적인 무역이었다. 1610년부터 조선의 전통시장처럼 5일장의 형태로 운영되었다. 그래서 매월 6회(3, 8, 13, 18, 23, 28일) 열렸는데, 호조(戶曹)나 각도 관찰사(觀察使)가 발급하는 행장(行狀)을 가진 특권상인만 참가할 수 있었다. 이 허가증이 없으면 잠상(潛商)으로 간주되어 사형에 처해졌다. 시장이 열리면 상인 이외에 조선측에서는 역관, 무역세를 징수하는 관리, 시장을 감독하는 감독관, 왜관측에서는 교역 문제를 담당하는 대관(代官)들이 임석하였다. 조선측 상인들이 바로 동래상인(萊商, 都中, 都中商賈라고도 하였다)이었다. 이들은 왜관출입증인 물금패(勿禁牌)를 발급받아 왜관에 들어갈 수 있었는데, 처음에는 20명이 정원이었고 나중에 30명으로 늘어났다. 이들은 왜관의 개시무역을 독점하는 특권상인이었다.

17~8세기의 동래상인들의 모습은 구체적으로 확인할 수 없으나, 19세기에 들면 인명을 비롯해서 거래한 물품의 종류와 수량도 파악할 수 있게 된다. 동래상인 중에서 그 족적이 뚜렷한 예로는 정윤중(鄭允中) 정자범(鄭子範) 부자를 들 수 있다. 19세기 전반부터 활동하기 시작한 이들 부자는 주로 조선측 물품으로는 소가죽(牛皮), 소뿔과 발톱(牛角爪), 황금(黃芩), 일본측 물품으로는 구리를 거래하였다. 17~8세기에는 주로 인삼・백사가 은으로 거래되던 것과 물품의 종류가 완전히 달라진 것이다. 이는 일본에서 인삼을 재배하게 되고 또 일본 생사의 품질이 높아졌을 뿐만 아니라, 은의 생산이 감소하였기 때문이다.

정자범은 일본에서 수입하는 구리의 절반 정도를 거래하였고, 조선의 소가죽은 1년에 10,000매 이상 판매하였다. 일본으로 건너간 조선의 소가죽은 무구류나 신발 등의 재료로 사용되었다. 조선의 소가죽은 부드럽고 물을 먹어도 터지지 않기 때문에 신발의 재료로 각광을 받았던 것이다. 그밖에도 정자범은 소의 뿔과 발톱, 그리고 황금, 말린 해삼도 활발하게 거래하였다. 한편 일본에서 수입된 구리는 조선의 동전을 만드는 데 사용하였고, 경우에 따라서는 대전(大錢)이라고 하여 처음부터 조선의 동전으로 만들어 대금으로 지불하는 경우도 있었던 것으로 보인다.

이들 동래상인들은 1846년의 동래기영회(東萊耆英會)의 결성에도 참여하였고, 동래기영회는 동래 주민들과 힘을 합쳐 삼락학교(三樂學校)를 세웠으며, 이 학교가 부산의 전통적인 명문인 동래고등학교의 전신이 되었다. 이 무렵 기영회는 조상 대대로 물려온 재산을 자손들에게 상속하지 않고, 교육사업에 희사할 것을 만장일치로 결정하였다. 상업을 통한 이재에도 밝지만, 교육사업에 전재산을 투자하기도 하는 것이 동래 사람들의 특성이 아닐까. 지금도 동래 사람들은 부산 속에서도 다소 보수적이면서 합리적인 소비를 추구하는 성향을 보인다.

〈참고문헌〉

이영, 이근우, 김동철, 『전근대한일관계사』, 방송대출판부, 2008.

한일관계사학회, 『한일관계2천년-근세』, 경인문화사, 2006.

다시로 가즈이(정성일 역), 『왜관』, 논형, 2005.

정성일, 「조선후기 대일무역에 참가한 상고도중의 규모와 활동(1844~1849), 『한일관계사연구』9, 1998.

김동철, 「19세기 우피무역과 동래상인」, 『한국문화연구』6, 1993.

3. 한천(寒天)과 동래상인(東萊商人)

왜관에서 교역된 주요 물품

조선시대 후기에 부산의 왜관을 통해서 조선의 물품과 일본의 물품이 활발하게 교역되었다. 일본의 주요 수출품은 구리, 은(元字銀 등), 유황, 무기, 옷감, 식기 등이고, 조선의 주요 수출품은 소가죽(牛皮), 청각[16], 두단피(杜丹皮)[17] 등이었다. 그 중에서도 특이한 것은 우뭇가사리[18]이다. 우무를 만드는 재료인 우뭇가사리와 이를 가공한 방한천(房寒天, 角寒天)이 1870년 경에 17,545관(貫) 쌀로 따져 2,200가마 분량이 일본으로 수출되었다(당시 쌀 한 가마는 8관이었다). 우뭇가사리의 수출량은 200,000근으로 1근을 400g으로 잡아도 약 80ton에 이른다. 일본측 기록을 통해서도 한천 가공비로 쌀 600가마에 해당하는 돈을 대금으로 지불하고 있음을 알 수 있다. 그 비중은 소가죽, 청각에 이어서 3번째에 해당한다.

조선의 소가죽은 원래 유명하다. 일본의 소가죽은 물을 머금으면 터지기 때문에 식민지시대에는 군인들의 군화는 모두 조선의 소가죽으로 만들었다고 한다. 조선이 일본의 식민지가 되면서 일본은 수백만 마리의 조선 소를 일본으로 반출하였다. 조선 소가죽을 얻기 위한 것도 있지만, 일본 소와 달리 조선의 소는 배를 타는 것도 무서워하지 않았기 때문에 삼각주에 있는 논으로 데려가 일을 시킬 수 있었기 때

16) 布海苔・鹿角菜・青角菜, ふのり 등으로 표기하기도 한다,
17) 건조한 목단뿌리로 약재로 쓰였다.
18) 天草라고도 한다.

문이라고 한다. 그러나 청각이나 우뭇가사리를 일본으로 대량으로 수출되었다는 것은 의외다. 사실은 해조류뿐만 아니라, 해삼 전복 상어 지느러미도 주요한 수출품이었다. 인삼, 미삼(尾蔘), 두단피나 황잠(黃岑)과 같은 약재로 많이 수출되었다. 도대체 왜 우뭇가사리가 그렇게 많이 수출된 것일까?

한천(寒天)의 발견

일본에서 한천은 지금부터 350년 전인 덕천막부(德川幕府) 4대 장군인 덕천가강(德川家綱, 토쿠가와이에쯔나) 때 우연히 만들어졌다고 한다(1650년 경). 당시에는 일본 전국의 대명(大名)들은 1년 간격으로 에도(江戶)에서 거주해야 한다. 이를 참근교대(參勤交代)라고 한다. 그런데 사쯔마번(薩摩藩 현재의 鹿兒島県)의 번주인 도진씨(島津氏, 시마즈씨)가 에도로 가던 중 쿄오토 근처의 후시미(伏見)의 미농옥태랑좌위문(美濃屋太郎左衛門, 미노야타로오자에몬)이라는 사람이 경영하는 여관 미노야(美濃屋)에 머무르게 되었다. 이때 여러 가지 음식을 만들어 접대하였는데 우뭇가사리로 만든 토코로텐(トコロテン)이라는 요리도 만들었다. 남은 음식을 집 바깥에 놓아두었는데, 며칠 후 이 토코로텐이 자연건조되어 있었다. 추운 겨울 날씨 속에서 건조된 토코로텐은 맑고 투명해지고 해초 특유의 냄새도 없어졌다고 한다. 이것을 다시 끓였더니 불가사의하게도 원래의 토코로텐이 되었다. 이를 황벽종(黃檗宗) 만복사(萬福寺)를 창건한 중국 승려 은원선사(隱元禪師)에게 대접하였더니 정진요리(精進料理)[19]로 어울린다고 하고 추운 날씨 속에서 만들어졌으므로 한천(寒天)이라고 이름을 붙여주었다고 한다.

이 한천은 지금 우리가 즐겨먹는 젤리의 일종이다.

이렇게 만들어진 한천은 일본 전통과자인 화과자(和菓子)의 획기적인 원료로 각광을 받으면서 개량을 거듭하였다. 그 후 130년 간 한천은 후시미(伏見)의 명산품으로 일본 전국에 판매되었는데, 셋쯔(攝津, 현재의 오오사카부)의 궁전반병위(宮田半兵衛, 미야다한페이)라는 사람이 1830년 경에 미노야(美濃屋)에서 그 제조법을 배우는 한편 이를 개량하였다. 이때부터 오오사카, 쿄오토, 효오고(兵庫)의 산간부로 제조공장이 확산되면서 대량으로 생산되기에 이르렀다. 궁전이 개량한 제조법을 바탕으로 타카쯔키(高槻)에 시미즈한천수산가공업협동조합(清水寒天水産加工業協同組合)이 세워졌고 단위조합(單位組合)으로는 전국 제일의 규모를 자랑하게 되었다. 이러한 공적을 남긴 궁전의 비가 지금도 타카쯔키시에 세워져 있다. 이처럼 1830~1840년대 사이에 한천의 제조방법이 확산되고 생산량이 많아지면서 일본 국내에서 생산되는 우뭇가사리만으로는 한천의 수요를 충당할 수 없게 된 것으로 보인다.

조선의 우뭇가사리

그래서 눈을 돌린 곳이 바로 조선이었고, 왜관은 우뭇가사리의 수입 창구 역할을 하게 된 것이다. 조선은 우뭇가사리가 많이 생산되는 나라였다. 지금도 우리나라에서 연간 700톤 이상 생산된다(2009년). 일본은 2010년 생산량이 442톤, 최근 10년 중 최대생산량을 보인

19) 사찰에서 곡물・야채만으로 조리한 음식을 말한다.

2006년의 생산량이 1002톤이었다. 대한민국(남한)과 일본의 연안길이를 비교하면, 한반도 연안의 우뭇가사리 단위 생산량이 월등히 높다는 사실을 알 수 있다. 2010년의 경우에도 일본은 한국에서 722톤의 우뭇가사리를 수입하였다. 이러한 수입량은 일본 전체 생산량의 1.5배에 달한다. 또한 한국의 한천 생산량은 세계 생산량의 10%를 차지한다. 한국의 우뭇가사리가 없으면 일본의 화과자를 제대로 생산할 수 없게 된다고 할 수 있다.

1830년대 이후 일본이 한천을 이용해서 새로운 화과자를 양산하게 되면서, 우뭇가사리의 수요가 커졌다고 한다면, 조선에서 우뭇가사리를 일본을 수출하게 된 것도 같은 시기라고 할 수 있다.

동래상인

왜관에서 일본인들과 무역을 담당한 사람들이 바로 동래상인이다. 지금은 동래가 부산의 한 구에 불과하지만, 왜관이 있었던 당시에는 동래야말로 부산 전체의 중심지이고 동래부가 위치한 곳이었다. 동래상인은 내상(萊商)이라고 하는데, 개성부기로 유명한 개성상인(송상), 의주상인(만상)과 더불어 조선의 삼대상인으로 불렸고 특히 일본과의 교역을 담당한 주역이었다. 그런데 19세기의 사료를 보면 동래에 4~50명의 가사리상인(加士里商人)이 갑자기 나타난다. 이들이 출현하게 된 것은 바로 일본의 한천에 대한 수요에 대응하기 위한 것이다. 이처럼 왜관은 일본의 물품 수요에 민감하게 대응하면서, 일본 국내의 산업을 지속가능케 한 창구였다.

한천의 현재

한천은 1970년대부터 식품의 다양화에 따라 점점 쇠퇴하여 생산량도 감소하였다. 그러나 일본 후생성이 한천의 식물섬유 함유량이 식품 중에서 가장 많다는 사실을 발표하였다. 이 때문에 건강에 관심이 많은 일본의 소비자들이 한천을 다시 찾게 되었다. NHK의 「타메시테갓텐(ためしてガッテン)」, 일본TV 「오모잇키리테레비(おもいっきりテレビ)」 등에서 방영되면서 큰 반향을 불러 일으켰다. 최근에는 해외에서도 관심을 가져 일본이 낳은 건강식으로 한천이 주목을 받고 있다.

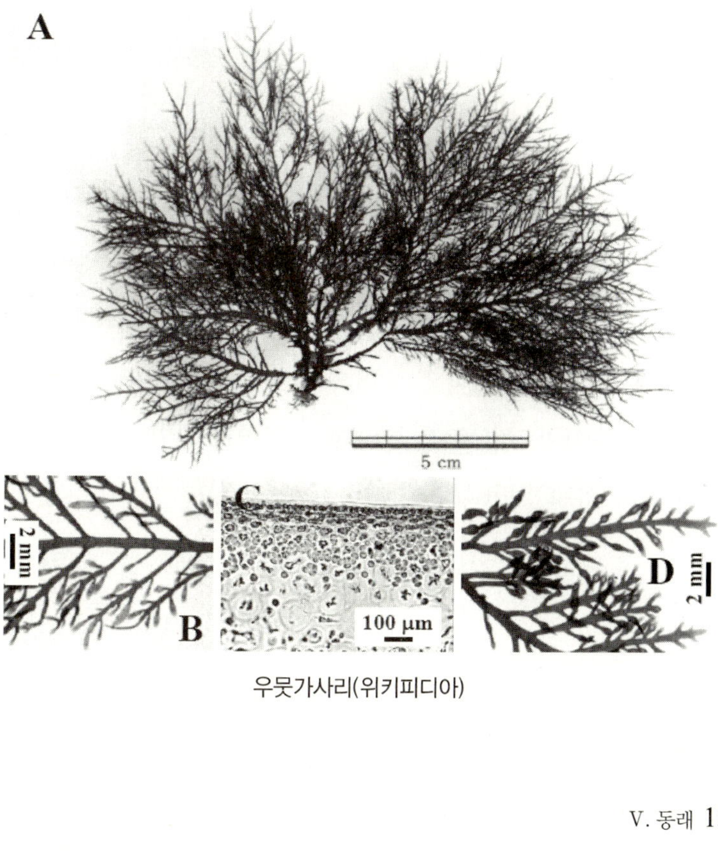

우뭇가사리(위키피디아)

4. 고구마와 담배

부산과 일본의 관계를 생각할 때 빼놓을 수 없는 것이 고구마와 담배다. 이 두 가지 식물이 모두 부산을 통해서 들어와 널리 퍼지게 된 것이다. 고구마가 조선의 대표적인 구황식물(救荒植物)이었고, 조선의 남녀노소가 모두 담배를 즐겼던 점을 생각하면 일본에 대한 창구 역할을 한 부산의 중요성이 더욱 부각된다.

고구마는 일본어

일본 고구마의 존재는 1719년에 통신사로 파견되었던 신유한이 쿄오토 근처 길거리에서 구워서 파는 고구마를 통해서 최초로 알게 되었다.[20] 그러나 직접 고구마를 구하여 재배에 기여한 것은 1763년에 통신사로 갔던 조엄(趙曮, 1719~1777)이었다. 그는 이 해 10월 대마도의 사스나(佐須那)에서 고구마를 보고 바로 두어 말을 구해서 부산진에서 재배하도록 하였다. 또 다음해 6월에 돌아오는 길에도 고구마를 구해서 동래의 아전들에게 맡겨 재배하려는 뜻을 품었다고 한다.

그는『해사일기』에서 '이 섬에 먹을 수 있는 풀뿌리가 있는데 감저(甘藷) 또는 효자마(孝子麻)라 부른다. 일본어로 고귀위마(古貴爲麻)라고 하는데, 형태가 마(山藥)와 같기도 하고, 혹은 무우 뿌리와 같기도 하고, 오이나 토란 같기도 하여 그 모양이 일정하지 않다. 그 잎은 마의 잎과 같은데 약간 크고 두터우며 조금 붉은 색을 띠고 있다. 그

---

20) 중국 고구마에 대해서는 서광계(1562~1633)의『농정전서(農政全書)』를 통해서 조선에서 알게 되었다.

덩굴은 또한 마의 덩굴보다 크다. 그 맛은 마에 비해서 약간 단단하고 실로 진기(眞氣)가 있으며 반쯤 구운 밤맛과 비슷하다. 날것으로 먹을 수 있고, 구워서 먹을 수 있으며, 쪄서 먹을 수도 있다. 곡식과 섞어서 죽을 만들 수도 있고, 꿀과 섞어서 정과(正果)를 만들 수도 있다. 떡을 만들거나 밥에 섞는 등 할 수 없는 것이 없으니 구황(救荒)의 좋은 재료라고 할 만하다. 듣건대 이것은 남경(南京)으로부터 일본으로 유입되었는데 일본의 육지와 여러 섬에 많이 있고, 대마도가 더욱 성하다고 한다."고 하였다.

이 기록을 통해서 보면 대마도의 '고귀이마(古貴爲麻)' 혹은 '코오코오이모(孝行麻)'라는 용어가 우리말의 '고구마'의 어원이 된 것으로 생각된다. 원래 고구마는 아메리카대륙이 원산지이며 스페인 사람들이 필리핀 등으로 전하였다. 이것이 다시 중국으로 전해졌고, 유구, 사쯔마(薩摩)를 거쳐 대마도로 전해진 것이다. 유구에서는 중국에서 왔다는 뜻으로 '카라이모'라고 하였고, 사쯔마에서는 '류우큐우이모', 일본의 다른 지역에서는 '사쯔마이모'라고 하여 고구마가 전래된 과정을 보여준다. 대마도에서 부모에게 효도를 할 수 있고 사람들의 굶주림을 면할 수 있게 해 준다는 뜻으로 한자로 효행마(孝行麻)라고 한 것이 고구마의 어원인 셈이다.

고구마의 확산

이렇게 전해진 고구마 종자를 국내에 전파하는 데 중요한 역할을 한 사람으로 이광려(李匡呂)가 있었다. 이광려는 강계현이라는 사람의 도움을 얻어 통신사가 보낸 고구마 종자를 구할 수 있었다. 그는 고구마 종자를 파종하여 수확하기도 하였다. 이광려로부터 고구마에 관한 이야기를 전해들은 동래부사 강필리(姜必履)는 다음해인 1765년 고구마 종자를 많이 확보하여 인근 읍과 한성에 보내고 동래에서도 재배를 시도하였다. 강필리는 이러한 과정에서 고구마 재배법을 정리하여 1766년에 우리나라 최초의 고구마 전문서적이라고 할 수 있는 『감저보(甘藷譜)』를 지었다.

1766년 가을 동래부사에서 물러나게 되자 고구마 종자를 많이 확보하여 한성(漢城)에 많이 실어 보내고 동래에서도 심도록 하였다. 강필리는 서울로 가져온 고구마 종자를 1767년 봄에 회현방 자택에 밭을 만들어 정성스럽게 키우면서 적당한 재배법을 찾기 위한 실험을 계속하였다. 그런데 다음해 봄에 새로 시험재배할 계획을 세웠던 강필리는 불행하게도 1767년을 넘기지 못하고 세상을 떠났다. 이 무렵부터 남해안 지역을 중심으로 고구마 재배가 조금씩 전파되면서 보급되기 시작하였다. 고구마를 처음 부산에 전한 조엄의 공로도 중요하지만, 이를 보급시킨 강필리의 공로 또한 이에 못지않다.

고구마를 '조저(趙藷)'라고 하는 것은 바로 조엄이 들여왔기 때문이다. 이후 고구마는 흉년에도 잘 자라 주로 제주도와 남부 해안가 지역에서 경작되기 시작했다. 1778년(정조 2) 박제가가 쓴 『북학의』에는 "나라에서 관리를 시켜 고구마를 따로 심게 하고, 서울의 살곶이와 밤섬 등에도 많이 심게 한 적이 있어서, 백성들에게 스스로 심게 한다면 잘 번식할 것이다"고 하여 고구마가 현재 서울의 뚝섬, 한강의 밤섬 등에서 경작된 정황을 알 수가 있다. 한편 고구마 종자의 도입을 조엄 스스로도 고려시대 문익점이 목화씨를 도입한 것에 버금가는 성과가 될 것으로 생각하였다.

1813년에는 김장순과 선종한이 『감저신보(甘藷新譜)』를 지었다. 김장순은 남쪽 해안 지방에서 고구마를 먹어보고 구황작물로 적합하다고 판단했다. 이후 김장순은 전라도 보성에서 9년 동안 고구마를 연구한 선종한을 만나 서울에서 시험 재배에 성공하여 고구마 재배에 불을 지폈다.

1834년에는 서유구가 일본과 중국의 서적을 참조하여 『종저보(種藷譜)』를 지어 고구마 재배법을 자세히 소개하였다. 19세기 초에 이르면 고구마는 남해안 지역의 특산물이 되었고 특히 제주도와 강진의 고구마가 유명하였다. 19세기의 학자 이규경은 『오주연문장전산고(五洲衍文長箋散稿)』에서 "고구마가 전파된 지 80여년이 지났지만, 기호지방에는 보급되지 못하고 남쪽의 연해읍에서 재배되었다"고 소개하고 있다. 이 무렵 기호·관동 지역에서는 한랭한 기후에도 잘 자라는 감자가 보급되면서 남쪽 지방에서 주로 경작한 고구마와 함께 백성들의 귀중한 먹거리가 되었다.

담배

조선에 담배가 전해진 시기는 임진왜란 직후인 것으로 생각된다. 일본에서는 담배가 화승총(鐵砲)이 전래될 때 같이 전해졌다는 이야기도 있고 1601년에 가톨릭 선교사가 덕천가강(德川家康, 토쿠가와 이에야스)에 담배 종자를 선물하였다는 기록도 있다. 1605년에는 일본에서는 이미 담배를 금지하는 법령이 발령된 것을 보면 이보다 이른 시기에 담배가 상당히 널리 퍼진 것으로 보인다. 일본에서는 담배를 타바코라고 하는데 이는 스페인어와 포르투칼어에서 온 것이다. 아메리카가 원산지인 담배가 스페인 등을 통해서 일본으로 전래되었을 것이다. 또한 임진왜란 당시 일본군들이 담배를 피웠을 가능성도 있다.

조선에 전래된 시기에 대해서 『오주연문장전산고』 등에서는 1618년이라고 하였으나, 이수광은 1614년에 저술한 『지봉유설(芝峯類說)』에서 "담파고(淡婆姑)는 풀이름인데 남령초(南靈草)라고도 하며, 근래에 일본에서 왔는데 사람들이 많이 심는다."고 하였다. 또한 『승정원일기』에서도 "남초(南草)는 본래 섬오랑캐의 요사한 풀인데 임진왜란 때 처음 유입되었으며, 그전에는 없던 것"이라고 하였다. 한편으로 1609년에 부산왜관이 다시 설치되면서 왜관을 통해서 본격적으로 전해졌을 가능성도 있다. 담바귀 타령에서 "귀야, 귀야 담바귀야, 동

일본의 담뱃대(타카쯔키시 시로아토박물관 소장).

래 울산의 담바귀야. 은(銀)을 주려 왔느냐 금(金)이나 주려고 왔느냐. 은도 없고 금도 없어 담바귀 씨를 가지고 왔네. 저기 저기 저 산 밑에 담바귀 씨를 솔솔 뿌려"라고 하여 담배를 동래·울산과 연관시키고 있다.

그런 까닭인지 동래는 일찍부터 담뱃대(煙管) 산업이 발달하였다. 담배와 함께 일본에서 사용하던 담뱃대도 함께 전해지면서 동래를 중심으로 담뱃대도 만들게 된 것으로 보인다. 1876년 개항 당시에 20인 이상을 고용한 담뱃대 제조처가 수십여 곳이 있었다고 하며, 동래의 대표적인 산업이기도 하였다. 『춘향전』에 왜간죽 부산대에 담배를 너훌지게 담는다는 구절이 보인다. 왜간죽(倭竿竹)은 일본 담뱃대라는 뜻이고 부산대는 부산에서 만든 담뱃대이다. 이는 부산왜관을 통해서

혜원 신윤복의 「연소답청(年少踏青)」. 담뱃대를 들고 있는 기생의 모습이 그려져 있다.

일본 담뱃대도 조선에서 유통된 사실을 보여주는 것으로 생각된다.

이처럼 부산은 고구마가 전래되어 가장 먼저 재배되고 또 담배가 전해지면서 담뱃대 산업이 발달한 곳이기도 하였다. 아메리카가 원산지인 고구마와 담배가 모두 일본을 통해서 부산에 전해진 사실 또한 부산과 일본의 밀접한 관련을 보여준다. 호랑이 담배 피우던 시절도 결국 17세기 무렵임을 알 수 있다. 이 시기에는 지위의 고하를 막론하고 맞담배를 피울 수 있었다.

〈참고문헌〉

염정섭,「조선 후기 고구마의 도입과 재배법의 정리 과정」,『한국사연구』134, 2006.

노성환,『조선통신사와 고구마의 전래』,『동북아문화연구』23, 2010.

조엄,『국역해사일기』(해행총재 7). 민족문화추진회, 1975.

최해군,『부산이야기 62마당』, 해성, 2009.

이양훈,『숨겨진 이야기 부산』, 사단법인부산컨벤션뷰로, 2006.

5. 동래온천

부산의 동래온천은 온양온천, 유성온천과 더불어 한국의 3대 온천이다. 화산이 많은 일본은 가는 곳마다 이름난 온천이 많이 있지만, 화산이 많지 않은 한국에는 온천이 드물다. 일제시대에 조사한 온천의 수는 전국에 32개였다. 그 중에서도 가장 오랜 역사를 가진 곳이 동래온천이다. 『삼국유사』에 의하면 683년에 신라의 재상이 동래에서 온천욕을 했다는 내용이 보인다. 1418년에 편찬된 『동국여지승람』에도 "그 열은 계란이 익을 정도다. 병자들이 줄을 지어 온정(溫井)에 들어가 치료를 한다. 신라 때에는 왕도 자주 행차했다"고 하였다.

동래온천

일본인들이 처음 접한 조선의 온천도 바로 동래온천이다. 조선시대 전기에는 왜관이 내이포(진해 웅천), 부산포(부산), 염포(울산) 3곳에 있었다. 그런데 내이포로 들어와 상경(上京)하거나 돌아가는 일본인들이 모두 동래온천에 목욕을 하려고 길을 돌아서 가자고 고집을 부렸다고 한다. 그래서 사람과 말이 힘들어 하니, 내이포로 들어온 경우는 영산(현재의 부곡온천)에서 목욕하게 하고, 부산포로 온 경우는 동래온천에서 목욕하게 하여 길을 돌아가는 폐단을 없앴다(『조선왕조실록』, 세종 20년 1438년). 당시에는 내이포에서 한양으로 갈 때는 우로(右路)라고 하여 창원, 창녕, 성주, 청주를 지나야 했고, 부산포에서는 밀양, 대구, 상주를 지나는 중로(中路)를 이용하였다. 그런데 우로를 이용해야 하는 일본인들이 멀리 떨어진 동래에서 온천을 하기를 원했던 것이다. 온천욕을 좋아하는 일본인들은 조선에서 와서도 여독을 풀기 위해서 온천을 하고 싶었던 모양이다.

대마도인의 온천욕

1441년에 대마도 종씨의 일원인 종성가(宗盛家, 소오모리이에)는 조선에 6가지 항목을 요청하였다.

1. 1년 동안 왕래하는 배의 수효를 정해 줄 것.
2. 흉년에 곡식을 줄 것.
3. 모시와 표범가죽을 줄 것.
4. 고초도(孤草島)에 고기낚기를 허락할 것.
5. 자신의 아랫사람들을 부산포(富山浦)에 몸붙여 살게 할 것.
6. 동래(東萊) 온천 목욕을 허가하여 줄 것.

그러자 조선의 명재상 황희 등은 목욕하는 것은 들어주어도 괜찮으나, 그 외에는 다 허락하지 않는 것이 좋겠다고 하였다. 다른 사안들에 비해서 동래 온천에 목욕하기를 청한 것은 의외라고 하지 않을 수 없다. 당시에 대마도에 좋은 온천이 없었던 점도 원인이었던 것으로 생각된다. 조선측에서는 여러 가지 논의한 끝에 대마도인들이 동래온천에서 목욕하는 것만 허락하였다.

드디어 1451년에는 종성가(宗盛家)가 동래온천에서 입욕하였는데, 이때 조선국왕 문종(文宗)은 약과 안마(鞍馬)·의복·갓[笠], 가죽신[靴]과 쌀 10석, 잡채화석(雜彩花席) 5장(張), 호피(虎皮) 3령(領), 소주(燒酒) 30병, 청주(淸酒) 50병을 비롯하여 꿀, 과일, 건어(乾漁) 및 각종 옷감을 하사하였다. 이렇게 많은 물품을 내린 것은 아주 특별한 대우라고 할 수 있는데, 문종은 종성가가 동래온천에서 목욕한 것이 일본인들이 온천을 즐기는 습관 때문이라고 생각한 것이 아니라, 조선인들처럼 병을 치료하기 위한 것이며 종성가가 몸이 불편하다고 생각했던 것 같다.

1671년에는 왜관 이전 문제로 대마도가 파견한 평성태(平成太)라는 인물이 수행원 50여 명과 함께 동래온천에 가서 5일 동안 목욕을 하기도 하였다. 대마도인이 왜관에서 벗어나는 것은 조선의 법으로 금지되어 있었으나, 배를 대기에도 좋고 넓은 곳으로 왜관을 옮기려는 교섭이 원만하게 진행되지 않자 건강이 악화되었는지, 평성태는 병을 치료하겠다는 이유로 억지로 동래온천으로 간 것이었다. 이처럼 동래온천은 일찍부터 일본인들이 즐겨 찾았던 곳이다.

만철과 동래온천

일본에서는 러일전쟁 이후 사철(私鐵) 회사들이 경쟁적으로 교외에 유원지를 만들고 또 철로 주변의 주택지 개발에 힘을 쏟았다. 그 중에서도 도시 교외에 온천 유원지를 만들고 철도로 손님을 실어 날라 이익을 창출하는 새로운 사업 방식이 유행하였다. 그 대표적인 것이 1910년에 영업을 시작한 오오사카지역(坂急電鐵)의 보총선(寶塚線)과 보총온천(寶塚溫泉)이다. 현재도 이 지역의 보총극단은 일본에서 인기있는 극단의 하나다.

부산에서도 1909년 12월에 부산진과 동래온천을 연결하는 경편철도(輕便鐵道)가 부설되었다. 이 경편철도는 조선 최초의 사철(私鐵)

이었다. 부산진을 중심으로 거주하는 일본인들을 주된 고객으로 보고 동래온천으로 실어 나르고자 한 것이다. 경편철도를 부설한 조선와사전기주식회사(오오이케 타다스케[大池忠助], 하자마 후사타로로[迫間房太郎]가 중심)는 1916년에는 직접 동래온천 대욕장을 개설하고 온천을 이용하는 사람에게 철도 요금을 할인해 주었다. 이처럼 철도와 온천을 결합하여 보다 안정적인 수익 구조를 만들고자 하였다.

1922년에는 조선와사전기주식회사가 운영하던 온천사업을 남만주철도주식회사(만철)가 모두 매수하고 '만철공동장'과 숙박 휴게시설을 개설하였다. 당시 만철은 동래온천 전체를 유원지로 개발하려는 계획을 수립하였고, 나아가 유성, 주을, 금강산, 원산, 인천 등에도 온천을 중심으로 한 유원지를 만들고자 하였다. 당시 만철의 이사였던 우에키 시게루(植木茂)는 이에 대해서 사회에 봉사한다는 의미와 함께 여행객에 의한 수입 증가를 모색하는 목적이 있다고 하였다. 이때부터 동래온천은 더욱 발전하여 1925년에는 전국 최고의 온천가가 되었다.

경편철도와 동래 세병교

한국인은 왜 앞을 가리지 않는가

일본인들은 지금도 목욕탕에서 흔히 수건으로 앞을 가린다. 그러나 한국에서는 앞을 드러내고 아무렇지 않게 욕탕 안을 돌아다니고 알몸으로 바닥에 누워서 자는 모습도 볼 수 있다. 이는 두 나라 목욕 문화의 대표적인 차이점이라고 할 수 있다. 에도시대나 메이지시대 초기의 일본인들은 들보(훈도시)에 유모지(허리에 두르는 천)만 걸쳐도 수치심을 느끼지 않았고, 인부, 장인, 어부들은 들보 하나로 일을 하는 모습을 흔히 볼 수 있었다. 즉 들보로 앞만 가리면 벌거벗었다고 생각하지 않았던 것이다. 물론 이런 일본인을 바라보는 외국인은 한국인을 포함해서 벌거벗고 있다고 생각했지만 일본에서는 혼욕의 풍습이 있었기 때문에 이성을 의식해서라도 앞을 가릴 필요가 있었다. 그래서 혼욕이 거의 사라진 지금도 일본인들은 목욕탕에서 앞을 가린다고 볼 수 있다. 한편으로 들보 대신 수건으로 들고, 완전히 벌거벗은 것은 아니라고 생각하는 것이다. 그러나 한국에서는 원래 혼욕의 풍습이 없었기 때문에 이성의 시선을 의식할 필요가 없었고, 목욕을 위해서 옷을 벗는 시점에서 더 이상 '알몸'인 상태가 당연하다고 여긴다고 할 수 있다.

〈참고문헌〉

타케쿠니 토모야스, 『한국온천이야기』, 논형, 2006.
설혜심, 『온천의 문화사』, 한길사, 2001.
표용수, 『부산 전차운행의 발자취를 찾아서』, 선인, 2009.

Ⅵ. 지배의 흔적 1

1. 조선 최초의 근대 병원 제생의원(濟生醫院)

제생의원은 1876년(明治 9)에 개원된 이 땅 최초의 근대식 병원이다. 원래 일본 해군성(海軍省)이 설립하였으나 1885년에 폐원이 되면서 일본 거류지(居留地) 총대소(總代所)가 인수하여 공립병원(共立病院)이라고 하였으며, 1908년에 공사비 36000여 원을 들여서 개축하고 부산병원(釜山病院)이라고 하였다. 그 위치는 용두산 남쪽이었다. 1885년에 설립된 알렌 의사의 광혜원보다도 9년이나 앞선 것이다. 제생의원의 설립 목적이 부산 거류지 안의 일본인을 치료하기 위한 것이므로, 우리 의학사에서 광혜원을 우리나라에 설립된 최초의 병원으로 기록했을 뿐이다. 1879년에 지석영(池錫永)이 제생의원에 와서 원장 마쯔마에 유즈루(松前讓)와 군의(軍醫) 토즈카 세키사이(戸塚積齋)에게서 종두법을 배웠다. 지석영의 공적은 제생의원에서 비롯된 것이라고 할 수 있다.

군의관 시마다

조선의 수신사를 마중하기 위해 부산에 온 해군 군의였던 시마다 슈우카이(島田脩海)는 9일 정도 머무르면서 조선 사람들을 치료해주고, 1875년 6월 8일에 외무성에 다음과 같이 조선의 의료 상황에 대하여 보고하였다.

수신사(修信使)를 맞이하기 위하여 기선 황룡환(黃龍丸)을 타고 5월 13일에 부산 초량에 도착하여 일본관(日本館)에 들었다. 다음날 훈도(訓導) 현석운(玄昔運)과 회담하고 천연두(天然痘)의 피해와 종두(種痘)에 의한 예방법을 이야기하였다.(이하 대화 내용)

훈도 : 하늘이 내린 질병을 어떻게 인간의 손을 막을 수 있겠습니까? 우리나라도 한 가지 방법이 있습니다. 천연두 때 생기는 딱지를 태워서 냄새를 맡는 것입니다.

시마다 : 우리나라에서는 최근 수십년간 수만 명에게 종두를 접종하였는데 아주 효과가 있으며 해도 없으므로 일본 정부는 귀국에 전하고자 합니다. 아까 사람의 손으로 하늘이 내린 것을 막을 수 있겠느냐고 하였지만, 딱지를 태워서 맡는 것도 그런 게 아닙니까. 종두법은 만 번을 해도 한 번도 실패가 없다는 점은 일본 정부가 보증하는 것입니다. 그러니 빨리 백성들에 알리는 것이 어떻겠습니까?

훈도 : (반론을 하지 못하고 한참 있다가) 의심은 풀렸습니다. 그러나 널리 알리기 전에 먼저 경험삼아 우리 아이에 접종해 본 다음에 널리 알릴 수는 없겠습니까?

시마다 : 그러면 내가 직접 모두에게 설명하고 시행하면 어떻겠습니까?

훈도 : 그건 상관이 없습니다.

그래서 다음날인 15일에 언덕 아래 마을에서 일본어를 아는 조선인에게 마을 사람들에게 설명토록 하였으나, 어리석은 백성들이 그렇듯이 의심만 하고 아무도 듣는 자가 없었다. 그래서 눈으로 볼 수 있도록 치료를 해서 이끄는 것이 좋겠다고 생각하여, 사람들을 보니 입술이 심하게 찢어진 자(口唇裂)가 있었다. 그 사람을 불러서 치료 방법을 설명하자, 그 남자는 크게 놀라서 말했다.

남자 : 나는 어머니 뱃속에 있을 때부터 불구였고, 모두가 말하기를 전생의 불벌(佛罰) 때문에 이렇게 된 것이므로 고칠 방법이 있을 수가 없다고 하였다. 귀국에도 이런 불벌이 있는가?

시마다 : 있다. 그러나 불력보다 뛰어난 의술로 쉽게 완치할 수 있다. 당신도 완치되고 싶은가?

남자 : 정말 치료방법이 있다면 고치고 싶다. 나는 불쌍하게도 불벌을 받은 사람이라고 해서 26살이 되었는 데도 짝을 찾지 못했다.

시마다 : 알았다. 내일 일본관(초량공관)으로 오라. 반드시 완전한 사람으로 만들어 주겠다.

시마다 : (이에 사람들을 향해서 말했다.) 여러분들은 이 사람을 잘 지켜 보시고 치료가 된 후에는 의심하지 않도록 하시오.

다음날 남자가 와서 바로 수술하고 약을 주어 2시간 정도 수면을 취한 다음 돌려 보냈다. 다음날 그 남자가 와서 크게 기뻐하였다. 또 그 동생을 데리고 오서 종두를 맞겠다고 하여 접종하였다. 다음날 실밥을 뽑으니 부족한 나의 기술이었지만 접합 부분이 고르고 가는 선이 약간 흔적으로 남았을 뿐이었다.

이렇게 마을 사람들이 의심이 풀려 모두 기꺼이 종두를 맞기를 원했다. 16명의 어린 아이에게 종두를 맞혔다. 또 입술이 찢어진 사람이 왔다. 나이는 16세라고 하였다. 바로 치료하였다. 그래서 신의(神醫)가 왔다는 소문이 사방에 퍼져 치료를 바라는 자가 대단히 많았다.

이시바타 사다(石幡貞)

시마다가 다녀간 이듬해 일본 거류지에 제생의원이 생겼다. 이 제생의원을 일본 문인이자 외무성 관료로 조일수호조약의 체결 등에 관여하였던 이시바타 사다(石幡貞)가 19세기 말 부산의 풍경과 함께 소개하고 있다.

이시바타(1839-1916)는 후쿠시마현(福島縣) 출신의 한학자로 자는 자간(子幹), 호는 동악(東嶽)이다. 에도시대 유학을 집대성하고 근대 한학(漢學)의 기초를 놓았다고 평가받는 야스이 소오켄(安井息軒, 1799-1876)에게 사사하고, 1871년 외무성에 출사하였다. 야나기하라 사키미쯔(柳原前光)를 수행하여 청나라로 건너갔다가 귀국하여 사법성에 출사하였다. 1874년 조선사건을 계기로 외무성에 복귀하였으며, 조일수호조약 체결에 진력하였다. 1876년 1월 2일에 일본특명전권판리대신(日本特命全權辦理大臣) 쿠로다 키요타카(黑田淸隆)와 부사 이노우에 카오루(井上馨)가 수호조약을 체결하기 위해 조선에 들어와 2월 2일에 조일수호조규(朝日修好條規 강화도조약)를 체결했는데, 이때 이시바타가 실무진으로 참여하였다.

그가 이 시기 조선에서 보고들은 것을 기록한 시문집의 제목을 『조선귀호여록(朝鮮歸好餘錄)』(1878) 이라고 하였다. 이시바타의 설명에 따르자면 '귀호(歸好)'란 조선과 일본이 우호적인 관계로 귀일(歸一)하기를 바란다는 뜻이며 공무 외의 한가한 틈에 작성한 기록이어서 '여록(餘錄)'이라고 이름을 붙였다고 한다. 1882년 조선에서 귀국하여 제2고등학교 교수를 지냈다. 그밖에도 『조난시기(遭難詩記)』(1884), 『동악문초(東嶽文抄)』(1910) 등의 저서가 있다.

특히 그는 왜관이 거류지로 바뀌는 과정에서 일본측 외교관으로 참여하여 동래부사 홍우창과 협상했으며, 조선어학교 교사로도 활동하였다. 『조선귀호여록』 권2, 권3에는 그가 홍우창과 주고받은 편지와 시가 실려 있다. 홍우창은 문장가 홍한주(洪翰周)의 아들로, 그 자신도 문장가였다. 이전 동래부사와는 달리, 일본과의 교섭에 협조적인 인물이었다. 1876년에 부산주재 일본 관리관인 콘도오 마스키(近藤

眞鋤, 1840~1892)와 부산항일인거류지조계조약(釜山港日人居留地租界條約)을 체결하고, 1877년 다시 곤도오와 조일표류선취급협정(朝日漂流船取扱協定)을 체결하여, 그 수완을 인정받아 그해 도총부 부총관으로 승진하고, 이어 예조참판이 되었다.

제생의원

1870년대 부산 서울에서 활동했던 이시바타는 특히 부산에 관해서 「부산백영(釜山百詠)」이라는 시문을 남겼고, 각 시마다 간단한 설명을 곁들이고 있다. 이 설명을 통해서 당시 왜관이 조계지로 변모해가는 모습을 비롯하여 이 시기의 부산의 풍경을 소상히 알 수 있다. 우선 제생의원에 대해서는 다음과 같이 설명하고 있다.

> 조선의 의술은 영소(靈素)의 옛 보금자리만 고수하며, 병리(病理)와 약성(藥性)을 다시는 연구하지 않았다. 음양(陰陽) 오행(五行) 외에는 세상에 신기한 처방과 묘한 약제가 있다는 것을 도무지 몰라, 우리 정부가 올해 처음으로 의원을 개설하였다. 이름을 제생의원(濟生醫院)이라 하였고 군의(軍醫) 야노(矢野)가 원장이다. 장차 내외국인들을 널리 구제하려고 2월 18일에 개업했으며, 이날 (조선 정부의) 변찰관(辨察官) 현석운(玄昔運)과 역학(譯學) 이준수(李濬秀), 오위장(五衛將) 아무개 등을 초청하였다. 절골(截骨)·청진(聽診)·전기(電機)·해부·마약·극독약으로부터 백해(百骸)·구규(九竅)의 정밀한 해부도와 기이한 기계들을 보여주며 자세히 설명하자, 모두들 감탄하며 칭찬하기를 그치지 않았다. 그러나 (조선인들의) 습속이 강퍅하여 개선하기를 더디게 하므로, 쉽게 변화되지 않았다. 후회한 뒤에야 (제생의원으로) 돌아와 자기 인생을 구제하였다./23 의원시설(醫院始設)

일본인 거류지

1876년 개항 당시 거류지 내 일본인 거주자는 82명에 불과하였다. 그런데 점차로 일본에서 도항해오는 일본인들이 증가하게 되었는데, 2년 후인 1878년경에는 그 수가 1,440~1,500인에 이를 정도로 증가하였다고 한다. 이에 조계 내에 일본인 거류민들을 효과적으로 통제할 목적으로 일본정부는 1879년 경에 거류지 내부를 모두 일본식 행정구역으로 개편하였다. 그리고 동명(洞名)도 모두 바꾸었다. 일본식 행정구역으로 개편할 수 있었던 것은 단순한 조계(租界, settlement)가 아니라 조선의 국가주권을 무시하고 치외법권을 갖는 전관거류지(專管居留地, concession)였기 때문이다. 거류지 내의 토지도 조선이 일본에 일괄 영대(永貸)하고 이를 일본은 자국민에게 전대(轉貸)하는 권리를 갖게 되었다. 또한 지방행정권을 거류지 행정관이 행사하도록 규정하였기 때문에 거류지는 일본 본토와 같은 형태로 변해갔다.

이처럼 왜관이 일본인 전관거주지로 바뀌고 일본인의 거주가 늘어나면서 일본인들의 질병 치료를 명분으로 일본 해군성이 제생의원을 개원한 것이다. 그리고 지석영이 그곳에서 우두법을 배워 보급하였다. 또한 현재 부산대 병원과 부산의료원이 각각 제생의원의 역사를 이어받은 우리나라 최초의 근대 병원이라고 주장하고 있다고 한다.

〈참고문헌〉

송혜영 우동선, 「부산의 일본인 거류지 형성과정」, 『대한건축학회 학술발표논문집』21, 2001.

허경진, 「일본시인 이시바타사다(石幡貞)의 눈에 비친 19세기 부산의 모습」, 『인문학논총』15-1, 2010.
장순순, 「草梁倭館의 폐쇄와 일본 租界化과정」, 『일본사상』7, 2004.
이경록, 「조선귀호여록에 실린 제생의원 관련 기록」, 『연세의사학』 7-1, 2003.
農商工部水産局, 『韓國水産誌』2, 1910.

濟生醫院

2. 근대 식민도시 부산

한국은 1910년부터 1945년까지 일본의 식민지(植民地)였다. 식민(植民)이란 말은 자국의 국민을 나무 옮겨 심듯이 다른 나라에 옮겨 살게 한다는 뜻이다. 그런 의미에서 한국 속에서도 부산은 대표적인 식민도시였다.

부산은 1876년에 조선 최초의 개항장(開港場)으로 외국에 개방되었고, 과거 왜관이 있던 장소에 일본인 거류지가 설치되었고, 일본인들에 의해서 도시 형성이 진전되었다. 청일전쟁(1894년)과 러일전쟁(1904년)을 거치면서 전쟁 특수 등을 배경으로 일본인 거류자가 점차 증가하여 1910년에는 일본인 거류자가 1만명이 넘는 도시가 3곳이 나타났다. 특히 1910년 경성에 총독부가 설치되면서 경성의 거류자

표 4 조선거류지 일본인의 추이. (坂本悠一, 『近代植民地都市 釜山』, 櫻井書店, 2007. p.30)

거류지	1890	1900	1910	1930	1940
釜山	4344	5758	24936	47761	52003
元山	680	1578	4636	9260	11121
京城	609	2115	38397	105639	124155
仁川	1612	4208	11126	11758	13359
木浦		894	3612	7922	9174
鎭南浦		339	4199	5333	5967
群山		488	3737	8707	9400
馬山		252	7081	5587	5966
平壤		159	6917	20073	25115
大邱			6492	19426	21455
新義州			2742	7526	8916
淸津			2182	9016	26746
합계	7,245	15,791	116,057	258,000	313,377

가 급증하였으며, 부산의 경우도 계속 증가하였다. 1925년 말의 부산 인구는 약 104,000명으로 경성(303,000명)보다는 적지만 평양과 거의 맞먹는 수준이었다. 그 중 일본인 비율은 약 38%로 당시 조선의 다른 도시에 비해서 월등히 높았다. 당시 주요 일본인 거류지의 인구비율은 23~27% 정도였다. 특히 부산은 1910년대 중반까지 일본인이 조선인보다 더 많이 거주하는 특수한 도시였다. 이처럼 부산에 많은 일본인이 살게 된 이유는 무엇일까?

왜관 부지의 강제 점거

조선시대부터 부산은 대마도의 일본인들이 상시 거주할 수 있는 왜관이 있었던 곳이다. 특히 임진왜란 이후에 조선이 단일왜관 정책을 유지하였고, 왜관이 부산에만 있었다. 그래서 부산은 일본인들에게 가장 익숙한 곳이었고 또한 이 지역의 주민들도 일본인과 교류하고 일본의 문문을 상당히 받아들이고 있었다. 이 기간의 조일관계는 부산과 대마도를 중심으로 한 관계였다고 해도 지나치지 않다.

그러나 1868년 명치정부가 수립되면서, 신정부는 대마도가 대대로 행사해왔던 조선과의 통교권 및 무역권을 박탈하고 직접 외교권을 행사하고자 하였다. 1872년 5월 28일에는 이미 왜관을 초량공관(草梁公館)이라고 부르기 시작하였다. 그리고 왜관의 업무는 외무성이 맡는 동시에 상주 인원들에 대해서도 외무성 관리가 아닌 대마도 출신 관리나 상인까지도 모두 귀국하도록 하였다. 1873년 3월 4일에는 외무성 관리인 히로쯔히로노부(廣津弘信)가 부산에 도착하여 왜관을 완전히 접수하고 대일본공관(大日本公館)으로 개칭하였다. 원래 왜관은 조선이 대마도인의 편의를 위하여 장소를 빌려준 것이므로 조선의 소유지임에도 불구하고 일방적이고 불법적으로 명치정부가 일본의 소유지로 삼은 것이다. 명치정부의 조선 침탈은 왜관 침탈에서 비롯되었다고 할 수 있다.

그리고 1876년에 체결된 조일수호조규(朝日修好條規)에서는 "조선국 부산의 초량항에는 일본공관이 있어 오랫동안 양국인의 통상지였다. 금후에는 종전의 관례와 세견선(歲遣船) 등에 관한 일을 혁파하고 새롭게 세운 조약을 기준으로 무역사무를 처리한다. 또한 조선국 정부는 제5관에서 별도로 정하는 두 개의 항구를 개항하여 일본국민의 왕래·통상을 허락한다. 이들 항구 내의 토지를 임차하여 가옥을 조영하거나 혹은 그곳에 사는 백성들의 가옥에 임시로 거주하는 것은 각각 편리한 방법대로 한다."고 규정하였다.

일본 정부의 도항 이주 장려

조일수호조규는 치외법권, 무관세, 일본화폐 유통 등을 담은 대표적인 불평등조약이었다. 그러나 이 조약의 체결로 부산 원산 경성 인천의 개항(開港) 및 개시(開市)가 이루어지면서 일본인이 활동할 수 있는 장소가 법적으로 보장되고 확대되었다. 또한 1904년에는 조선에 도항할 때 여권 휴대의무를 없앰으로써 전체적으로 일본 정부는 조선으로 도항하는 일에 대해서는 관용 혹은 적극적으로 추진하는 입장이었다. 이는 하와이나 북미로 이주할 경우 엄격한 서류 심사를 했던 것과는 대조적이었다. 아울러 1905년에 경부철도(京釜鐵道)가 개통되었고, 같은 해 부관연락선(釜關連絡船)이 취항하면서 한일 간의 해륙교통의 중심지가 되었다.

표 5 주요도시 조선인과 일본인의 인구동향

지역	구성	1920년		1925년		1930년	
		인구(명)	비율(%)	인구	비율	인구	비율
경성	조선인	181,829	72.7	220,176	72.7	251,228	70.7
	일본인	65,617	26.2	77,811	25.7	97,758	27.5
	합계	250,208	100.0	302,711	100.0	355,429	100.0
부산	조선인	40,532	54.9	63,204	61.1	85,585	65.6
	일본인	33,085	44.8	39,756	38.4	44,273	34.0
	합계	73,855	100.0	103,522	100.0	130,397	100.0
인천	조선인	23,855	65.4	39,863	74.4	49,960	78.5
	일본인	11,281	30.9	11,617	21.7	11,238	17.7
	합계	36,490	100.0	53,593	100.0	63,655	100.0
원산	조선인	19,840	71.9	23,974	71.5	32,503	75.5
	일본인	7,134	25.9	8,756	26.1	9,334	21.7
	합계	27,585	100.0	33,538	100.0	43,060	100.0

이처럼 부산은 일본에서 가장 가까운 곳일 뿐만 아니라, 정기 연락선 운항과 경부철도의 개통으로 일본인들이 접근하기 용이한 곳이었다. 역사적으로도 왜관이 있어서 대마도인들이 빈번하게 출입하던 곳이기도 하였다. 그래서 종래의 인맥이나 경험을 살릴 수 있는 곳이기도 하였다. 실제로 개항 초기인 1897년에는 나가사키현(長埼縣) 출신자들이 35%에 근접하였다. 또한 인구이동이 많은 곳이었기 때문에 이들을 상대로 영업을 하는 상업자들도 자연히 늘게 되었다.

〈참고문헌〉

장순순, 「초량왜관의 폐쇄와 일본 조계화 과정」, 『일본사상』7, 2004.
坂本悠一, 『近代植民地都市 釜山』, 櫻井書店, 2007.

3. 일본 침략의 길목에 선 등대

등대는 19세기를 거치면서 열강들이 새로운 식민지를 구축하는 데 매우 중요한 역할을 하였다. 이에 따라 각국은 등대 부설에 적극적이었다. 대한제국 시기부터 한반도에 모습을 드러낸 우리나라 등대는 불행하게도 독립적 근대국가와는 무관하게 제국 열강의 배를 인도하는 '제국의 불빛'으로 기능하였다. 즉 우리나라 등대의 건설은 서구열강과 일본이 제국주의적인 침탈을 본격적으로 시작하던 때와 시기를 같이 하였다. 특히 메이지 시대 이래로 대영제국의 등대를 받아들인 일본의 등대기술이 한반도로 밀려든 결과라고 할 수 있다. 1869년 점등된 일본 최초 서양식 등대인 간논사끼(觀音崎)등대 신축을 계기로 불연성 재료인 벽돌이 도입되었고, 이는 일본의 건축에 큰 영향을 주었을 뿐만 아니라 우리나라의 등대건축에도 영향을 주었다.

개항과 등대

전통적으로 연안의 자연지형에 주로 의존하여 항해하던 조선의 바다에 서양식 등대가 도입된 것은 조선의 선박을 보호하기 위한 것이 아니라 외국의 압력에 의해 조선에 진출하는 외국 선박을 보호하기 위한 것이었다. 특히 1876년 강화도조약 이후 개항장을 중심으로 일본 선박의 출입이 빈번하게 되었다. 그리고 1883년 6월과 7월에 걸쳐 체결된 「조일통상장정(朝日通商章程)」의 제 31조를 근거로 일본은 조선 정부에 각 항구를 수리하고 등대나 초표(礁標)[21]를 설치할 것을 요구했다. 이에 조선 정부는 1885년 3월 25일 농상공부 통신국 관선과에서 항로표지에 관한 사무를 담당하도록 법제화하였다. 그러나 우리의 필요에 의해 법제화된 것이 아니었기 때문에 항로표지 업무와 관련된 법규제정이나 실무인원이 없었다.

그러던 중 청일전쟁이 발발하면서 조선 연안에 등대가 없었기 때문에 일본 함선은 통항에 어려움을 겪게 되었고, 또한 일본 상선의 해난사고가 빈번하게 발생하자 우리나라 전 연안에 등대건설의 위치와 설비, 등대의 종류 등에 관하여 측량 및 조사를 할 수 있도록 요청하였다. 청일전쟁에서 승리한 일본은 1895년 3월 13일 서남해안의 등대건설을 촉구하고 나섰고, 등대 건립지의 측량에 대한 한국 정부의 동의를 요구하였다.

그러나 일본은 1891년 이미 당시 등대건축의 전문가인 이시바시 아야히코(石橋絢彦)에게 명하여 보조원 야마사키 소노쿠라(山崎園藏)와 야마나카 쯔토무(山中勸)와 함께 한국의 전 연안을 조사케 했다. 그래서 이시바시 아야히코는 기선 메이지마루(明治丸)를 타고 1892년 6월부터 9월에 이르기까지 4개월에 걸쳐 한국 전 연안을 측량하였다. 이를 바탕으로 등대를 건설할 위치와 설계를 위한 조건들을 파악하였다.

그러나 대한제국의 예산 확보가 어려워 등대건설 사업이 시행되지 못하자, 주한일본공사 하야시 곤스케(林權助)는 항구에 출입하는 상선으로부터 관세를 징수하여 등대건설 비용으로 충당할 것을 제의했다. 거의 압박 수준의 요구로 인해 대한제국 총세무사 브라운은 1901년 관세수입 중 250,000원을 등대건설 자금으로 충당하기로 하였다.

21) 바닷길의 안전을 위하여 암초 같은 곳에 세우는 경계표지

일본 외무성은 해군성, 항로표지관리소, 일본우선회사(日本郵船會社), 오오사카 상선회사의 의견을 들어 항로표지의 위치를 선정하여 부산항의 3기를 비롯해 전국에 총50곳 이상을 건설하기로 했다. 그러나 예산 초과로 총세무사 브라운의 건의를 수용해 32개소를 건설하기로 하였다. 1902년 3월 인천 차이나타운에 인천해관 해관등대국이 설치되어 우리나라의 등대업무가 시작되었다. 이러한 업무는 해관등대국을 거쳐 세관 공사부 등대국, 등대국, 항로표지관리소로 이어졌다.

이시바시 아야히코(石橋絢彦)

러일전쟁의 발발과 함께 우리나라에 서양식 등대가 처음으로 건설되었다. 1904년 부산에는 제일 먼저 감만동 앞바다 암초(까치서 혹은 오리서)에 제뢰등대(등표)[22]가 세워졌다. 이 등대 건설의 책임자는 이시바시 아야히코(1853~1932)이다. 그는 1879년 11월 일본 공부대학교(현재의 동경대학 공

이시바시 아야히코(石橋絢彦)

---

22) 등대를 구조적 형식에 따라 분류하면 등대, 등간, 등선, 등표, 등부표 등으로 나눌 수 있다. 그 중 등대(燈臺)는 항해하는 선박이 육지나 배의 위치를 확인하고자 할 때, 또는 항만의 위치, 항의 입구 등을 알리기 위하여 연안의 육지에 설치된 등화를 갖춘 구조물을 지칭한다. 광력이 강한 등대도 필요하지만 안개가 짙어지면 광력이 큰 효력을 발휘하지 못하기 때문에 광력이 작은 등대를 많이 건설할 필요가 있다.
등표(燈標)는 암초나 수심이 얇은 곳에 설치하여 주변을 항해하는 선박에게 장애물 및 항로의 소재를 알리기 위해 사용되는 구조물로서 주로 바다 한 가운데 고립되어 있다. 등화가 없으면 입표(立標)라고 한다.

국사편찬위원회 「부산포초량왜관도」. 왼쪽 위에 오륙도, 오른쪽 위 영도, 오륙도 아래 바위와 가마우지가 그려져 있는 곳이 우노세라고 부르던 암초지대이다. 용두산 정상에서 왜관을 내려다 본 그림이다.

학부) 토목과를 졸업하고, 1880년 등대 및 항만공사에 대한 연구를 위하여 공부성(工部省)으로부터 영국 유학을 명받아 영국 트리니티 하우스(Trinity House-영국 해운 협회)의 기사장 더글라스(J. N. Douglass)로부터 등대건축에 대한 지도를 받았다. 그는 영국 유학중 근대적 표준형 등대건축이라고 할 수 있는 엣지스톤등대의 개축 현장에서 현장학습을 받았다. 이후 영국, 프랑스, 미국의 등대와 기기제작공장을 견학하고 일본으로 귀국한 후, 1884년 2월부터 공부성에서 근무하였고 그 후 등대업무를 총괄하는 항로표지관리소장(등대국의 후신)이 되었다. 그는 콘크리트를 응용한 수중공법을 연구하여 수중에서 콘크리트를 붓는 방법을 고안해 내 1884년 일본 최초의 콘크리트 등대인 쿠라사키(鞍埼)등대를 점등했다. 우리나라에 1906년 이후 콘크리트 등대가 급격하게 늘어난 것도 이시바시의 노력에 기인한 것이다.

제뢰(鵜の瀬, 우노세)등대

제뢰등대는 부산에서 최고령 등대이나 사람들은 흔히 영도등대가 가장 오래된 것으로 알고 있어 제뢰등대의 값어치를 모르는 이들이 많다. 제뢰등대는 북항 한가운데 위치한 암초 위에 세워졌는데, 이 암초가 부산항에 출입하는 선박의 장애물이 되기 때문에 그 위치를 보여주기 위하여 설치한 것이다. 제뢰란 원래 일본어로 '우노세'라고 하여 가마우지가 앉아 쉬는 암초지대를 지칭하였다. 앞의 그림에서 볼 수 있듯이 초량에 왜관이 있을 때부터 이 암초가 문제가 되었다. 그래서 일본인들이 우노세라고 부르며 이 곳을 통과할 때는 주의를 기울였다.

1905년에 설치된 등대는 원형의 콘크리트구조로 만조시 수면에서 28척 높이였고, 등탑은 홍색과 흑색으로 칠했으며, 등불은 백색이었다. 2001년 신감만부두 건설 매립공사로 이곳이 육지와 연결되고 인근에 새로 건립된 무인등대로 인해 등대기능이 정지됐지만, 보존상태가 양호하고 건축미도 뛰어나 2004년 해양수산부가 해양유물 보존을 위

제뢰등대

해 역사적 보전등대로 지정했다. 그러나 감만동과 영도구 청학동을 연결하는 부산 북항대교의 기점이 되면서 철거될 위기를 맞았으나 이 지역이 친수공간으로 정비되면서 원형을 유지할 수 있게 되었다.

영도등대

영도 등대는 러일전쟁이후 일본 선박의 출입이 빈번해지면서 부산항 항해의 안전을 도모하기 위하여 1906년 5월 21일에 착수하여 반년 만인 11월 30일에 준공되었다. 영도 등대 역시 이시바시의 책임 하에 건설되었다. 등대는 당시로서 첨단인 콘크리트 건물로 백색의 방형 외관을 갖추고 있었다. 1909년 당시 등대의 불빛은 백색이었으며, 13초 간격으로 7초에 3번 연속 섬광을 발하였고, 광달거리는 20해리였다. 또한 무적(霧笛)을 갖추어 안개가 끼거나 어두고 흐린 날에 울렸다.

등탑의 높이는 26척이었다. 건물은 3층으로 만들어졌으며, 등기구 등 예비품을 보관하는 저장소와 사무실, 등롱 등을 갖추었다. 휴식소는 목조건물이었으며 3명의 등대원이 쉴 수 있었다. 또한 일본식 타타미가 깔린방을 비롯하여 취사장과 난방시설도 갖추었다. 영도 등대는 서양식 외관과 일본

영도등대

식 내부공간 등 혼합적인 건축 양식이 적용되었다. 영도등대는 전신소 기능을 겸비하여 부산으로 오가는 전신을 취급하는 전략적인 중추 기능도 담당하고 있었다.

가덕도 등대

가덕도 등대는 전국의 41개소 유인등대 중 하나로 1909년 12월 25일 완공되어 첫 점등식을 거행했다. 가덕도 등대 건설은 아쉽게도 건설 과정에 대한 기록이 없어 누가 가덕도 등대를 설계하고, 건설했는지 알 수가 없다. 그러나 1904년 9월 타케다 칸타로오(竹田關太郎)가 한국해관 등대국장에 취임하면서 그가 직접 항로표지를 관리했고 그 이후에도 지속적으로 일본인들에게 인계되었다. 또한 해관등대국을 관할하던 총세무사 브라운이 1905년 10월 사임한 후에 총세무사도 일본인이 맡게되면서 등대에 관한 모든 권한과 관리가 일본으로 넘어갔다. 러일전쟁에서 일본이 승리함에 따라 등대의 관리 및 운영이 모

가덕도 등대

두 일본인의 손에 넘어갔기 때문에 1909년에 완공된 가덕도 등대는 이시바시의 영향을 받은 일본인들이 건설했을 가능성이 크다.

대부분의 등대 건축이 등탑과 부속사를 별개의 동으로 건립하는 것과 달리 가덕도 등대는 등탑과 부석건물을 단일 건물로 세웠다. 8각형의 등탑(燈塔)을 부속사의 중앙에 기초로부터 9.1m 높이로 올린 것은 상당히 이례적인 구조이다. 건물 평면은 정사각형에 가깝게 구성하고 정면 중앙에 현관을 설치하고 좌우로 사무실과 온돌방을 두었으며, 그 후방으로 각기 부엌과 화장실, 다용도실, 욕실 등을 설치하였다.

한국건축에서는 화장실을 외부에 따로 두는데, 이 등대 건축물에는 화장실이 실내에 있다. 전형적인 일본식 건축방식이다. 욕실에는 일제시대부터 사용된 철제 목욕통이 그대로 보존되어 있다. 또한 등대원들의 숙소 역시 일본식 여닫이문이 2중으로 설치되어 있는 등, 일본인 주거양식이다.

제뢰등대 현재 모습. 북항대교 건설로 보호중.

우리나라에서 가덕도 등대를 제외하고 다른 여러 등대들은 수 차례의 보수를 거쳐서 원형을 제대로 보존하고 있는 경우가 거의 없다. 그 밖에 도심에 건립된 초기 근대건축물도 대부분 훼손 철거되거나 크게 변형된 상태이다. 그러나 가덕도 등대는 보존상태가 상당히 양호하고, 건물 세부를 통해서 당시 건축기법을 잘 알 수가 있다. 특히 평면과 입면의 구성방식을 비롯하여 근대적 건축의 출발점이라고 할 수 있는 철, 시멘트 콘크리트, 적벽돌, 유리 등의 건축재료 사용은 부산지역의 근대건축 도입과정을 보여주는 중요한 단서이다.

대한제국 시기에 건설된 등대는 일본이 한국 및 중국 대륙으로 진출하기 위해 세운 등대임에도 불구하고 대한제국의 관세 수입으로 비용을 제공하였다. 또한 등대가 건축된 뒤에는 다시 일본에 의해 전적으로 관리 운영되었다. 근대시기 우리나라에 건립된 등대는 당시로서는 최신 과학과 기술이 접목된 근대적인 산물이지만, 한편으로 침략의 길목에서 침략의 역사를 대변하기도 한다.

〈참고 문헌〉

『韓國水産誌』1, 韓國農水産局, 1909.

한국관광공사, 「세상에서 가장 아름다운 시그널, 등대이야기」 http://korean.visitkorea.or.kr/kor/vk/dd/03_01.html

국승기 · 허일 · 정세모, 『우리나라 등대 100년 약사』, 해양한국, 2003.

김순일, 「구한국의 등대건축에 관한 연구」, 『도시연구보』7, 1999.

김종헌, 「대한제국의 등대건축에 대한 연구」, 『대한건축학회논문집』 통권200호, 2005.

표용수, 『부산역사의 현장을 찾아서』, 선인, 2010.

주강현, 『등대: 제국의 불빛에서 근대의 풍경으로』, 생각의 나무, 2007.

4. 동해남부선과 부산의 역사(驛舍)

부산은 경부선과 동해남부선의 기점이다. 경부선은 1904년 12월 27일 완공되었고, 1905년 1월 1일을 기하여 전선(全線)의 영업이 개시되었다. 이 시기는 러일전쟁이 진행되고 있었던 때이므로, 경부선은 전쟁 수행을 위한 병력과 물자의 수송에 중요한 역할을 하였다. 이처럼 철도는 개설 당시부터 일본의 조선 침탈과 대륙 진출을 위한 발판이었다.

동해남부선

동해남부선은 총 연장 147.8㎞로 부산진역과 포항을 연결하며 42개의 역이 있었다. 1918년 10월 31일 경주~포항 구간이 먼저 개통된 이후 1934년 7월 16일에 부산진~해운대 간 18.9km가 개통되었고, 1934년 12월 16일에는 해운대~좌천 간 22.3km가, 1935년 12월 16일에는 좌천~울산 간 31.8km가 개통되었다. 정식으로 동해남부선전선이 운행되기 시작한 것은 1936년 12월 1일이었다.

동해남부선 역시 식민지 경영에 참여하고 있던 일본인 자본가들이 중심이 되어 자신들의 경제적인 기반을 확대하기 위하여 개설한 철도였다. 특히 부산 지역의 자본가인 오오이케 타다스케(大池忠助), 카시이 겐타로오(香椎源太郎) 등이 투자한 조선와사전기주식회사는 설립과 동시에 지역철도 부설계획 가운데 한 축인 울산·경주·포항·대구까지 이어지는 동래연장선을 계획하고 1912년에 이미 조선총독부로부터 부설인가를 승인받았다. 그러나 이 계획은 제1차 세계대전 및 경기 침체와 대구 지역과의 갈등 속에서 크게 지연되어 최종적으로는 1936년에 이르러 완전히 개통되었다.

동해남부선은 부산의 동구·부산진구·연제구·동래구·해운대구·기장군을 통과하며, 부산진역을 비롯하여, 범일·부전·거제·남문구·동래·안락·재송·수영·우일·해운대·송정·기장·일광·좌천·월내의 16역이 부산지역에 위치하였다. 동해남부선 상의 역 중에서 절반 가까이가 부산지역에 위치하고 있었기 때문에 부산의 일상생활과 긴밀한 관련을 맺게 되었다.

동해남부선이 개통되면서 동해안의 수산물과 부산지역의 공산품을 수송하는가 하면, 동래고등학교, 동래여자고등학교, 원예고등학교(현 전자공고) 학생들 상당수가 울산·남창·좌천·기장·해운대·수영 등지에서 동해남부선으로 통학했다. 또한 수영비행장을 건설할 때 동래지역의 학생들을 실어날랐으며, 징병 징용으로 끌려가는 학생들도 동해남부선으로 부산역으로 이동하였다.

동래역

동래역은 동래구 낙민동 123번지에 위치하고 있는 동해남부선의 보통역이다. 동래역은 1933년 7월 15일 보통역으로 시작해 1934년 동래역사 건물을 신축하였고 수차례의 개·보수하여 오늘에 이르고 있다. 동해남부선 동래역사(東萊驛舍)는 1930년대 일본의 건축양식으로 세워졌다. 현재 원형이 남아있는 동해남부선의 역사들은 대체로 비슷한 모습을 하고 있기 때문에 당시의 역사 건축양식을 이해하는데 좋은 자료가 되고 있다.

동래역

동래역사의 경우는 맞배지붕 형태의 주지붕에 직교하는 형태로 비교적 가파른 경사를 이루는 셰드형[23] 박공지붕[24]을 만들고 그 아래 출입구를 두었다. 이는 송정역이나 송정역 그리고 울산의 남창역과 공통되는 형식이다. 그러나 박공지붕의 위치가 출입구 위인 경우도 출입구가 아닌 건물 벽체인 경우도 있어서, 비교해 보면 미묘한 차이를 느낄 수 있다. 또한 이들 역사의 형태에서 흥미로운 것은 모든 역의 안팎이 서로 다른 모습을 하고 있다는 점이다. 동래역사의 경우는 철길 쪽 역사도 바깥과 같은 박공지붕을 만들었지만 건물 오른쪽으로 돌출된 연결부를 만들고 그 위에는 역시 박공지붕을 설치하였다.

---

23) shed. 창고와 같은 소형건물을 말한다.
24) gable. 책을 엎어놓은 것 같은 단순한 형태의 지붕을 말한다. 전통건축의 맞배지붕과 같은 형식이다.

송정역

현재 근대문화유산 문화재로 지정되어 있는 송정역은 1934년 12월 16일 역원(驛員)을 배치하지 않은 간이역으로 영업을 시작하여 1941년 6월 1일 보통역으로 승격되었다. 1940년 12월 건립된 송정 역사(驛舍)는 목조 단층 기와지붕 형태의 건물로 경북 안동시 운산역, 경북 의성군 단촌역과 유사한 형태이며 1940년대의 전형적인 역사 건축의 모습을 보이고 있다. 그래서 건축사적 가치를 인정받아 역 전체가 등록문화재로 지정되었다. 특히 역 창고는 19세 말 20세기 초에 유럽에서 유행하던 아르누보 양식으로 지어졌다고 한다.

우선 경사가 완만한 쉐드형 박공지붕을 역사(도로측)의 우측 지붕

송정역 선로측 (위키백과)

위에 얹어놓고 있으며, 그 박공면에 반원형 표시판을 달고 있다. 이 쉐드 부분 아래에 대합실 공간이 있고 그 출입문이 설치되어 있다. 출입문 상부에 캐노피가 달려 있는데, 이 캐노피는 가새[25]에 의해 보강되었다. 가새는 두 개씩 대어 다른 역사에서 볼 수 없는 튼튼한 구조를 이루고 있다. 또한 차양지붕의 처마는 목재로 몰딩 처리하여 우아한 모습을 보이고 있다. 전체적으로 일제강점기 역사 건물로서 비교적 원형을 잘 유지하고 있어 건축사적·문화재적 가치를 가지고 있는 건물로 평가받고 있다.

송정역 창고

25) brace. 기둥의 상부와 다른 기둥 하부를 대각선으로 잇는 경사재를 뜻하며, 지진·태풍 등의 수평외력에 견디고, 변형되지 않도록 하기 위한 것이다.

좌천역

동해남부선에 있는 기차역으로 일광역과 월내역 사이에 있다. 1934년 12월 16일 영업을 시작하였다. 좌천 역사는 울산 남창역과 거의 비슷한 형태이며, 역사의 도로쪽은 한 가운데 박공지붕이 있고 그 오른쪽으로 출입구가 있다. 철길 쪽은 출입구의 오른쪽으로 이중의 박공지붕이 있다. 동해남부선의 역 중에서 1930년대에 건축된 역사는 당시 일본에서도 소규모 역에서 일반적으로 나타나는 형태를 간직하고 있다.

선로를 따라 세워진 역사의 지붕에는 선로 쪽과 도로 쪽이 모두 승객을 맞이하는 듯 박공지붕을 설치하였다. 박공지붕 아래로 반원형의 역명 표지나 장식을 두는 것도 흔히 볼 수 있는 형식이다. 거의 비슷한 형태의 역들이 동해남부선을 따라 건설된 것을 생각하면, 철도야말로 근대적인 문문을 전파하는 강력한 수단임이 분명하다.

좌천역

〈참고문헌〉

김성현, 「일제하 동해남부선 건설과 지역 동향」, 『한국근현대사연구』 48, 2009.

기념으로 남아야 할 동래역역사(안대영) : news20.busan.com.

문화재청 홈페이지 : http://www.cha.go.kr

5. 동양 최고(最高)의 가동교(可動橋) 영도대교

마스다 쥰이 설계한 아라카와교(荒川橋)

영도대교는 일본인 기술자에 의해 설계된 교량으로 우리나라 최초이자 유일한 도개교(跳開橋)였다. 큰 배가 밑으로 지나갈 수 있도록 하기 위하여 위로 열리는 구조로 1934년 11월에 완공되었다.

영도대교가 건설되기 전인 1876년(명치 9년) 당시에 부산과 영도는 도선(渡船)으로 사람들이 왕래하였다. 해를 거듭할수록 이용객이 많아지자, 1926년 부산과 영도를 연결하는 교량 건설을 위한 논의가 시작되었다. 몇 년 동안 부산부[26)]와 총독부에서 영도의 교통소통을 위해 각종 교량 형태를 검토했고, 최종적으로 도개식 가동교량(可動橋梁)이 채택되었다.

영도대교의 설계자는 마스다 쥰(增田淳)과 야마모토 우타로오(山本卯太郎)이다. 마스다(1883~1947)는 동경제국대학 공과대학에서 히

26) 박화진, 『부산의 역사와 문화』, 부경대학교 출판부, 2003, 51쪽. 1910년 조선 강점 이후 일제는 동래부에서 부산부를 분리했다. 부산부의 영역은 구 일본거주지(광복동 일대), 중국조계지(초량동 일대, 사중면(영주 영도), 부산면 사하면(대신동 일대), 용주면(용당동)의 지역이다.

로이 오사무(廣井勇) 지도 하에 교량공학을 배우고 1907년에 졸업하였다. 이후 미국으로 건너가 설계사무소에서 15년간 근무하면서 교량 설계의 실무를 익힌 뒤, 1922년에 귀국하여 마스다교량사무소(增田橋梁事務所)를 세우고 1931년까지 10년 동안 일본・조선・대만 각지의 교량 55개소를 설계하였다. 그가 설계한 대표적인 교량 중에는 사이타마현 아라카와교(荒川橋)와 오오사카 13대교(十三大橋), 키즈가와운하가동교(木津川運河可動橋) 등 일본 전국 각지에 영도대교와 유사한 도개교 및 가동교가 포함되어 있다. 1931년 이후 그의 실적은 분명하지 않다. 당시 만주사변이 발발하면서 일본 사회가 전시체제로 전환되면서 교량과 같은 일반적인 투자가 감소하였기 때문이었다. 이와 함께 그가 남긴 설계도면 등이 모두 흩어져 버렸는데, 2002년에 일부가 일본의 토목연구소(土木研究所)에서 발견되었다. 그 속에는 부산 영도대교의 설계도도 들어 있었다.

한편 야마모토 우타로오(1891~1934)는 당대 가동교 건설의 1인자로 알려진 인물이었다. 그는 나고야고등공업학교(名古屋高等工業學校)를 졸업하고 미국으로 건너가 4년간 교량에 대한 공부를 하고 일본으로 돌아와서 1919년에 야마모토공무소(山本

영도대교

工務所)를 세웠다. 이후 그가 건설한 교량으로는 나고야항도상교(名古屋港跳上橋, 등록유형문화재이며 일본에서 가장 오래된 도개교이다), 스미다가와역도상교(隅田川驛跳上橋, 일본 최초의 도개교), 스에히로교량((末廣橋梁, 가동교로서는 최초로 일본 중요문화재로 지정) 등이 있다. 그는 수학적 이론을 바탕으로 1928년에 가동부 중량과 카운터 웨이트[27]의 중량의 비를 기존치보다 1/4로 줄이는 방식을 개발하였다. 즉 종래에는 카운터 웨이트의 무게가 가동부 무게의 2배에 달하였으나, 그는 그 무게를 가동부 절반의 무게로 줄였다. 이런 방식을 링크 밸런스 시스템이라고 한다.

당시 마스다 쥰이 설계안과 야마모토 우타로오의 설계안에서 다른 부분이 있었는데, 바로 도개부의 카운터 웨이트의 처리였다. 영도대교의 경우 교축(橋軸)의 후방에 카운터 웨이트가 포함된 일체구조로 다리의 상판과 함께 움직일 수 있어, 마스다 준이 제시한 안에 비해 카운터 웨이트의 수납공간과 무게를 줄일 수 있다는 장점 때문에 야마모토 우타로오의 설계안이 채택되었다.

야마모토 우타로오. 일본 위키피디아.

그는 1928년에 사카에교(榮橋), 1930년에 후쿠시마신교(福島新橋), 1931년

27) 균형추라고도 하며, 도개교에서는 가동부의 중량과 균형을 이루기 위해서 다리와의 연결부 쪽에 설치하는 부분을 말한다.

영도대교 도개부 상판. 카운터 웨이트가 교축의 후방에 포함되어 있다. 왼쪽에서 두 번째 모자를 쓰고 서 있는 사람이 야마모토 우타로로 추정된다.

에 스에히로대교(末廣大橋)를 각각 완성시켰는데 이 다리에 자신이 고안한 새로운 공법이 적용되었다. 따라서 1932년 2월에 착공한 영도대교도 바로 자동개폐장치와 같은 야마모토의 공법이 채택된 다리였다. 하지만 야마모토는 영도대교가 완공되기 7개월 전에 향년 48세의 나이로 세상을 떠나 안타깝게도 자신이 설계한 대교의 모습을 끝까지 보지 못했다.

이렇게 개통된 영도대교는 우리나라 최초의 연륙교(連陸橋, 육지와 섬을 연결하는 다리)였으며, 길이 214m, 폭 18.3m, 높이 7.2m이며, 가동부의 길이는 31.3m이고 다리를 들어올렸을 때의 각도가 80°였다. 당시 준공식을 보도한 신문에 따르면 동양 제일의 도개교이며, 교량 건설에는 공사인원 약 43만 명이 동원된 대규모 사업이었고 공사중 사상자만 58명이었다고 보도하였다. 1934년 11월 23일 개통식 당일, 개통식을 기념하기 위해 모인 사람들 7~8만 명이었다고 한다. 당시 부산인구가 15만 명 정도였음을 상기해 볼 때, 대단한 관심이었다.

건설 당시 환영받았던 영도대교는 2003년 안전진단 검사에서 위험

등급을 받아 철거 논란을 겪기도 했지만, 한국 근현대사의 상징적 건축물로 평가되어 2006년 11월 25일 부산광역시 기념물 제56호로 지정되었다. 2011년 3월에 내부 구조가 일반공개되었고, 확장복원을 거쳐 2013년 7월에 준공될 예정이다.

〈참고문헌〉

공병승 외, 「근대 토목구조물의 역사성과 보전설계 -부산 영도대교의 사례를 중심으로-」, 『자연과 문명의 조화』, 2007

강영조, 「영도다리 건설의 전망」, 한국건축역사학회 춘계학술대회, 2006

박화진, 『부산의 역사와 문화』, 부경대학교 출판부, 2003.

吉岡淳, 「歴史的道路橋設計図の史料性に関する試験調査」, http://www.pwri.go.jp/jpn/seika/pdf/report-seika/2008-4-1-2.pdf

『동아일보』 1934년 11월 22일자 · 25일자.

부산시, 『영도다리 관련자료집』, 2004.

『大阪時事新報』 1933년 3월 23일자.

6. 부산의 구리광산

부산은 8천만년 전 중생대 백악기의 활발한 마그마 활동의 결과로 유용한 광물이 많이 매장되어 있으며, 또한 특이한 암석도 많이 분포하는 곳이다. 백악기의 부산은 아열대 기후였으며 넓은 호수로 통하는 강과 평야로 이루어져 있어서 많은 공룡들이 살았던 곳이라고 한다. 이 시기에 두꺼운 호수 퇴적물을 뚫고 용암이 분출하여 복잡한 지형을 이루게 되었다. 황령산 꼭대기는 생물이 활동한 흔적이 남아있는 퇴적암으로 이루어져 있지만, 이웃한 금련산은 화산암으로 이루어져 있다. 또한 전포동 일대의 황령산에는 천연기념물 267호로 지정되어 있는

황령산의 구상반려암

구상반려암(球狀斑糲岩)이 분포하고 있다. 이 암석은 세계적으로도 희귀하여 8개 국 14군데에서만 그 존재가 확인되었는데 동양에서는 황령산에서 최초로 발견되었다. 분포범위에 있어서도 세계 최대 규모이다. 그밖에도 태종대의 구상혼펠스, 수정산의 수정, 장산의 구과상유문암(流紋巖), 금정산의 토르 등 다양한 암석과 지질구조를 볼 수 있다. 부산 지역에 위치하고 있는 구리광산도 백악기의 마그마활동과 관련이 있으며, 용호광산과 일광광산, 철마광산이 대표적이다.

용호광산

현재 이기대공원으로 지정되어 있는 용호동 해안가에는 용호광산의 갱도 입구가 남아있다. 용호광산의 주요 광물은 금 은 동 연 등이며 구리를 주로 채굴하였다. 1919년에 처음 광구로 등록되었으며, 1940년에는 금은동광으로 분류되어 있다. 1937년에는 소유주가 부산부에 거주하는 이토오 쿠니타(伊藤國太), 1940년에는 토오쿄오시 국정(麴町)에 위치한 중외광업주식회사로 되어 있으며 광구면적은 30만평이었다.

광산은 5개의 갱도를 뚫어 개발되었으며, 1호 갱은 섭자리 근처에 위치하며 현재 우물로 사용하고 있다. 2호 갱은 해안에 위치하며 현재 갱구는 붕괴 및 안전을 위하여 인위적으로 경사면을 무너뜨려 폐쇄시켜놓은 상태다. 2호 갱은 원래 수평 550 m, 수직 380 m의 규모를 가진 갱으로 크기는 가로, 세로 각 2 m 정도로 굴착된 것으로 알려져 있다. 3.4호 갱은 해안 산책로 중간지점에 위치하지만, 입구가 붕괴되었고 나무와 풀로 덮여있어 육안 식별이 어려운 상태이다. 5호 갱은 소유주 거주지의 마당에 수직갱으로 굴착되었으며, 현재 안전을 위하여 철판으로 덮어 놓은 상태다.

일광광산

일광광산은 해방 이전까지 우리나라 최대의 구리광산이었으며, 문헌상으로는 1916년에 스미토모광업주식회사(住友鑛業株式會社)가 광구로 등록하였으며 일광광산이라고 불렀다. 광구면적은 99만평이었다. 1931년에 구리광산이 발견된 것으로 되어 있다. 그러나 황동석과 반동석으로 구성된 고품위 구리광석이 지표에 노출되어 있어 이전부터 구리를 채굴했을 가능성이 있다. 일광광산이 위치하고 있는 달

기장 광산마을. 현재 부산지역에 남아있는 유일한 광산촌이다.

음산은 백악기의 화산암과 나중에 이를 뚫고 들어온 화강암의 일종인 석영몬조니암으로 이루어졌고, 이 암석 속에 고품위의 구리광석이 함유되어 있다. 예장매장량은 10만톤이며 1937년에 선광장(選鑛場)이 건립되어 금·은·구리를 생산하였으나, 그 후에는 구리를 주로 생산하고 부수적으로 은도 생산하였다.

1943년의 일본측 조사에 의하면 조선의 대표적인 동광으로 일광광산, 함안광산, 평안북도 후창광산(厚昌鑛山)을 들고 있다. 1981년의 경우 구리 379톤, 은 732㎏을 생산하였고, 1994년에 폐광되었다. 현재도 이 지역은 광산마을로 불리며 일제 강점기의 건축물들이 남아있다. 구리광산에 일하는 노동자 숙소와 관리자 숙소를 세우면서 조성된 마을이다. 80년 세월이 지난 지금도 공동생활을 위한 공동 우물, 공동 화장실 등 일제 침탈의 아픈 과거가 그대로 남아 있다. 일광면에는 그밖에도 65만평 규모의 대흑광산(大黑鑛山)이 있었다.

철마광산

철마광산은 1920년에 광구로 등록되었으며 금은동을 생산하였다. 광구의 면적은 17만 5천평이었고, 소유주는 동래별장으로 유명한 하자마 후사타로오(迫間房太郎)이었다. 그 외에도 이 지역에는 경성에 사는 박원림(朴源琳)이 소유한 100만평 규모의 어음광산(御陰鑛山)도 있었다. 구리는 탄피나 전선 등 전쟁물자를 만드는 데 긴요한 광물이었기 때문에 부산지역에서도 여러 곳에 구리광산을 개발하였고, 그 흔적들이 지금도 부산의 여러 곳에 남아있게 된 것이다. 구리광산을 비롯하여 각종 광산이 도처에 있었던 부산은 우리가 잘 모르는 부산이기도 하다.

〈참고문헌〉

『한국민족문화대백과』

박맹언, 『돌이야기』, 산지니, 2008.

『朝鮮經濟年報』, 1943.

『朝鮮鑛區一覽』, 1940.

Ⅶ. 지배의 흔적 2

1. 경상남도 도청 청사 - 현 동아대학교 박물관

조선총독부는 1910년 10월 1일 식민지조선의 지방행정조직을 도·부·군·면(道·府·郡·面)의 체계로 편성하면서 한반도 전역을 13도로 구분하고 개항장이나 다수 일본인 거주 지역을 중심으로 12부를 설치하였다. 부와 군은 위로 도지사의 감독을 받고 아래에 면을 두었다는 점에서 호칭만 다를 뿐 지방행정 단위로서 수준은 같았다. 차이는 부가 조선에 거류하던 일본인들의 자치기구인 일본인 거류민단이 있거나 일본인이 많이 거주하던 지역이었다는 점이다.

경상남도 도청의 이전

1910년 조선총독부는 지방행정조직을 편제했는데 13개 도청사가 필요했고 중간에 도청소재지가 변경되어 총 18개 도청사가 존재했다. 경상남도 도청은 원래 진주에 있었고 일본이사청의 기존 건물을 전용하였다. 그 후 1924년 12월에 정식으로 경남 도청을 부산으로 이전하기로 결정하였고, 1925년 4월 1일자로 도청 소재지를 변경하기로 하였다. 그러나 1909년부터 이미 도청 이전문제가 거론되기 시작하였고, 1911년 6월에는 부산일보와 경성일보에서 의도적으로 도청의 이

전문제를 다루었으며, 1917년에는 제2대 조선총독부 총독 하세가와 요시미찌(長谷川好道, 1916~1919)가 도청 이전의 필요성을 발표하여 진주 사람들의 반응을 살피는 등 1910년대 후반에는 조선총독부가 도청의 부산 이전을 기정사실화하였던 것으로 보인다. 이 과정에서 반발하는 진주 주민들을 회유하기 위하여 진주 공립고등보통학교, 진주 사립고등보통학교의 개교와 남강교 건설을 약속하였다. 한편으로 일제는 도청 이전의 명분을 얻기 위해 동래를 부산부로 편입하였고 일본단독조계지를 중심으로 시가지조성사업과 시내전철의 개통, 철도노선의 연결, 기간시설의 확충 등 부산을 행정 교통 문화의 중심이 될 수 있도록 적극적인 도시화사업을 시행하였다

일본이 도청이전을 결정한 이유는 부산이 유일한 항만 관문이자 교통의 중심지이고, 산업 교육 문화 등의 시설이 상당히 발달되어 있어 부득이하게 옮기게 되었다고 하였다. 그러나 통치상 교통의 불편함을 해소하기 위한 것이라기보다는 실제는 일본인이 가장 많이 거주하는 도시 중 하나였으며, 일본열도와 가깝기 때문에 인력과 물자의 수송이 가장 편리한 곳이며, 경부선 철도를 통해서 경성과 중국 쪽으로 물자를 운반하기 용이한 곳이었다. 결국 도청의 부산 이전은 대륙 침략의 교두보를 확보하는 데에 있었다고 할 것이다.

자혜병원

현재 부산 동아대학교 박물관으로 쓰이고 있는 건물이 바로 경상남도 도청사였다. 도청사는 기록상으로 1923년 초부터 건축하기 시작한 부산부립자혜병원(釜山府立慈惠病院)을 전용한 것으로 나타난다.

慶尙南道 道廳은 시대적 흐름과 행정상의 편리를 도모하기위해 1925년 4월 1일 진주로부터 새롭게 부산으로 이전하여 다음날부터 사무를 개시하고 4월 17일에 성대한 이청식이 거행되었다. 가청사(假廳舍)는 부산부가 병원 목적으로 사용하기 위해 신축하였지만 도청 이전을 위해 신축과 함께 가관사로서 부산부로부터 총독부에 기부되었다. 본건물은 벽돌조로 지하층을 포함한 2층 건물로 난방방법은 증기난방을 채용하여 외관뿐만 아니라 내용면에서도 부산에서 유수한 큰 건축물이다.(『朝鮮と建築』4-6, 1925. 홍순연 등 논문에서 재인용)

자혜병원이란 1907년에 설립된 대한의원(조선총독부의원의 전신)을 시작으로 도청 소재지 및 중요 지역에 설립한 근대적인 병원시설이다. 일본이 조선에 대한 지배를 관철하기 위하여 정비한 행정시설, 사법시설, 행형시설, 교육시설과 더불어 설립된 관립의료시설인 것이다. 1910년부터 조선총독부는 위생을 비롯한 의료문제의 해결을 시정의 중요한 과제로 상정하고 근대적인 의료시설을 전국적으로 건립하였다. 테라우찌 총독이 조선병합을 계기로 총독부의원과 자혜의원을 설립하는 것은 모두 민생을 근심하는 자혜(慈惠)에서 나온 것이라고 하였으나, 실질적으로 근대적인 의료 혜택을 제공함으로써 일본의 근대성을 과시하고 조선인의 반감을 희석시키려는 의도를 가진 것이었다.

부산의 자혜병원은 1923년부터 공사가 시작된 것으로 생각되는데, 그 형태는 1920년대 초에 사용된 이른바 자혜병원의 공통도면을 절충한 방식임을 알 수 있다. 공통도면은 一자형의 건물에 중복도가 있는 형태와 요(凹)자형 건물에 후면으로 편복도가 있는 형태가 있었다.

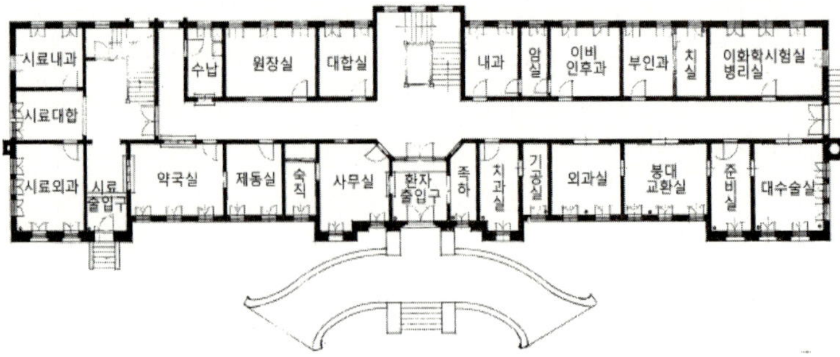

군산자혜병원 설계도

그런데 경상남도 청사는 중복도를 갖춘 一자형의 건물(정면부) 양 끝에 다시 편복도를 갖춘 건물(翼舍)을 날개처럼 달아내 요(凹)자형을 이루고 있다. 특히 도청사 현관의 슬로프는 자혜병원의 공통도면에서 일반적으로 나타나는 시설이다. 응급환자를 실은 차량이 쉽게 접근할 수 있고 환자들도 계단보다는 출입하기에 용이하였기 때문일 것이다. 도청사에도 슬로프가 있는 경우가 있지만 슬로프의 형상이나 좁고 짧은 계단이 달린 모습은 자혜병원의 공통도면과 일치한다. 전체적으로도 경상남도 도청사는 ㄴ자형의 평안남도 도청사와 함께 예외적인 형태로 분류되고 있다. 중복도를 갖추고 있는 점이나 본관에 회의실을 마련하지 않은 점이 특징적이다. 일부에서 경상남도 도청을 부산으로 이전하려는 계획을 숨기기 위해서 자혜병원을 건설하는 척하면서 청사를 건립하는 것으로 보는 견해도 있으나, 건축물의 형태에서는 자혜병원의 평면에 충실한 셈이다.

청사의 구조

청사의 정면부는 동쪽을 향해 남북방향으로 세워진 붉은 벽돌을 사용한 조적조 건물로 지하 1층 지상 2층(일부 3층, 옥탑방)이다. 총 면적은 680평인데, 1층이 309평이고 3층이 300평이었다. 내부공간은 중복도 형식으로 가운데 난 복도의 양쪽으로 방들이 배치되어 있었다. 이에 대해서 익사는 원래 1층이었고 채광을 고려하여 양쪽 다 북쪽에 복도를 만들었다. 1층과 2층의 층고는 각각 4m이다. 벽돌은 230×110×60mm 크기의 벽돌을 주로 사용하였고 그밖에도 아치벽돌, 이형벽돌 등도 사용되었다. 구조벽체와 외장마감도 대부분 붉은 벽돌로 이루어졌다. 전체 지붕은 S자형에 가까운 점토 기와로 덮었으며 옥탑부의 지붕은 동판을 굽혀서 마감하였다.

지붕의 하부구조는 정면부는 대량식(大梁式) 가구법(架構法)이고,

익사부에 사용된 킹 포스트 트러스트 구조

익사부는 킹 포스트 트러스 형식을 사용하고 있다. 정면부는 내력벽체 위에 변형된 대량식 구조를 올렸는데 솔송나무와 낙엽송 원목을 사용하였다. 이렇게 확보된 정면부 복도 위 지붕 아래 공간은 서류 등을 보관하는 창고로 사용하였다.

일제시기 지은 도청사의 건축 평면 유형에는 일(一)자형, 산(山)자형, 철(凸)자형, ㅌ형, ㄴ형 등이 있지만 정면에서 봤을 때는 기본적으로 일자형이다. 한편 전면도로로부터 상당히 떨어져 배치되고 있다. 게다가 부지 전체는 울타리로 구획되어있고 건물에 출입하기 위해서는 부지정문을 통과한 후 앞마당을 거쳐야 했다. 도청사의 이러한 배치와 평면은 좌우대칭을 한 정형의 건물을 먼 바깥에서 '바라보게' 함으로써 최상위 지방행정관청사로서 권위와 지방까지 미치는 조선총독부의 권력을 가시화하는 효과를 거둘 수 있었다.

경상남도 청사의 현재 모습.

이후 한국전쟁기에는 임시수도정부청사, 휴전협정 후에는 경상남도청, 경남도청 이전 후에는 부산지방법원 및 부산지방검찰청 본관 등으로 사용된 우리나라 근대사의 정치·사회적 변화를 고스란히 안고 있는 건물이다. 1983년 7월 경남도청이 창원으로 옮기기 전까지 58년 3개월 동안 경상남도청으로 사용되던 본 건물은 경남도청 이전 이후 부산지방법원 · 부산지방검찰청 본관으로 사용되다가 법조청사가 거제동으로 이전된 후인 2002년 동아대학교에 매각되어 리모델링을 거친 후 박물관으로 활용되고 있다. 현재 등록문화재 41호로 지정되어 있다.

〈참고문헌〉

홍순연 · 김기수, 「慶尙南道 廳舍의 變遷過程과 材料 및 構法的 特性에 관한 硏究」, 『대한건축학회논문집 계획계』23-9, 2007.

김명선, 「일제강점기 도청사 · 부청사 건립의 배경과 성격」, 『대한건축학회논문집 계획계』 24-2, 2008.

김명선, 「일제강점기 신축된 도청사 · 부청사의 평면유형」, 『대한건축학회논문집 계획계』24-5, 2008.

표용수, 『부산역사의 현장을 찾아서』, 선인, 2010

주상훈 · 전봉희, 「1910-20년대 관립 자혜의원 계획의 시기적 특징과 변화」, 『대한건축학회논문집 계획계』27-17, 2011.

design.busan.go.kr

2. 경상남도 지사 관사 – 현 임시수도기념관

현재 부산시 서구 부민동 2가 22번지(대학 2로 43번지)에 위치한 임시수도기념관은 원래 일제강점기 때 경상남도 도지사가 사용하는 관사였다. 진주에 있던 경상남도 도청이 부산부 부민동으로 옮겨온 것은 1925년 4월 17일이었다. 그에 따라 현재 위치에 경상남도 도지사 관사가 1926년 8월 10일에 목조 2층 기와집으로 지어졌다. 그 이후 일시 임시수도 대통령 관저로 쓰인 시기를 제외하면 줄곧 경상남도 도지사 관사로 쓰였다.

도지사

경상남도 도지사는 조선총독부 총독과 정무총감(政務總監)보다는 하위직이지만 총독부의 여러 국장(局長)과 동급으로 당시로서는 최고위 관리 중 하나였다. 도지사와 동급 관리로는 그밖에 체신국장, 철도국장, 전매국장, 법원장, 검사장, 경성제국대학 총장 등이 있었다. 당시 일본 관리는 친임관(親任官), 칙임관(勅任官), 주임관(奏任官), 판임관(判任官)으로 구분되었다. 친임관은 천황이 직접 임명한다는 뜻이고, 칙임관은 천황의 명령으로 임명되고, 주임관은 태정관의 주청(奏請)에 따라 천황이 임명하고, 판임관은 태정관의 판단으로 임명된다는 뜻이다. 그 중에서 판임관을 제외한 관리를 고등관(高等官)이라고 한다. 그밖에도 관공서에서 근무하지만 관리가 아닌 자들이 있는데 촉탁(囑託)이나 고원(雇員)으로 불리는 사람들이다. 고등관은 특별한 대우를 받았으며 관공서의 경우 식당도 따로 마련하였고, 책상의 크기조차 달랐다고 한다. 이 고등관이 되는 시험이 고등문관시험(高等文官試驗) 즉 고등고시(高等高試) 혹은 고시(高試)였다.

<table>
<tr><td rowspan="5">관공서 근무자</td><td rowspan="4">관리</td><td rowspan="3">고등관</td><td>친임관</td><td>대장</td></tr>
<tr><td>칙임관(1~2등)</td><td>중장/소장</td></tr>
<tr><td>주임관(3~9등)</td><td>대좌~소위</td></tr>
<tr><td colspan="2">판임관</td><td></td></tr>
<tr><td>관리가 아닌 자</td><td colspan="2">촉탁, 고원, 용인</td><td></td></tr>
</table>

경상남도 도지사의 연봉은 1등관(一等官)일 경우 5350원으로, 조선 총독의 연봉 6800원과 비교하면 적지만 판임관의 최저 월급이 30원 정도였던 것을 생각하면 10배가 넘는 금액이었다(1936년 기준). 또한 도지사의 경우는 따로 관사도 마련해 주었기 때문에 많은 특혜를 누린 셈이다. 도지사 아래에는 지사관방(知事官房), 내무부(지방과, 학무과, 토목과, 회계과, 이재과), 산업부(산업과, 수산과, 산림과), 경찰부(경무과, 고등경찰과, 보안과, 위생과)가 있었다.

관사

이 건물은 1924년에 부지를 매입하고 1926년 8월 10일에 2층 목조 기와집 등 4채가 건설되었다. 지금은 현재는 2채를 허물어 주차장으로 쓰고 2채만 남아있다. 전시실로 쓰이고 있는 건물이 지사의 거처이자 관방에 속한 관리들의 근무처이기도 하였던 것으로 생각된다.

기념관으로 쓰이는 건물은 목조 2층집인데 외벽은 붉은 벽돌로 마감하였다. 전체적으로 서양식과 일본식을 절충한 모습이며 작은 부분까지 치밀하게 고려한 점이 돋보인다. 무엇보다도 남쪽과 북쪽의 외관이 전혀 다르다는 점이 눈에 띈다. 북쪽은 현관으로 길게 내려온 지붕이 단층 위에 올린 박공지붕 형태가 직각으로 교차하고 건물의 외관도 복잡하지만, 남쪽은 평면적인 모습이고 2층 지붕은 팔작지붕과 박공이 교차하는 비교적 단순한 형태이다. 또한 창문의 크기도 서로 달라서 북쪽은 난방과 채광 등을 여러 가지로 배려하여 다양한 크기의 창문이 있으나 남쪽은 주로 채광을 위한 큰 창문이 나있다. 또한 남쪽 창문 위에만 여름철의 강한 햇빛을 차단하기 위하여 차양 역할을 하는 짧은 처마가 붙어 있다.

건물 내부은 1층의 응접실과 2층의 집무실을 제외하면 모두 10여 개의 작은 공간으로 구획되어 있다. 이러한 공간 배치는 원래 이 건물이 도지사를 보조하는 지사관방(知事官房) 및 비서들이 근무하는 실용적인 공간이었기 때문인 것으로 추측된다. 2층은 집무실과 보조실, 그리고 정원을 내려다 볼 수 있는 베란다와 화장실이 있다. 2층은 도지사 관사였을 당시에는 회의실로 쓰였을 것으로 생각된다. 1층과 2층은 두 개의 폭이 다른 계단으로 연결되어 있다. 건물 곳곳에는 일본식의 반침이 있어서 물건들을 수납할 수 있도록 되어 있으며, 아래위로 여닫는 창문이나 전등 등은 소박하면서도 우아한 멋을 갖추고 있다.

6.25전쟁과 대통령 관저

그런데 6.25전쟁이 발발하면서 수도가 서울에서 대전과 대구로 옮겨지다가 8월 18일에 부산이 임시수도가 되면서 경상남도 도청(현 동아대 박물관)이 중앙정부 청사의 중심부가 되고, 도지사 관사가 당시의 이승만 대통령 관저로 사용하게 되었다. 그래서 서울에 있는 대통령 관저의 이름을 따서 경무대 또는 부산 경무대라고도 불렀다. 당시 부산 경무대에는 이승만 대통령 내외 및 비서들이 살면서 집무를 수행하고, 주요 국빈들을 맞이했다. 또한 국군에게 38선을 돌파하도록 한 38선 단독 돌파 명령, 자유당 창당 선언, 대마도를 우리 영토로 포함하는 평화선 선포, 대통령 직선제 등을 포함한 발췌개헌(1952년 7월 4일) 등이 부산 경무대 시기에 이루어졌다. 그런 면에서 대한민국 현대사에서도 아주 중요한 장소라고 할 수 있다.

1983년 7월 경남도청이 창원으로 이전된 다음에, 부산시는 1984년 6월 25일 임시수도 당시의 역사적인 사실과 유물전시를 위하여 임시수도기념관으로 지정하였다. 기념관 현관에는 사빈문(思邠門)이라는 편액이 달려 있다. 이는 한형석(韓亨錫)이라는 분이 쓴 것인데, 빈(邠)

임시수도기념관 전시실(원 경상남도 지사 공관)

을 생각하는 문이라는 뜻이다. 빈은 중국의 섬서성에 있는 지명으로, 주나라 문왕의 할아버지인 고공단보(古公亶父)가 다스리던 땅이다. 그런데 이곳에 오랑캐가 쳐들어오자 백성들이 맞서 싸우고자 하였으나 고공단보는 백성을 죽일 수는 없다고 하여 빈을 떠나 기산(岐山)으로 옮겨갔다. 그러자 백성들도 모두 기산으로 따라왔다고 한다. 기산은 후에 주나라 문왕이 주를 건국한 곳이다. 이 편액은 전쟁으로 서울을 떠나 부산으로 피난 온 당시의 상황을 고공단보가 빈으로 옮겨온 고사에 비유한 것이다. 북한의 침략을 피해 부산에 임시수도를 정했지만 국민들이 모두 대한민국을 지지하고 이를 기반으로 국토를 회복할 수 있을 것이라는 소망을 담은 것이다.

임시수도기념관의 1층 전시실은 임시수도 시기에 대통령 관저로

그림 89 임시수도기념관 남쪽 정면 모습

사용되었던 서재, 내실, 거실, 식당, 부엌 조리사실, 경비실 등의 모습을 그대로 재현해 놓고 있다. 이승만 대통령의 집무실이 있던 2층은 전시공간으로 활용되고 있는데, 이승만 대통령부처의 옷가지, 일상도구, 문서 등이 전시되어 있다.

〈참고문헌〉

朝鮮總督府, 『朝鮮總督府及所屬官署職員錄(昭和十一年)』, 1940.

http://www.pusannavi.com/miru/1134/

http://monument.busan.go.kr/main/main.jsp

3. 동양척식주식회사 부산지사 - 현 근대역사박물관

동양척식주식회사는 1908년 12월 한일 양국의 '협동사업'이라는 미명 아래 설립되었다. 설립 목적은 러일전쟁 이전부터 논의되었던 자작형 농업 이민자 24만명을 10년에 걸쳐 한국에 진출시키려는 데에 있었다. 또한 안정적인 식민지 지배 체제의 구축과 치안 유지를 위한 광범위한 인적 기반의 확보를 통해 한반도를 완전히 통제하려는 정치적 의도가 작용하였다.

회사의 설립

동양척식주식회사의 설립과 사업 추진 최대변수는 이민 사업에 필

부산근대역사관(과거의 동양척식회사 부산지사 건물).

요한 24만 정보(1정보는 3000평) 규모의 광대한 토지 확보였다. 그래서 한국 측의 협력을 끌어내야 한다는 이토오히로부미(伊藤博文) 통감의 의견서를 토대로 양국의 법률 제정과 한국 측의 토지 출자 및 토지 매수 편의 제공, 임원 임명 등 한일 양국의 협동사업이라는 점을 강조했는데, 바로 원할한 토지 확보가 시급했기 때문이다.

동양척식주식회사 임원에는 총재 우다가와 카즈마사(宇田川一正 전 육군성 군무국장), 부총재 노다 우타로오(野田卯太郎 전 내무차관), 민영기(閔泳綺 전 탁지부 대신) 등이 임명되었다. 동양척식주식회사의 핵심 그룹은 군부와 내무 관료 출신자들이었다.

회사가 설립된 이후 동양척식주식회사는 한국정부로부터 토지 1만 7714정보를 출자받고, 1913년까지 토지 4만 7148정보를 헐값으로 매입하였다. 이와 더불어 일본은 국유지를 강제로 불하하여 막대한 면

부산근대역사관의 창문과 외벽 조각.

적의 삼림지를 가로채어, 1942년 말 16만여 정보의 임야를 소유하였다. 이와 같이 강제로 빼앗은 토지를 소작인에게 빌려주어 50%가 넘는 고율의 소작료를 징수하고, 영세 소작농에게 빌려준 곡물에 대해서는 20% 이상의 고리를 추수 때 현물로 거두어들였다.

또한 그 소유지는 일본인 이주자에게 싼값으로 양도되어 동양척식주식회사의 직영지 면적은 점차 감소되었으나, 1937년 동양척식주식회사가 직접 경영한 경작지 면적은 6만여 정보에 달하였다. 동양척식주식회사의 농업이민정책은 경제적인 목적보다 정치적인 목적에서 추진되었다. 일본은 각종 특혜를 주고 1910년~1928년 17회에 걸쳐 일본인 이민 희망자 약 1만 명을 엄선하여 이주시켰다. 이들 이주민은 경기 경상 전라 황해 충청도에 가장 많았다. 이에 따라 1928년까지 조선인 빈농 약 29만 9천명이 토지를 상실하고 북간도로 이주하였다.

한편, 동양척식주식회사는 조선민중에 대한 가혹한 착취로 세력이 확대되자, 1917년 회사법을 개정하여 본점을 토오쿄오로 이전하고 조선에만 국한하던 침략 및 착취의 대상과 범위를 몽골, 러시아령, 아시아, 중국, 필리핀 및 말레이반도까지 확장시켜 대륙에 대한 침략자금의 공급, 기타 척식사업을 경영하였다.

부산지사

동양척식주식회사 부산지사는 1920년대 건립된 철근 콘크리트조 건물로서 서구양식이 도입되는 당시 건축의 경향을 알 수 있는 몇 개 남지 않은 건물이다. 동양척식주식회사는 1910년(明治 43)에 마산출장소를 설치하였고, 1919년(大正 8)에 마산 지점으로 승격시켰다.

1921년(大正 10) 부산 대청동(당시 榮町)으로 이전하여 1929년(昭和 4) 지금의 대청동에 건물을 신축하여 오늘에 이르고 있다.

이 건물은 3층 철근콘크리트 구조인데 외벽에는 흰 대리석을 두르고 바닥에도 대리석을 깔아 웅장함이 느껴진다. 외벽의 1층과 2층 사이에는 돌출된 장식을 넣었다. 건물의 윗부분은 단순한 평지붕과 기하학적 창틀로 처리되었고, 아랫부분은 로마네스크식의 아치 창문이 있다. 실내는 전형적인 은행 건물 형태로 대형 기둥을 세우고 문양을 넣어 웅장한 분위기를 연출하였고, 옥상은 철근콘크리트로 마무리하였다. 이 건물은 1920~30년대 서양에서 유행하던 아르데코(Art Deco) 양식의 기계미학을 반영했다고 한다. 건축사적으로 볼 때 일본이 서구의 근대 건축을 수용하는 과정에서 나온 과도기적 양식이라 할 수 있다.

부산근대역사관의 현관 모습

2001년 5월 16일 동양척식주식회사 부산지점, 미문화원 등으로 사용되면서, 외세지배로 점철된 아픈 근・현대사의 기억을 고스란히 간직하고 있는 이 역사적 건물을 보존하기 위하여 부산시 기념물 제49호로 지정하였다. 2003년 7월 3일 이 건물이 침략의 상징이었던 만큼 부산시는 시민들에게 우리의 아픈 역사를 알릴 수 있는 살아있는 역사교육의 장으로 활용하기 위해 역사성과 주변 환경을 고려하여 근대역사박물관으로 조성하였다.

〈참고문헌〉

부경역사연구소, 『시민을 위한 부산역사』, 선인, 2003

이규수, 「식민지 지배의 첨병, 동양척식주식회사」, 『내일을 여는 역사』 34, 2008

김민수, 근대 부산의 기억, 경향신문, 2007년 9월 20일자.

4. 수산전습소와 부경대학교

일본은 이미 19세기 말에 수산자원의 중요성을 인식하고 수산교육을 목적으로 하는 교육기관을 세계 최초로 설립하였다. 수산전습소(水産傳習所)는 1888년(明治 21) 11월에 대일본수산회(大日本水産會)의 주도로 개설되었다. 수산전습소는 세계 최초의 수산 전문 교육기관이자 근대 일본의 수산교육의 출발점이라고 할 수 있다. 이 학교에서 학생들에게 수산물의 어로, 양식, 제조에 대해서 교육을 하게 되고 그 과정에서 수산학이라는 학문이 성립되기에 이른다.

수산학이라는 학문

1892년에 세키자와 아키키요(關澤明淸)가 『수산학대의(水産學大意)』를 저술했다. 세키자와는 일본 수산학의 아버지라고 부를 만한 사람이고, 앞에서 말한 세계 최초의 수산학 교육기관인 수산전습소의 초대 소장을 지낸 인물이다. 그의 저술을 보면 수산학과 관련되어 있는 여러 가지 학문 분야가 망라되어 있다. 수산학을 정의하고, 동물학 식물학 물리학 화학 지리학 해리학 기상학 경제학 등과 수산학의 관계를 설명하였다. 세키자와 단계에서 이러한 여러 가지 학문을 종합하여 수산학이라는 학문을 새롭게 만들려고 하는 고심을

세키자와 아키키요(1843~ 1897). 일본 수산업의 아버지로 불린다.

엿볼 수 있다. 그러나 이러한 학문들을 종합하여 독자적인 수산학을 정립한 인물은 바로 쯔카모토 도오겐(塚本道遠)이라고 할 수 있다. 그는 근대적인 동식물 분류법에 의거하면서 여러 학문을 종합한 수산학이라는 학문 영역의 원형을 구축하였다.

조선의 바다

일본인 중에서 가장 먼저 조선의 바다에 본격적인 관심을 보이고 또 그 가치를 발견한 것이 세키자와이다. 그가 처음 조선의 바다를 조사한 것은 1892년이었다. 이후에도 여러 차례 조선을 찾아와 조선의 바다를 살펴보고, 『조선해시찰보고(朝鮮海視察報告)』라는 보고서를 제출하였다.

제 1회 보고(1892년)에서 그는 "일본인 어부들이 어획한 것 중에서 외국에 수출할 수 있는 것은 인천에서 제조하고, 조선이 즐겨 먹는 것은 어시장을 열어서 조선인으로 하여금 매수하게 하면, 우리에게는 거대한 이익이 되고, 조선인들을 또한 편리한 바가 있을 것이다. 일본 어부들 중 상어낚시업을 하는 자들은 과거에는 그 지느러미만을 취하고 고기는 바다에 버렸는데 근년에 부산에서 그 고기를 조선인에게 파는 길을 열어서 지금은 고기를 부산으로 가지고 오거나 가까운 섬에 배를 대어 매각하게 되었다. 그로 인해서 그 이익이 과거의 몇 배에 이르게 되었다."고 하여 조선해 조업을 통해서 이익을 올릴 수 있는 방안을 구체적으로 제시하였다.

또한 세키자와는 "일본인 어부들이 해마다 조선해에서 올리는 이익은 대략 160~170만원(조선 화폐로는 80만 관(貫)) 정도일 것이며 이는 막대한 이익이라고 할 수 있다. 또한 이러한 이익은 조약 상 허락된 지방 중 극히 일부분에서 올린 것이므로, 만약 전구역에서 두루 이익을 올린다면 지금보다 몇 배로 늘어날 것이다. 조선의 바다에 어류와 조개류가 풍부한 것은 조선연해 주민들의 어업이 졸렬하여 어획하는 양이 많지 않기 때문이기도 하지만, 지세상 조류 등으로 인하여 어류들이 많이 모여들기 때문이다. 몇 종을 제외하고는 아무리 잡아도 없어지지 않으므로 실로 일본인의 보고이다. 그런데도 아직 출어자들이 많지 않아서 그 이익이 현재 상태에 그치고 있는 것은 유감이다. 그러므로 일본 실업자(實業者)들이 조선에 가서 그 어리(漁利)를 취해야만 하고, 또한 정부도 이를 장려 보호함으로써 국리(國利)를 증진해야 할 것"이라고 하였다.

이미 당시 일본 연안은 어자원이 고갈되어 가는 상태였고, 일본 연안보다 해류가 복잡하게 흐르는 조선 연안이 어자원이 더 풍부하였다. 이러한 조선의 자원을 선진적인 기술로 착취하려고 하였던 것이다.

일본이 개국하고 명치정부가 수립된 이래로 당면한 과제는 근대화에 필요한 원시자본을 축적하는 일이었다. 군함의 건조나 근대무기의 구입에도 막대한 비용이 들었다. 한편으로는 도시에 인구가 집중되면서 먹을 거리를 조달하는 것도 큰 문제였다고 할 수 있다. 한편으로는 수산물을 수출하여 재원을 확보하고, 다른 한편으로는 국민들의 먹을 거리를 확보하기 위해서 수산업의 진흥이 필요했던 상황이었다. 당시 중요 수산물로는 청나라로 수출되는 상어지느러미, 말린 전복, 말린 해삼을 들 수가 있다. 러일전쟁 시기에는 통조림을 제조하여 군용식량으로 제공하기도 하였다.

조선의 고등수산학교

일본은 조선을 식민지로 지배하면서도 수산학에 관한 전문적인 지식을 교육하는 일은 꺼렸던 것으로 보인다. 수산 관련학교는 군산, 여수, 용암포, 대천 등 여러 곳에 설치하였지만 여수의 경우도 처음에는 여수공립수산간이학교라는 1년제 학교였다. 4년제 전문학교로 부산고등수산학교가 개설된 것은 일제 말기인 1941년의 일이었다. 그것도 정어리가 대량으로 잡히면서 이를 효율적으로 처리하기 위해서 수산교육이 필요하다고 생각했기 때문이다. 이 학교가 부산수산대학의 전신이며 이때부터 학문으로서 수산학이 본격적으로 연구되기 시작했다. 고등수산학교는 일본의 수산강습소(수산전습소의 후신)와 마찬가지로 어로, 양식, 제조의 3과를 중심으로 편제되어 있었고, 교수진들도 대부분 수산강습소 출신이었다.

당시 수산학교의 설립을 주도한 인물이 조선총독부 식산국 수산과에 근무하였던 키타노 타이조오(北野退藏)라는 인물이었는데, 그가 수산강습소 졸업생이었다. 그렇기 때문에 수산학교 설립에 있어서도 학문과 기술 연구에 중점을 두는 대학방식과 기술과 기능의 연구 및 연마에 중심을 둔 수산강습소 방식 중에서 결국 수산강습소 방식을 채택하게 되었다. 그 후에 수산학교 교장과 교수를 초빙할 때도 대학이 아닌 일본수산강습소에서 불러왔다. 수산학교의 초대 교장은 타나카 코오노스케(田中耕之助)인데 그는 역시 수산강습소 교수였을 뿐만 아니라, 그 자신도 1911년에 수산강습소 어로과를 졸업했다. 그는 어선운용과 트롤어업의 권위자였다고 한다. 또한 교수부장이라고 할 수 있는 마쯔이케 요시카쯔(松生義勝) 역시 수산강습소 제조과 16기였다. 그런 연유로 부산수산대학의 전신인 수산학교는 일본의 수산강습소의 형식을 거의 그대로 빌어 왔을 뿐만 아니라 교수진도 수산강습소 출신으로 짜이게 된 것이다.

타나카 코오노스케(田中耕之助) 교장　　마쯔이케 요시카쯔(松生義勝) 교두

부산고등수산학교 초대 교장과 교수부장

〈참고문헌〉

關澤明清, 『水産學大意』, 博文館, 1892.

이근우, 「수산전습소의 설립과 수산교육」, 『인문사회과학연구』 11-2, 2010

이근우, 「한국수산지의 편찬과 그 목적에 대하여」, 『동북아문화연구』 27, 2011.

5. 조선과 일본의 만남 - 금강공원

부산에서 가장 이색적인 공간으로 온천동의 금강공원(金剛公園)이 있다. 동래에서 금정산으로 올라가는 길목에 자리잡고 있는 이곳에는 조선시대 동래 읍성에 있던 시설물의 일부가 옮겨져 있는가 하면, 이섭교비(利涉橋碑)·임진동래의총(義塚)도 있다. 또한 원래 이곳에 정원을 만들었던 히가시하라 요시지로오(東原嘉次郎)가 동래읍에 기증한 일에 감사하는 비석을 비롯하여 인공적으로 판 연못과 일본식 석탑도 있다.

동래읍성의 해체

1925년부터 동래 읍성(邑城)과 동래 관아(官衙)는 파괴되기 시작했다. 성벽을 헐어 도로를 만들고 성 안에도 바둑판 모양으로 도로를 개설하면서 관아 시설도 헐거나 옮기게 되었다. 그 과정에서 동래 관아로 출입하는 정문이었던 망미루(望美樓, 부산광역시 유형문화재 4호)가 금강원으로 옮겨졌다.

망미루는 1742년(영조 18)에 동래부사 김석일(金錫一)이 세웠으며, 앞면에는 동래도호아문(東萊都護衙門)이라는 큰 편액이 걸려 있고, 뒷면에 역시 망미루라는 큰 편액이 붙어 있다. 아래쪽은 사람들이 통행할 수 있도록 높은 초석 위에 짧은 기둥을 올렸고, 누각 위에는 동래읍성의 4대문을 열고 닫는 시각과 정오를 알리는 큰 북이 걸려 있었다고 한다. 현재 금강공원 입구에서 길을 건너 200m 쯤 남쪽으로 내려온 곳에 위치하고 있다. 도로 한 가운데 위치하고 있는 누각은 가게와 자동차 사이에서 옹색한 모습을 하고 있다. 일제 강점기에는 이 곳이 금강원의 입구였던 것으로 생각된다.

한편 금강공원 안에는 동래동헌의 남문이었던 독진대아문이 있다. 1655년(효종 6)에 동래가 경상좌병영 휘하 경주진영에서 독립하여 독진(獨鎭)이 되었음을 알리는 동래독진대아문(東萊獨鎭大衙門)이란 현판이 정면에 걸려있고, 양쪽 기둥에는 진변병마절제영(鎭邊兵馬節制營), 교린연향선위사(交隣宴餉宣慰司)라는 주련이 걸려있다. 진변이란 변경을 진압한다는 뜻이므로 이는 곧 일본의 침입에 대비하기 위한 곳임을 나타낸다. 병마절제영은 지방의 수령이 겸직하던 병마절제사가 주둔하는 곳이라는 뜻이다. 한편 교린・연향・선위란 일본과 교린 관계를 유지하고 사신을 접대 위로하는 역할을 맡은 관아라는 뜻이다.

동래읍성과 관련이 있는 유물 중에서 이곳으로 옮겨져 있는 것으로 내주축성비(萊州築城碑)와 동래부사 선정비(善政碑) 등이 있다. 내주축성비(부산광역시 기념물 16호)는 1731년(영조7년) 동래부사(東萊府使) 정언섭(鄭彦燮)이 임진왜란으로 폐허가 된 동래읍성을 대대적으로 수축한 사실을 기념하기 위하여 그 과정을 적어 1735년에 건립하였다. 비문에 따르면 원래 동래읍성의 둘레가 3,090척, 높이가 13척이었는데 연인원 417,050명, 돈 13,454량(兩), 포 1,552석(石), 미곡 4,585석을 들여 17,291척, 높이 17척의 성을 새로 쌓았다고 하였다. 원래 동래성 남문 밖에 있었으나 독진대아문 뒤쪽에 옮겨 놓았다.

그밖에도 동래성 수축 과정에서 발견된 임진왜란 당시 희생자들의 유골을 모아 만든 임진동래의총, 20여 개의 동래부사 선정비, 수영천에 놓인 돌다리였던 이섭교(利涉橋)의 준공을 기념하는 비석, 동래부사 정현덕의 시비 등이 금강공원 안에 있다. 일제에 의해서 해체된 조선 동래부의 자취들이 바로 금강공원에 남아있는 것이다.

금강원의 조성

동래의 온천지역이 활발하게 개발되면서 1912년 경에는 지금의 금강공원 일대를 공원으로 개발하려는 계획이 하자마 후사타로오(迫間房太郎), 토요타 후쿠타로오(豊田福太郎), 오오이케 타다스케(大池忠助), 후쿠다 마스베이(福田增兵衛) 등을 중심으로 추진되었다. 이들은 동래에 여관이나 별장을 가지고 있었으므로, 동래의 온천과 금정산의 소나무숲을 연결하여 휴양 효과를 극대화하려고 했던 것으로 생각된

다. 그래서 온천장 부근을 집중 개발해 송림을 조성하기로 하였다. 동래 봉래관(蓬萊館)의 주인이었던 토요타는 동래의 남문을 구입하여 이축하고 공원을 조성하려고 하였으나 순조롭게 진행되지 못했다. 이후의 금강원 조성 과정은 오늘날 금강원 내에 남아있는 '금강원지(金剛園誌)'라는 비문에서 추정할 수 있다. 주인 히가시하라 요시지로오(東原嘉次郎)가 1931년에 개인이 가지고 있던 동산과 연못을 개방하고, 누각 문을 설치하였고, 1940년에는 금강원을 동래읍에 기증하였다고 한다. 아래 석각은 1940년 11월 금강공원을 동래읍에 기증한 일을 기념하기 위해 세운 것이다.

금강원지(金剛園誌)

금강원은 금정산 연봉 남쪽이 다하는 곳에 있다. 산을 등지고 골짜기를 끼고, 기이한 바위들이 쌓여있으며 푸른 소나무가 울창해서 별천지에 노니는 것과 같다. 소화(昭和) 6년(1931) 부산의 히가시하라 요시지로오(東原嘉次郎)군이 가지고 있던 동산과 못을 개방하고 누각의 문을 설치해서 거금을 투자하여 경영이 자못 순조로웠다. 금년(1940년)에 황기(皇紀) 2600년을 맞이하여 동산 전체를 본읍에 기증했다. 읍에서는 이것을 칭찬하고, 정리・확장하여, 산성 동남쪽 양문으로 통하는 회유(回遊)하는 숲길과 함께 온천공원(溫泉公園)을 만들어, 유람관광의 명승지를 만들려고 한다. 이에 기념비를 세우고 유래를 새겨서 이것을 후손들에게 전하고자 하노라./ 황기 2600년 소화 15년(1940) 11월 10일 동래읍장 종7위 야마구찌 쿠와시(山口精)

이처럼 금강원을 동래읍에 기증한 사람은 히가시하라 요시지로오로 되어 있다. 그는 오카야마현(岡山縣) 출신으로 1904년에 조선으로 건너와 양주·담배·기타 잡화를 판매하는 아즈마야라는 식료품 잡화상을 경영하였다. 1920년에는 일본 맥주제품 판매조합장을 역임하였으며 1921~1928년 사이에는 부산연초원매팔주식회사(煙草元賣捌株式會社) 상무취체역을 지냈다.

그는 당시 부산이 동아시아의 현관으로 불리웠으나 부산을 지나가는 여객들을 잡아둘 만한 좋은 시설이 없음을 아쉬워하여, 금정산의 자연에 인공적인 연못 등을 조성하여, 동래온천과 함께 부산 교외의 유원지가 될 것을 기대하였다고 한다.

이처럼 금강공원은 원래 일본인들이 공원을 겸한 정원으로 조성한 것이기 때문에 일본 문화의 흔적도 남기고 있다. 독진대아문 뒤쪽 등

개인의 정원이었던 금강원을 동래읍에 기증한 내용을 밝힌 금강원지.

산로 가에 있는 동래금강원(東萊金剛園)이라고 쓰인 비는 일본인들이 세운 것이다. 공원이 되기 전에 개인의 정원이었음을 짐작케 해 준다. 원래 일본식 정원이 조성된 만큼 군데군데 인공적인 연못을 파고 일본식 석탑을 세웠다. 연못을 모두 세 곳이 있는데, 아래부터 금강연못, 송림연못, 용추연못으로 불리고 있다. 유심히 보지 않으면 자연적인 상태에 돌다리만 놓은 것으로 생각하기 쉽지만 인공적으로 조성된 연못이다.

일본의 정원에는 석등, 석탑, 불상 등의 석물을 두기도 하는데, 금강원의 경우에도 4각 13층 석탑을 세웠다. 원래 석탑은 석가모니의 사리를 모신 시설로 불교신앙의 중심이었지만, 일본에서는 불경을 봉안하는 경총(經塚)으로 변화하였다. 특히 법화경 신앙이 고조되면서 법화경을 봉안한 13층 석탑이 다수 건립되었다. 금강공원의 13층 석탑도 일본에서 흔히 볼 수 있는 석탑의 한 형태라고 할 수 있다.

이처럼 금강공원에는 조선시대 동래부 관아와 관련된 유물과 근대 일본의 문화가 혼재하고 있는 특이한 공간이다. 또한 일본이 부산을 식민지로 지배하면서 조선의 지방통치 시설을 어떻게 파괴했는지를 확인할 수 있는 곳이기도 하다.

〈참고문헌〉

http://tour.busan.go.kr

표용수, 『부산 역사의 현장을 찾아서』, 선인, 2010.

Ⅷ. 부산의 일본인

1. 하자마 후사타로오(迫間房太郎)와 동래별장

부산에 거주한 일본인들은 1883년 동래부사로부터 여탕의 일부를 빌려 경영하면서 온천장 지역을 개발하였다. 1909년 12월 부산-동래 경편철도28)와 1915년 경편철도를 대체할 전철이 운행되면서 온천장과 부산우체국 사이는 30분 거리가 되었고, 이에 따라 돈 많은 일본인 부자들은 온천장에 별장을 지었다. 당시 이 지역에 별장이 있었던 사람들은 오오이케 타다스케(大池忠助), 하자마 후사타로오(迫間房太郎) 등이었는데, 이 중에 가장 유명한 것이 하자마 후사타로오의 동래별장이었다.

사업수완

하자마는 일본 와카야마현(和歌山縣) 출신으로 오오사카의 오백정상점(五百井商店) 점원으로 일하다가, 21세가 되는 1880년 부산에 지배인으로 건너왔다. 그는 1889년에 카시이 겐타로오 등과 함께 부산주식회사를 설립하였고, 1905년에 오백정상점에서 독립하여 수산업,

---

28) 기관차와 차량이 작고 궤도가 좁은 철도

창고업, 곡물무역업, 토지매매중개업 등에 종사하여 부산지역의 자본가로 성장하였다. 러시아가 쌀 수입 관세는 인상하고 벼의 수입 관세는 없애자, 곧 블라디보스톡에 정미소를 세우고 벼를 무관세로 수입하여 이를 도정해서 쌀을 판매함으로써 큰 이익을 거두었다고 한다.

그밖에도 하자마는 토지 가옥에 특히 집중적인 투자 활동을 하였다. 외국인은 을사조약 이전에는 거류지로부터 10리 밖의 부동산 소유는 불법이었으나, 하자마는 온갖 수단을 동원하여 부동산을 확대했다. 저당을 미끼로 한 불법적인 방법이 그의 방식이었다.

마산포 사건

하자마는 마산포 사건으로 일본 정부와 인연을 맺었다. 마산포 사건은 일본과 러시아의 토지 갈등에서 비롯된 것이었다. 청나라의 대련(大連) 여순(旅順)을 조차하여 군항을 설치한 러시아는 마산에도 동양함대가 기항할 수 있는 군항을 만들고자 하였다. 북

1906년 러일전쟁 공로자로 서보장(瑞寶章) 수상 기념촬영 사진

경주재 러시아공사대리였던 파브로프는 1899년 주한 러시아 공사로 부임하였다. 파브로프는 이 해 4월 직접 군함을 타고 마산으로 와서 인근 지역을 측량하고 월영동 자복동 일대 30만평에 달하는 부지에 군항을 만들고자 하였다.

그러나 일본 정부는 당시 부동산 거부인 하자마를 앞세워 러시아의 계획을 저지시켰다. 러시아가 구입하려는 자복동의 토지 중 주로 해안가에 위치한 총 2만평을 하자마가 매입하여 러시아를 방해하였다. 이 땅은 후에 일본의 단독 조계지에 포함되었다. 하자마는 다시 러시아가 군항을 건설한 후보지로 생각하고 있던 율구미(栗九味)의 땅도 매수하여 러시아의 의도를 좌절시켰다. 이 공로로 하자마는 일본정부로부터 훈6등에 서임되고, 절영도 국유림 135만평을 한국정부로부터 대부(貸付)받을 수 있었다. 그는 이를 발판으로 이 일대를 손아귀에 넣었으며 이중 75만평을 일본 육군성에 매각하고 100만평을 부산부에 기증하기도 하였다.

대토지 소유자로 변신

하자마는 1905년 이전에도 대지주였지만 토지조사사업이 완료되고 산미증식계획이 실시되는 1920년대부터 농지에 집중 투자하였다. 경남의 동래, 김해, 밀양, 산청, 진주, 울산, 사천, 부산, 마산, 창원 등지를 비롯하여 전북 남원, 전남 해남에도 농경지를 확보했다. 1930년경의 소유 규모는 경남에서만 780만 평이었다. 김해군 진영면과 창원군 대산면 동면 등 3개면에 걸친 진영농장이 유명하다. 진영농장은 소작농이 2천여 호 규모였다. 경남일대에 흩어져 있던 하자마 농장에서는 소작인에 대한 수탈이 심했고, 이에 농민들은 진영농장 소작쟁의와 둔치도 소작쟁의로 대응하였다.

1914년 거류지가 공식적으로 폐지되고 각국거류지의 토지를 불하할 때, 하자마는 거류민단에서 활동한 공로로 성진거류지[29]의 일부를 무상으로 교부받았다. 또 부산 시가지가 부산진 쪽으로 확대되어 가는 과정에서 새로 매립한 해면 토지 소유의 선점을 조선총독부로부터 인정받아 부산진 해면매립지의 막대한 토지를 얻었다. 한국인과의 소유권 분쟁이 발생했으나 조선총독부는 일본인인 하자마의 손을 들어주었다. 엄청난 자본을 축적한 하자마는 자기 자본의 확대 재생산 구조를 안정적으로 확보하기 위해 부산의 자본가들과 함께 부산상업은행을 설립하였다. 또 부산창고주식회사 사장을 맡는 등 상인과 지주의 한계를 넘어 산업자본가로 자기 영역을 확대해갔다. 그가 간여한 회사만 해도 부산토지회사(釜山土地會社)·부산상업은행(釜山商業銀行)·조선저축은행(朝鮮貯蓄銀行)·부산잔교(釜山棧橋)·부산수산(釜山水産)·부산전등(釜山電燈)·조선와사전기(朝鮮瓦斯電氣)를 들 수 있고, 오오이케와 더불어 부산의 2대 자산가였다.

별장의 건설

1940년 초 하자마는 직접 일본에서 목수와 건축자재를 들여와 동래의 온천리에 별장을 세웠다고 한다. 일제시대 일본인들은 한국에 많은 일본식 건축물을 지었는데, 화풍건축(和風建築)이라고도 하고 왜식건축(倭式建築)이라고 불렸다. 동래별장 역시 이러한 일본식 건축물이었

29) 함경남도 성진군 일본인 거류지

는데 원래 이름은 그의 이름을 따서 하자마별장(迫間別莊)이라고 하였다. 일본인들이 이러한 전통주거 건물을 우리나라에 지은 것은 자신들의 생활 편의를 위해서이기도 했지만, 고온다습한 기후에 적응되어있던 그 자신들의 주거 습관에 따른 것이기도 했다. 또 일본식 건축물의 공사가 한옥보다 훨씬 수월했기 때문이기도 하다. 동래별장은 정원이 3000평에 이르며, 목조 2층에 200평 규모의 본관을 합친 전체 건평도 1000평에 달한다. 2층에는 100명이 앉을 수 있는 큰 공간이 마련되어 있는데 3면이 모두 유리창으로 되어 있어 정원을 감상할 수 있도록 되어 있다.

그래서 국내에 남아있는 일본식 건물 가운데 가장 보존가치가 뛰어난 것으로 꼽히고 있다. 특히 내부의 석조 욕조는 국내에서 매우 드문 것이며, 정원의 노송들도 수령이 2~300년에 이른다. 일본의 경우에도 동래별장과 같은 대규모의 건축물이 많이 남아있지 않아 매우 흥미로운 볼거리를 제공하고 있다.

현재 동래별장은 한국 궁중요리를 맛볼 수 있는 한식당 '송향(松香)'을 운영하고 있는데 영남 최대의 요정이다. 특히 '송향'에서는 저녁마다 민속공연이 이루어져 한국의 맛과 미를 함께 느낄 수 있다.

〈참고문헌〉

김용욱, 「마산포 자복동 · 월영동 및 율구미의 토지사건 -노국단독조계를 중심으로」, 『법사학연구』6-1, 1981.

부경역사연구소, 『부산의 역사』, 선인, 2003.

東萊別莊

동래별장의 현재 모습

2. 부산 3대 거부, 오오이케 타다스케(大池忠助)

『매일신보』 1911년 7월 28일자에 의하면 조선에서 50만원 이상의 재산을 가진 자산가로 부산의 오오이케 타다스케(1856~1930), 호케 사다하찌(保家貞八), 하자마 후사타로오(迫間房太郎)를 들고 있다. 오오이케는 이처럼 일제 강점기 조선의 대표적인 자산가였을 뿐만 아니라, 조선에 있던 일본인으로서는 최초로 중의원 의원이 되기도 하여 부와 명성을 함께 얻은 인물이었다. 대마도 이즈하라(嚴原) 출생으로 1875년 20세에 부산에 건너와 조선인을 상대로 고리대금업으로 축재를 한 후 무역 등 각종 사업에 종사하였다.

그가 부산에 온 것은 친형인 코오리 킨사부로오(郡金三郎)의 권유 때문이었다. 코오리는 부산 개항 이전인 1875년 무렵 부산에 주재하던 야마시로(山城)라는 사람이 보천사(報天社)라는 조선어학교를 창설했다는 소식을 듣고 친동생 오오이케 타다스케에게 입학을 권유하여 조선어를 배우게 했다. 이후 코오리는 1877년 부산에 도항하여 무역과 수화물 도매를 위해 코오리 상회를 개점했다. 사업이 번성하자 코오리는 1880년에 동생 오오이케에게 상회를 물려주고, 아직 개항하지 않은 인천으로 진출했다. 그는 울릉도 탐험선인 진서환(鎭西丸)에 탑승하여 인천에 도항한 최초의 인물이었고, 갑신정변 당시에는 퇴각하는 일본인과 부상자를 부산으로 피난시키기도 하였다.

당시에는 큰 배가 부두에 직접 접안할 수 없었기 때문에 앞바다에 정박할 수 밖에 없었다. 이때 작은 배를 이용해서 여객과 화물을 운반하였는데, 이를 회조업(回漕業)이라고 하였다. 코오리와 오오이케는 처음에는 모두 회조업에 종사하였다. 오오이케는 1878년 미쯔비시기선(三菱汽船)의 대리점을 인수하면서 회조업을 시작하였다. 한편 형인 코오리가 자신의 이름을 따서 세운 코오리회조업(郡回漕業) 사무실이 현재도 인천에 남아있다.

1902년에 오오이케는 농장을 설립하고 지주경영에 나섰다. 오오이케의 토지는 1920년 중반 총 약 3000정보로, 경남 등 4도 80개 면에 걸쳐 토지를 확보하고 소작경영을 한 것이다. 오오이케는 상업자본가로 출발하여 여기서 확보한 이윤을 산업 금융부문에 투자하고 이를 다시 토지 분야로 확장한 사업가였다. 쌀의 상품화와 관련해, 쌀의 생산부터 가공 운송 판매에 이르는 전 과정을 구조적으로 장악한 지주자본가였지만 토지 경영은 하자마 후사타로오(迫間房太郎)와 유사한 형태였으리라고 추측된다. 그는 주로 토지를 담보를 고리로 돈을 빌려주고 제때 갚지 않으면 토지를 빼앗았다.

예를 들면 밀양군의 이종백이라는 사람의 토지 문건을 담보로 13000량을 빌려주었는데 이를 갚지 않자 오오이케는 밀양군수에게 의뢰하여 이종백을 체포하도록 요청하였다. 또한 1924년 1월 28일자 동아일보에 따르면 동래군 서면 대연리 주민 수천 명이 총독부에 진정서를 제출하였는데, 마을에서 600년 간 보유해 오던 산림 67정보(町步)가 오오이케에게 부정대부되었다는 내용이었다. 이처럼 오오이케는 자신의 토지를 늘리는 과정에서 관과 유착된 행태를 보였다.

이노우에 키요마로(井上清麿)라는 일본인조차도 오오이케의 행태에 대하여 "부산항 개항 당시 이른바 삼대거부(三大巨富)들은 빈털터리 홀몸으로 건너 와서 어리석은 조선사람들에게 비싼 이자로 돈을 빌려 주었다가 기한이 되어도 그 돈을 돌려받지 못하면, 당장에 저당 잡았던 땅을 빼앗아 버렸다. 또 조선인 군수(郡守)를 구슬려 갖가지 이권(利權)을 닥치는 대로 챙겼다. 그런가 하면, 정부에 바치게 돼 있는 납세보관금(納稅保管金)을 한 군(郡)에서 적게는 6~7만원씩 또는 많게는 12만원씩 여러 군을 통해서 끌어 모은 수십만 원의 거액을 이자 한푼 없는 공짜로 빌려다가 고리대금업(高利貸金業)과 쌀장사 밑천으로 유용했다"고 평가하였다.

그의 주력사업은 정미업이었다. 그는 부평정(富平町)과 영선정(瀛仙町)에 대지 제1정미소와 대지 제2정미소를 세웠다. 주로 김해, 마산, 진해, 하동의 벼와 현미를 정미하였고, 경부철도가 개설되면서 경북과 충남으로 공급지역을 넓혔다. 대지정미소는 미곡 수출항 부산의 지위에 걸맞은 규모였다. 대지정미소에서 도정한 쌀의 40-50% 가량을 수출했으며 이것은 부산항에서 수출하는 쌀의 30% 가량을 차지했다. 부산의 공업은 1909년 말 당시 조선 전체에서 차지하는 비중이 공장수를 기준으로 43.2%, 생산액을 기준으로 47.2%에 이르렀다. 특히 청주 및 장유(醬油) 생산은 90% 이상이었으며, 정미업의 경우는 오오이케의 제1・2 정미소의 비율이 조선 전체의 50% 이상을 차지하였다.

수상(壽像)의 건립

1926년은 부산이 개항된 지 50년이 되는 해로 부산의 일본인들에게 개항 이후 가장 의미 있는 해였다. 이때 진강병고조(津江兵庫助, 쯔노에 효고노스케)[30]를 추모한 고관공원(古館公園)이 강조되었다. 진강과 더불어 개항 50주년을 맞이하여 오오이케도 부산 개항의 개

척자, 선구자로 부각되었다. 카시이 겐타로오(香椎源太郎)를 중심으로 한 유지들은 1926년 10월 오오이케의 수상(壽像)을 건립하기로 했다. 그 결과 1928년 6월 17일 수정정(水晶町) 고관공원에서 오오이케 동상 제막식이 거행되었다. 오오이케의 동상이 들어서면서 고관공원은 일본식 정원풍으로 새롭게 조성되어, 고관공원은 '오오이케 공원'이라고도 불렸다.

능풍장

그의 별장은 능풍장(陵風莊)이라고 하였는데, 동구 좌천2동 수정초등학교 동편 언덕 일대에 있었다. 능풍장이라고 하면 일제강점기 때 부산에서 산 사람이면 모르는 사람이 없을 정도로 널리 알려진 이름으로 능풍장이 이곳의 지명을 대신하게 되었을 정도이다. 1905년 경부선의 개통으로 영가대(永嘉臺)가 양분되면서 철거된 영가대 건물 일부를 그의 별장인 능풍장 정원으로 옮겨 복원하였다. 지금도 능풍장이 있던 좌천2동 일대는 동구 지역에서 제일가는 주택가로 꼽을 수 있는 지역이다. 1999년 3월 동구청에서는 골목길 및 소로명 부여사업

30) 두모포 왜관은 임진왜란 이후 조선 국력이 매우 피폐했을 당시 세워졌다. 그래서 건축된 위치가 나빴을 뿐만 아니라 바깥 도로에서 내부가 들여다보였으며, 동서양관(東西兩館) 모두 비스듬히 기울어져 있어서 이관문제가 불거지고 있었다. 그러나 조선과 일본 간의 왜관 이전 문제는 쉽게 해결되지 않았다. 그래서 1671(寬文11)년 12월3일에 이전교섭의 임무를 띠고 그가 동래에 왔는데, 이때, 동래객사에서 병사하는 사건이 발생하였다. 그 후 일본 측에서 강경하게 교섭한 결과 마침내 2년 후인 1673년(延寶원년)에 쌍방이 합의를 이루었다. 두모포 왜관에서 초량 왜관으로의 이전은 일제시대 당시 부산부의 번영의 기초가 되었다. 그래서 이전문제 교섭에 전력을 다한 진강에 대해 1879년(명치12) 부산거류민이 초혼비(招魂碑)를 고관 뒤편 산위에 세웠는데 지금의 수정동 공원(고관공원)에 있다.

을 추진하면서, 좌천2동과 좌천4동 사이의 길을 능풍장길, 능풍장1길, 능풍장2길 등으로 명명하였다.

〈참고문헌〉

이규수, 「개항장 인천(1883～1910)- 재조일본인과 도시의 식민지화」, 『인천학연구』6, 2007.

김동철, 「17-19세기 한일 교류의 유일한 통로, 부산」, (busan.eduhope.net)

李昇燁, 「在朝日本人衆議院議員-大池忠助について」, 『植民地帝國日本における支配と地域社會』, 2008.

김의환 『부산의 고적과 유물』, 1969.

井上清麿, 『釜山を担ぐ者』, 경인문화사, 1995년 복각

3. '수산왕' 카시이 겐타로오(香椎源太郎)

카시이 겐타로오(香椎源太郎, 1867~1946)는 후쿠오카현에서 태어나서 일찍부터 한학과 개화사상을 접했다. 일본 해군의 아버지라고도 불리는 카쯔 카이슈(勝海舟, 1823~1899)의 지도를 받기 위하여 상경하여 7년 간 그를 스승으로 모셨다. 그후 오오사카에서 상업에 종사하였으나 여의치 않자, 조선으로 건너왔고 1904년 러일전쟁 때 거제도에서 군용 어류 통조림업을 했으나 그만두었다. 1905년에 스승인 카쯔의 소개장을 받아 한국통감부의 이토오 히로부미(伊藤博文) 통감을 만났고, 통감부 총무장관 쯔루하라 사다요시(鶴原定吉)와 이토오 히로부미의 도움으로 1906년 의친왕(義親王)이 소유했던 진해만 대구어장의 소유권을 차지하면서 수산업에 발을 들여놓았다.

카시이 겐타로오

카시이의 인맥

카시이가 부산에 온 직후부터 수산업에서 두각을 드러낸 배경에는 그의 인맥을 무시할 수 없다. 그는 22세 때인 1889년에 후쿠오카 사족(士族)인 카시이가(香椎家)의 양자로 들어가게 되었다. 그 일족으로 1936년의 2.26사건 때 계엄사령관을 지냈던 카시이 코오헤이(香椎浩平, 1881~1954) 중장, 유라요새사령부(由良要塞司令部) 사령관을 지냈던 카시이 슈우이찌(香椎秀一) 중장이 있다. 또 대한제국 재정고문과 통감부 재정감사장관을 지낸 메가타 타네타로오(目賀田種太郎)가 카쯔 카이슈의 딸과 결혼하여 카쯔의 사위였다.

한편 카시이는 후쿠오카 지역 사족(士族)을 중심으로 한 대아시아주의 결사 현양사(玄洋社)와도 관계를 맺고 있었다. 이를 통해서 토우야마 미쯔루(頭山滿), 스기야마 시게마루(杉山茂丸), 우찌다 료오헤이(內田良平) 등을 알게 되었고, 마침 우찌다는 이토오를 따라 통감부 촉탁으로 조선에 건너와 있었다. 그가 이토오와 면담할 수 있었고 또 그 이후에도 총독부의 비호를 받을 수 있었던 것은 그의 집안과 주변 인맥이 큰 역할을 하였음을 알 수 있다.

부산수산주식회사

이러한 인맥을 바탕으로 부산에 온 지 1년 만에 조선 왕실 소유의 진해어장을 독점 경영하게 된 것은 상징적인 의미가 컸다. '카시이=진해어장=조선의 수산왕'으로 통하였으며, 조선총독부로부터 '수산공로자'로 표창을 받기도 하였다. 카시이는 1907년에 설립된 부산수산주식회사의 이사가 되면서 조선의 수산업계에서 입지를 굳혔다. 부산수산주식회사는 부산의 3대 자본가 오오이케 타다스케, 하자마 후사타로오, 카시이 겐타로오 세사람이 함께 경영진과 대주주로 참여한

회사이다. 부산수산주식회사는 거문도와 노대도에 출장소를, 통영에 지점을 설치하였으며, 확보한 수산물을 1910년대는 일본, 조선의 내륙지방, 중국의 안동・만주・봉천 등으로 판매하였다.

이 무렵 카시이는 개인경영의 어장, 영업사무소는 물론 부산어시장, 부산수산주식회사, 조선수산수출회사, 경성수산회사를 경영하였다. 이러한 기업 활동을 기반으로 경남수산회장, 조선수산협회 회장(1922년), 수산수출조합장(1925), 조선수산회장(1931)을 역임하였다. 이처럼 카시이는 조선의 수산업계를 장악하고 있던 '조선의 수산왕' 이었다.

어장과 수산업으로 자본을 축적한 카시이는 1910년 후반부터 제조업분야로 사업을 확장하였다. 조선와사전기주식회사와 일본경질도기조식회사가 그것이다. 조선와사전기주식회사는 부산전등주식회사와 부산궤도주식회사를 매수 합병한 회사로 부산지역의 전기・가스(와사)・전차 세 사업을 독점하였다.

조선와사전기주식회사

이 회사의 주요 산업은 가스, 전차, 전기 세 가지였으나 이 가운데 전기 사업이 가장 많은 수입을 올렸다. 부산 인근은 물론 경남권까지 송전망이 확대되었다. 설립 당시 자본금 3백만원 규모의 회사였으나, 1926년 밀양전기를 매수, 1936년 '대흥전기', '조선와사전기', '대전전기', '남조선전기', '목포전등', '천안전등'의 6개 회사를 통합하여 경성에 본점을 둔 남선합동전기주식회사로 발족하였다(1937년). 자본금 2,168만원의 이 회사의 회장으로 카시이가 선임되었다. 본사 유치 경쟁이 치열하였으나, 카시이가 회장이 된다는 조건으로 본사가 경성에 세워졌다. 카시이가 회장이 됨으로써 부산이 남한지역 전력정책의 중심지가 된 것이다.

조선와사전기본사

한국전력 공사(현재)

일본경질도기주식회사

카시이는 1920년대에 일본경질도기주식회사의 경영권을 인수하여 도자기업으로 사업을 확장했다. 이 회사는 본점이 코오베시(神戸市)에 있었는데, 1925년에 본점을 부산으로 옮겼다. 그리고 당시 카시이는 10,010주를 보유한 최대주주이자 사장이 되었다. 이 회사와 인연이 없었던 카시이가 최대주주와 사장이 된 것은 사이토오 마코토(齊藤實) 총독의 '간곡한' 부탁 때문이었다고 한다. 카시이와 사이토오총독의 정치적 관계를 알 수 있다. 이처럼 그는 1920년대에는 지방의 사업가가 아니라 조선을 대표하는 일본인 자본가로 성장하였다.

1920년대부터 카시이는 금융, 전기, 수산, 문화, 수산, 제조업 등에 진출하였는데, 한 가지 주목되는 것은 카시이가 일찍부터 부산일보사, 조선미술품제작소, (주)조선서적인쇄, (주)동양수산신문 같은 문화관련 사업에 대한 투자를 활발히 한 점이다. 이것은 그가 1920년대부터 지역을 대변하는 역할을 자임하면서 다양한 형태의 사회활동을 하고 있었음을 의미한다.

카시이는 부산 경제계에서 1913년 부산상업회의소 특별의원으로 참가한 뒤, 평의원을 거쳐, 1920~35년 회두(會頭)로 활약하였다. 부산상업회의소 회두는 부산경제계의 거물인 하자마, 오오이케를 따돌리고 된 것이기 때문에 그 의미가 컸다. 카시이는 부산 경제계에 머물지 않고 수산, 전기분야의 경우 조선 전체를 대표하는 활동을 하였다. 그는 조선총독부로부터 산업개발의 공으로 1920년 훈6등 서보장(瑞寶章), 1926년에는 훈5등을 받았다.

정치적 활동으로는 거류민단 의원, 부산부협의회 의원, 경상남도 평의원 등이다. 카시이는 1913년에는 거류민단의장이 되었고, 1914년 거류민단이 해체되고 부제와 부협의회가 실시되자 부협의회 의원으로 참여하였다. 첫 부의원인 하자마, 오오이케, 카시이를 비롯한 8명은 대부분 상공인들이었다. 그 외에도 그는 축풍동지회(筑豊同志會) 부회장(1916), 동척(東拓) 고문(1931), 부산국방회장 등도 역임하였다.

카시이는 자신이 수집한 일본, 조선, 중국, 만주, 라오스, 캄보디아, 베트남, 태국, 인도, 이란, 이집트의 유물을 가지고 옛 영국영사관터 4천평을 박물관 부지로 매수하여 박물관 건립을 추진하였다. 카시이는 부산박물관을 통해 임나일본부가 있었다고 생각한 부산에서 유물을 통해 내선일체(內鮮一體)를 조선의 고미술품들을 통해 드러내려고 한 것이었다. 하지만 그 꿈은 실현되지 못하였다.

동상 건립

식민지에서 부를 이룬 일본인 자산가들은 성공의 상징으로 생전에 수상(壽像)이라고 하여 동상을 건립했다. 대표적인 예가 오오이케 타다스케가 있고, 카시이도 동상을 건립했다. 1928년 부산부 수정정 고관공원에 오오이케 타다스케 동상이 건립되었는데, 건설회 회장은 당시 부산상공회의소 회장이었던 카시이가 맡았었다.

그후 1935년 10월 24일에는 부산부 본정(本町) 5정목(丁目)의 영국영사관 자리의 일부에 마련된 부지 내에서 카시이의 동상 제막식이 열렸는데, 조선의 수산사업의 뛰어난 공로로 설립한 것이었다. 일본에서 만든 동상은 조선우선(朝鮮郵船) 소속 기선인 성경호(盛京號)로 운송되었다. 사이토오 마코토(齊藤實)가 제액(題額)을 쓰고, 기문은 토쿠토미 이이치로오(德富猪一郎, 蘇峰)가 짓고, 우메조노 요시마사(梅園良正)가 썼다. 오오이케 타다스케의 동상이 두모포왜관이 있던 고관공원에 세워진 것에 비해, 카시이의 동상은 초량왜관이 있던 용두산공원의 건너편 부산항이 보이는 카시이공원에 세워졌다. 카시이는 자신의 동상이 있는 곳에 박물관을 세우려고 하였고, 카시이공원을 조성했다.

패전 후

2차 세계대전이 끝난 1945년 9월 1일 부산의 일본인 세화회(世話

會)가 조직되었다. 이는 패전 후 부산에 있던 일본인의 귀국을 돕기 위한 모임이었는데, 카시이가 회장을 맡았다. 오오이케가 1930년 대구에서, 하자마가 1942년 부산에서 생을 마감한데 비해, 마지막까지 남은 카시이는 종전 후 부산의 일본인 사회를 책임졌다. 당시 1000원의 재산만 본국으로 가져가도록 제한되어 있었다. 그래서 카시이는 몰래 자신의 재산을 일본으로 옮겼다. 이때 박물관을 만들 정도로 많은 엄청난 양의 골동품과 문화재를 일본으로 가져갔다고 한다.

카시이의 저택은 지금의 부산근대역사관 맞은편 복병 2길(대청동)에 있었다. 정원 자리에 아파트가 들어서고 주변은 도로가 되었지만 본채를 중심으로 한 건물이 남아있다. 일본으로 돌아간 카시이는 1945년 12월 과로로 쓰러져 온천으로 유명한 오오이타현(大分縣)의

카시이의 저택 흔적

유후인(油布院)에 가서 정양하였으나 이듬해 78세로 사망하였다. 유후인에는 카시이가의 별장인 카시이장(香椎莊)이 있었으며 현역에서 은퇴한 카시이 코오헤이 중장도 이곳에 머물렀다.

〈참고문헌〉

김동철, 「부산의 유력 자본가 香椎源太郎의 자본축적과정과 사회활동」, 『역사학보』186, 2005.

배석만, 「일제시기 부산의 대자본가 香椎源太郎의 자본축적 활동」, 『지역과 역사』29, 2009.

http://nekonote.jp/korea/hito/jp/kashii.html

4. 부산의 석유왕 타테이시 요시오(立石良雄)

타테이시 요시오

타테이시 요시오(立石良雄, 1883~1941)는 부산을 중심으로 활동한 대표적인 일제 강점기의 일본 기업가였다. 일제 강점기 부산의 3대 갑부는 흔히 카시이 겐타로, 하자마 후사타로오, 오오이케 다다스케를 꼽는다. 카시이는 수산왕으로 자처할 정도로 수산업 분야에서 부를 획득하였고, 다른 두 사람은 주로 토지와 곡물거래 등에서 이익을 얻었다. 그러나 타테이시는 처음에는 양초 제조로 시작하였으며, 연료가 석탄에서 석유로 바뀌는 시대 분위기를 타고 석유 판매에 종사하여 부를 축적하였다.

당시 일반인들은 석유를 사용하기 힘들었기 때문에 양초를 많이 사용하였고 당시 양초는 전량 일본에서 수입하는 상황이었다. 또한 석유의 사용이 늘어나면서 부산 최초의 주유소를 세우는가 하면 자동차 판매에도 종사하는 등, 타테이시의 영업분야는 다른 일본인 경영자들에 비해서 근대적인 산업을 중심으로 한 것이었다.

후쿠오카현(福岡縣) 무나카타군(宗像郡) 아카마정(赤間町)에서 태어나 오오사카의 마쯔오상점(松尾商店)에서 양초 제조 등을 배웠으며,

1911년 부산으로 건너왔다. 1913년에 석유 판매를 시작하였으며 1919년 타테이시상점(立石商店)을 열었다. 1926년에 부산유업조합(釜山油業組合)을 설립하고 조합장에 취임하였다. 타테이시상점은 영도에 15000평 규모의 부지에 석유정제공장, 제빙공장, 중유저장시설을 마련하고 등유의 방문판매, 어선에 대한 중유 판매 등을 행하였다.

석유의 수송 및 해상 급유시설을 위한 선박을 확보하면서 1936년에는 타테이시기선회사도 설립하였다. 부산을 대표하는 경제인으로서 부산상공회의소 의원 및 소장[會頭]을 여러 차례 역임하였다. 경성토요타자동차 판매회사의 대표를 맡아 자신의 석유 판매와 관련된 자동차 판매에 나서기도 하였다.

그는 『조선급만주(朝鮮及滿洲)』323호(1934)에 1934년 4월부터 8월까지 4개월에 걸쳐 아시아와 유럽을 방문하고 경제에 관한 시찰기를 남겼다. 이 글에서는 상해 및 아시아 지역의 일본상품 불매운동 상황을 비롯하여 각지에서 일본상품이 어떻게 팔리고 있는지 또 유망한 상품은 어떤 것인지, 상권은 누가 장악하고 있는지를 밝히고 있다. 자신이 유류 판매업에 종사하고 있었기 때문에 석유생산 현황에 대해서 특히 관심을 가지고 관찰하였다. 이 글을 통해서 1930년대 아시아지역에 일본상품이 진출하고 있는 상황을 잘 알 수 있다. 특히 인도에서 일본 자전거가 활발하게 보급되고 있었던 점, 스리랑카에 조선에서 생산된 통조림을 비롯하여 일본의 면사포와 잡화가 팔리고 있는 점에 주목하고 있다. 조선의 해산물 그 중에서도 통조림이 미국산과 경합할 정도로 큰 인기를 끌고 있으며, 조선의 사과도 세계적으로 뛰어난 품질을 인정받고 있다고 하였다.

타테이시 저택의 서양식 건물과 일본식 건물

1937년 중일전쟁 당시 1만원을 국방헌금으로 내어 방독마스크를 구입할 수 있도록 하였다. 당시 타테이시는 "국가적 사업으로 여러 해 현안이 되었던 원유정제의 필요성을 통감하고 실현하여 국가에 공헌하고 있는 조선 유일의 존재이다. 공장은 그가 혼자 힘으로 완성한 지방의 목도(牧島) 매립지에 있고 공장은 팔천수십평의 넓은 곳에 걸쳐 있다. 당당한 공장을 완성하고 여러 시설을 정비하여 대규모로 작업을 운영하고 있다."고 평가받았다.

그는 1920년대 후반에 대청동에 저택을 지었는데 현재도 서양식으로 지은 건물과 창고, 다실 등이 남아있다. 일본식 건물은 헐리고 새로운 건물이 들어섰지만 서양식 건물은 현재도 그대로 쓰이고 있다. 2층 구조로 된 창고는 콘크리트로 만들어졌으며, 현재도 원형을 잘 유지하고 있다.

지금까지 주목하지 못한 것은 저택과 따로 만든 다실(茶室)이다. 창고 쪽으로 길 건너 가파른 산비탈에 별채로 다실을 만들었고, 그곳에서 타테이시는 사업구상도 하고 외부인사들과 접촉한 것으로 알려져 있다. 다실은 가파른 경사를 이용하기 위해서 높은 석축을 쌓고 계단을 통해서 올라갈 수 있도록 하였다. 내부는 2층으로 되어 있으며 아래층에는 3개의 방이 있고 내부 계단을 통해서 윗층으로 올라가면 상당히 넓은 응접실 공간과 준비실이 있다. 일부 보수된 부분이 있지만 내부 구조는 전통적인 일본가옥의 구조를 잘 보여주고 있다. 현재는 정오사(正悟寺)라는 절로 쓰이고 있다.

타테이시 저택의 다실.

다실의 내부

〈참고문헌〉

立石良雄, 「南洋及び印度から歐羅巴に於ける我國の經濟新市場を視察して」, 『朝鮮及滿洲』323, 1934.

釜山でお昼を(http://nekonote.jp/korea/hito/jp/tateisi-y.html, 2011년 12월 11일 검색)

한국근현대신문자료(국사편찬위원회), 동아일보 1937년 7월 29일자.

한국근현대인물자료(국사편찬위원회), 立石良雄.

IX. 전쟁유적

1. 오륙도와 세계 최대 규모의 포대

일본은 부산과 쓰시마 사이를 항해하는 일본의 선박을 엄호하고 또 적국의 배를 포격하기 위하여 부산에 여러 개의 포대를 설치했다. 그 중 가장 규모가 큰 것은 오륙도가 내려다 보이는 용호동 장자산 언덕에 구축한 장자등(張子嶝, 현 장자산) 포대이다. 이곳 포대의 대포는

잇키 쿠로자키 포대에 설치된 406m 캐논포의 장착 전 모습. 두 개의 포신이 달려있는 포탑이 보인다.

구경이 406mm이며 포신의 길이가 18.2m로 당시 세계 최대 규모와 사거리를 자랑하는 대포였다. 같은 포가 장착된 곳은 쓰시마의 토요(豊) 포대, 잇키(壹岐)섬의 쿠로자키(黑崎) 포대뿐이었다.

장자등 포대는 1924년에 착공하여 1930년에 완공되었는데, 포대를 중심으로 하여 관측시설과 탄약고, 막사 등이 있었다. 산허리를 U자로 파고 그 위에 포대를 설치하고 땅 속으로 터널을 연결하여 부대시설을 만든 철근콘크리트 구조물로 현재 이기대 공원 안에 위치하고 있다. 그밖에도 부산지역에는 절영도 포대와 기장 포대 등이 있었고 1942년에는 부산요새사령부가 설치되어 부산, 진해, 거제도 지역의 포대를 관할하게 되었다.

일본의 해안포

미국 인도양함대의 페리제독이 이끄는 흑선(黑船)이 동경만에 나타나 포사격을 가한 이래, 외국과의 전쟁을 거치면서 일본은 해안포의 중요성을 인식하게 되었다. 그래서 해안 각지에 포대를 건설하고 해안포를 설치하였다. 특히 1884년부터 청의 북양함대, 러시아의 태평양 함대가 공격해 올 것에 대비하여 토오쿄오만에 해안포와 해보(海堡)를 만들기도 하였다. 또한 쓰시마에도 1887년부터 아소오만(淺藻灣)을 방어하기 위하여 공사를 시작하여 1888년 10월 4개의 포대를 갖추고 청일전쟁을 맞이하였다. 청일전쟁 이후에도 쓰시마 해안포대 공사를 계속하였고, 1930년대까지 25곳에 이르는 포대가 쓰시마에 건설되었다. 그러나 상당수의 포대는 쓰시마 주민들도 모르는 상태에서 극비리에 건설되었다. 지금은 평화로운 쓰시마가 한 때는 대한해협과 현계탄(玄界灘, 현 현해탄)을 왕래하는 선박을 포격할 수 있는 많은 포대를 갖춘 군사요충지였다. 그래서 1920년부터 쓰시마의 포대를 통괄하는 쓰시마요새사령부가 설치되었고, 그 책임자는 소장급의 장성이 임명될 정도였다. 부산에는 1922년에 포대 건설이 계획되어 1924년 10월부터 공사에 착수하였다. 이러한 포대는 명치 초기 이래 추진되어 온 일본 해안포 전략에 따라 건설된 것이라고 할 수 있다. 그리고 토요 포대와 장자산 포대에는 전함 토사[土佐]의 함포가 설치되었다. 왜 전함의 함포가 육지의 해안에 설치된 것일까?

워싱턴 해군 군축조약과 전함 토사

러일전쟁 이후 일본은 미국 해군을 가상 적군으로 하는 함대정비계획을 세웠다. 이를 88함대계획이라고 하는데 건조된 지 8년 미만의 전함 8척과 순양전함 8척을 갖추는 것을 목표로 하였다. 이는 러일전쟁을 통해서 전함의 주포에 의한 원거리 포격 능력이 전투의 승패를 좌우하게 된다는 사실을 알게 되었기 때문이다. 실제로 러일 간의 황해해전에서는 10km 이상 떨어진 거리에서 함포사격이 이루어졌다. 이후 영국을 비롯한 열강들은 거함대포주의(巨艦大砲主義)를 채택하여, 다투어 구경 30cm 전후의 주포를 8문에서 14문까지 갖춘 18000톤 이상 전함을 건조하였다.

전함 토사 역시 일본의 거함대포주의에 입각한 88함대계획에 따라 1920년에 미쯔비시조선[三菱造船] 나가사키조선소에 건조를 시작하여 1921년 12월에 진수식을 가졌다. 그러나 워싱턴 해군군축 조약에 따라 폐선(廢船)이 결정되어 1922년 미완성인 채로 일본 해군에 넘겨졌다. 바로 이 전함 토사의 주포탑 중 2기가 각각 부산의 장자등 포대와 쓰시마 토요 포대에 설치된 것이다. 이 포는 구경장(口徑長)[31]이 45였고, 구경과 같은 406mm 포탄을 사용하였는데, 포탄 하나의 무게가 1000kg에 달했다. 포신의 한 문의 무게만 100톤을 넘었고, 실용 사정거리는 30km였고, 최대 사거리는 35km였다. 1문으로 분당 2발 정도를 발사할 수 있었고, 구경장이 컸기 때문에 포구 속도가 초속 800m에 달했다. 그래서 쓰시마의 토요 포대와 함께 대한해협을 사정거리 안에 두고 지나가는 배를 제압할 수 있는 능력을 가지고 있었다.

포대의 지하진지

장자등 포대의 지하포 진지는 거대했다. 진지의 폭은 14m, 길이는 약 50m에 달한다. 또한 300톤 가까운 포탑을 회전시키거나 1톤에 달하는 탄약을 운반하기 위해서는 수압을 이용한 장치를 쓸 수밖에 없었다. 그러나 현재 수압을 이용해 포탄을 올리는 자리는 형체를 알아보기 힘들다. 반면에 장자등 포대와 같은 규모인 쓰시마의 토요포대의 경우 지금까지 그 형태가 잘 남아 있어, 장자등 포대의 모습을 상상할 수 있다.

토요포대의 지하 진지는 여러 개의 방으로 나뉘어져 있다. 포대를 운영하는 데 필요한 기름저장고, 병사들이 거주하는 데 필요한 대형 물탱크뿐만 아니라, 조작용 기계실, 수압 용수조, 화장실 등을 갖추고 있다. 포탑부 및 지하실은 철근 콘크리트 구조로 천정과 각 벽의 두께

---

31) 구경장은 구경 대 포신의 길이의 비를 말한다. 같은 구경일 경우 구경장이 클수록 포탄에 가해지는 힘이 커지기 때문에 포탄을 빠르게 그리고 멀리 보낼 수 있다.

쓰시마 토요포대의 지하진지 내부

는 폭격에 견딜 수 있도록 2미터 이상이다. 특히 포탑부는 3미터의 옹벽을 만들어 보호했다. 포대는 포탑만이 지상에 있었고, 포 발사에 필요한 모든 시설은 지하에 있었다. 포를 발사하기 위해 지하에 있는 축력기를 이용해 포탄을 포탑 상층부까지 끌어올려야 했다. 이처럼 406mm 캐논포는 사람의 힘만으로 발사할 수 없는 위력적인 무기였다. 포대의 지하 진지는 대부분 콘크리트구조로 만들고 그 위에 다시 흙을 덮어 엄폐하였다.

포대의 최후

당시 세계 최고의 위용을 자랑하는 포대였고, 또한 육상에 설치된 포이기 때문에 함포에 비해서 조준이 용이하고 포격의 정확도도 높았다. 또한 사격을 통제하는 사격지휘소를 포에서 떨어진 장소에 설치함으로써 사격을 효율적으로 진행할 수도 있었다. 그러나 2차 세계대전에서는 항공모함과 전투기 그리고 잠수함을 이용한 전투방식이 주류를 이루었다. 특히 전쟁 말기에는 잠수함이 부산과 일본 사이를 왕래하는 화물선 등을 공격하였으나, 해안포는 잠수함에는 무력할 수밖에 없었다. 그래서 일부 상륙작전 등에서는 해안포가 사용되었으나, 큰 이용가치를 발휘하지 못했다. 실제로 장자등 포대도 연습사격을 하기는 하였으나, 실제 선박을 포격한 일은 없었다. 그리고 제2차 세계대전이 끝난 후 연합군에 의하여 포탑이 해체되었고 하찌만[八幡] 제철소에서 이를 녹여 전후 부흥 물자로 사용되었다. 그러나 그 흔적은 평화로운 오륙도를 배경으로 오늘도 장자산 끝자락의 지하에 묻혀있다.

토요포대의 포탑과 지하진지 연결부.

〈참고자료〉

홍희범, 일본의 중요 해안 방어수단이었던 '해안포' , 조선일보, 2009년 11월 3일자.

KBS 스페셜, 1945년 한반도는 일제의 결전기지였다. 2009년 8월 16일(방영일).

이지영, 「가덕도 외양포의 일본군사시설에 관한 연구」, 『건축역사연구』19권 3호, 2010.

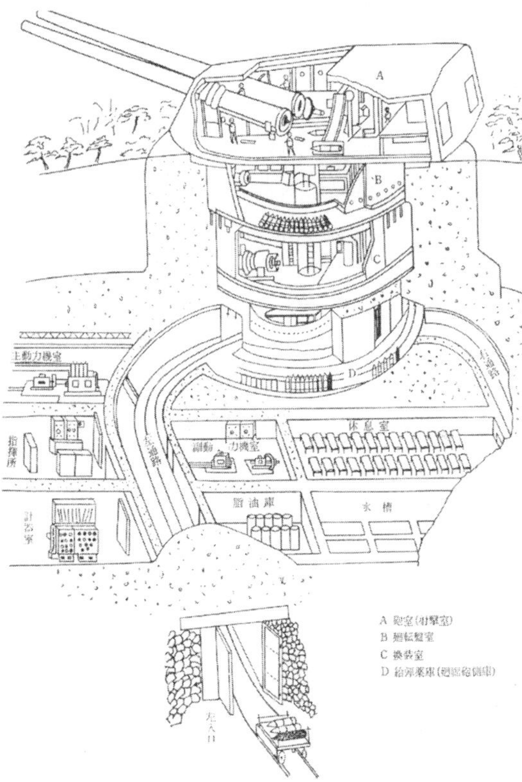

장자등 포대 복원도

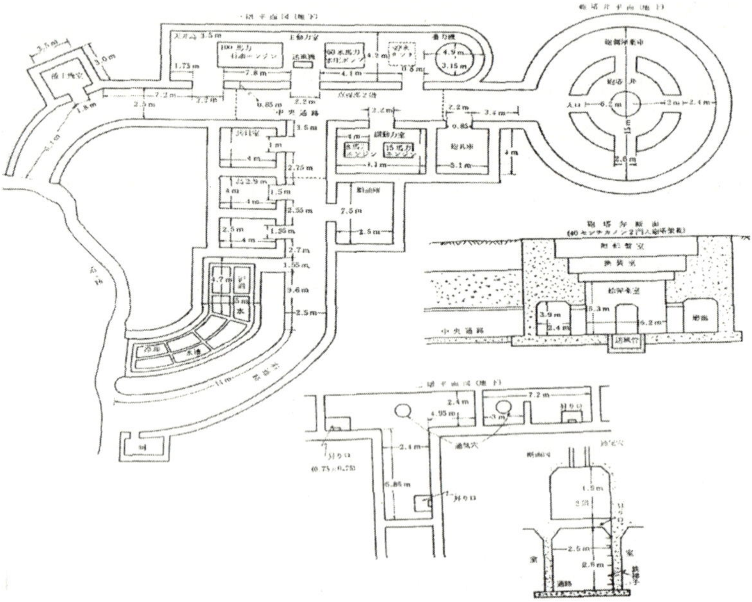

대마도 토요포대 설계도. 오른쪽 위의 원형 부분이 포탑이 설치된 곳이다.

2. 부산 해안의 진지동굴

1944년 6월 20일, 일본은 미군에게 마리아나 군도를 빼앗겼고, 1945년 1월 9일에는 미군이 필리핀의 루손 섬에 상륙하였다. 필리핀 전투에서 일본군은 대부분의 항공모함과 전함을 비롯하여 30만이 넘는 병력 손실을 입었고, 인도네시아 등지로부터 원유를 수송하기도 어려운 상황이 되었다. 마리아나 해전과 필리핀의 레이테 해전에서 패함으로써, 일본은 제해권과 제공권을 완전히 상실하게 되었을 뿐만 아니라 일본 해군은 정상적인 작전을 수행할 수 없는 상태에 빠졌다. 또한 미국이 필리핀을 거점으로 일본 본토를 공격해 올 것이 분명한 상황이었다.

이에 일본은 미군의 일본 본토 상륙을 지연시키기 위해 총력을 기울이는 한편, 미군의 상륙에 최후까지 저항한다는 이른바 본토결전(本土決戰)을 준비한다. 일본 육해군은 1945년 1월 20일, 당시 일본열도와 한반도 대만 지역을 일곱 개 구역으로 나눠 최후의 저지선을 구축하는 결호작전(決號作戰)을 확정했다. 제주도를 포함한 한반도는 결7호(決七號)로서, 일본 본토 밖의 유일한 작전지였다. 일제는 미군의 상륙 예상지점으로 군산, 목포와 여수, 부산, 제주를 꼽았다. 그래서 예상상륙 지점의 해안과 주변지역에 진지동굴을 파기도 하고 소형 해군기지를 조성했다.

제주도의 요새화

결7호작전으로 가장 큰 피해를 본 곳은 제주도였다. 1937년에 시작된 중일전쟁이 중국 중부까지 확대되면서 일본군은 중국 국민당 정부의 수도인 남경을 폭격하기 시작했다. 그리고 곧 화남지역의 광동까지 폭격 범위를 확대하였다. 당시로서는 항속거리가 긴 96식 육상공격기가 나가사키현 오오무라(大村) 항공기지에서 출격하였지만 연료의 제약으로 제주도로 귀환하였다. 일본은 중국을 폭격하는 데 제주도가 유리하다는 사실을 알고 폭격 거점을 제주도로 옮겼다. 이처럼 제주도는 중일전쟁을 통해서 그 중요성이 확인되었다.

그런데 1944년 봄부터 미군 잠수함이 일본 근해에 나타나 수송선을 공격하면서 동남아시아와 남태평양으로부터 물자를 수송하기 어려워졌다. 그래서 중국대륙으로부터 물자를 확보할 필요가 있었고, 특히 중국대륙과 일본 본토를 연결하는 대한해협의 확보가 핵심적인 과제가 되었다. 또한 미국이 일본 본토를 공습하게 되었고 직접 상륙할 가능성이 커지는 상황에서, 미군이 먼저 제주도를 점령한 후 이곳에 공군과 해군 기지를 설치해 일본 본토를 공격하는 거점으로 삼을 수도 있었다. 즉 미군은 제주도를 거점으로 삼아, 큐우슈우 지역에 대한 상륙작전을 전개할 수도 있고 또한 일본군 최정예 부대인 관동군이 일본 본토로 합류하는 길목을 차단할 수도 있었다.

1945년 2월에 미군이 이오지마(硫黃島)까지 점령하자 일본 대본영(大本營)은 미군의 상륙지점으로 제주도와 홋카이도오가 유력하다고 보고, 3월 20일에 한반도지역을 관할하던 제17방면군에 결7호작전 준비요강을 시달하였다. 이에 따라 제주도에 제58군, 제96사단, 제111사단, 독립혼성제108여단, 독립속사포 대대, 특설근무대 등의 배치가 결정되었다. 이후 제주도에 주둔한 일본군의 수는 7만 명으로 늘어났다. 이 준비요강에는 미군의 상륙지점으로 제주도, 한반도 남부 도서지역, 부산을 꼽고 있다. 그래서 부산 지역에도 6월에 독립혼성제127 여단이 창설되었다.

진지동굴의 건설

부산에 배치된 일본군 병력은 제주도에 비해서 적었지만, 미군의 상륙 예상지점 중 한 곳이었고, 부산과 쓰시마 사이의 바다를 통제할 수 있는 곳이었으며 또한 인구가 많고 군수공장들이 위치한 일본의 병참기지였기 때문에 소홀히 할 수 없는 곳이었다. 당시 부산에는 최대규모 포진지를 조성되어 있었고 부산요새사령부가 있었다. 부산 용호동 장자산에 설치되었던 포는 406mm 캐논포로 포탄 무게만

가덕도 대항의 진지동굴

1000kg에 달하는 대형포였다.

일본군은 제주도에 450여 개에 달하는 진지동굴을 조성하였다. 진지동굴의 형태를 보면 일(一) 자형, ㄷ자형, 왕(王) 자형, 격자(格子)형, 나뭇가지형, 미로형, 수직형, 관통형, 복합형 등으로 다양하였다. 이들 진지동굴은 다시 주저항진지, 전진거점, 복곽진지(複廓陣地, 사령부), 위장진지 등으로 구분되었다. 부산의 해안에도 이러한 진지동굴을 조성하였다. 대표적인 곳에 가덕도이다. 가덕도 대항에는 일자형, ㄷ자형, T자형 진지동굴이 20여 개가 남아 있고, 쉽게 가볼 수 있는 곳으로 대항 새바지 물양장에 위치한 진지동굴이 있다. 이 동굴 중 하나는 관통형인데, 남쪽 방향 입구는 콘크리트 구조로 되어 있어 포신을 설치한 곳일 가능성이 있다.

범일동 용꿈 입구

진지동굴의 변신

이러한 과정에서 부산지역에서도 수많은 사람들이 강제 동원되어 곳곳에 진지동굴을 구축했다. 당시 강제 동원된 사람들의 증언에 따르면 "일본이 포진지나 방공호를 비밀리에 구축하기 위해 한국인들을 일본으로 밀항시켜준다고 배에 태운 후 바다를 맴돌다가 한밤중에 내려 놓고 일본에 도착했다고 하면서 일을 시켰는데, 나중에 공사가 끝나고 보니 부산 땅이었다."고 했다. 또한 진지 구축 등에 강제동원 당한 이들은 고된 노역과 공포를 견디지 못해 자살하거나 사고사로 죽는 경우도 적지 않았다.

이러한 전쟁의 아픔을 담은 역사의 현장이 그 후 부산지역 주민들이 즐겨 찾는 명소가 되었다. 수많은 진지동굴은 폐쇄되었으나, 좌천

범일동 용꿈 내부

동 자개골목 앞은 원래 바닷가에 위치한 절벽이었는데 이 해안절벽을 따라 진지동굴이 있었다. 진지동굴은 10여 곳이 남아 있었으며 그 중 일부가 술집으로 개조되어 사람들에게 무더운 여름철에 시원한 공간을 제공하였다. 원래 좌천동에 있었던 원조동굴집은 ㄷ자형으로 뚫린 동굴이었는데 칸막이를 해서 두 집으로 운영되었다고 한다. 동굴의 깊이는 20m 정도였으며 안쪽으로 다시 작은 동굴이 몇 개가 있었다고 한다.

그러나 이 지역이 개발되고 동굴 암반층을 무너뜨려 그곳에 아파트를 지으면서 대부분 사라졌고, 동굴집도 현재는 영업을 중단하고 폐쇄된 상태다. 현재는 범일동 보림극장 옆에 '용꿈'이라는 술집만 남아 있다. 이 동굴은 길이가 약 40m에 달하며 오른쪽으로 L자형으로 휘어져 있는 구조이다. 흔히 방공호로 알려져 있지만 해안 절벽에 위치하고 있는 입지로 보아 방공호가 아니라 미군의 상륙을 저지하기 위한 일본군의 참호 즉 진지동굴로 보아야 할 것이다.

〈참고문헌〉

신주백, 「1945년 한반도에서 일본군의 '본토결전' 준비」, 『역사와 현실』 49, 2003.

강순원, 「태평양전쟁기 제주도 주둔 일본군과 군사시설」, 제주대학교 석사학위논문, 2006.

3. 가덕도 외양포 일본군사시설

일본군이 가덕도 외양포에 처음 상륙한 시기는 러일전쟁을 치르던 중인 1904년 8월 3일이다. 일본군 제3 임시축성단 소속의 공병 소좌 마쓰이 쿠라노스케(松井庫之助)가 이곳에 해군의 임시 근거지를 구축하기 위하여 들어왔다. 일본이 외양포에 군사시설을 구축하게 된 것은 이곳의 전략적 가치가 뛰어났기 때문이다. 특히 러일전쟁 시기에 직접적으로 외양포에 군사시설을 구축하게 되었다. 1904년 2월 러일전쟁이 발발하자 일본은 군사거점 확보를 위해 조선 정부를 압박하여 그해 2월 20일 이 일대를 활용하기 위한 진해만 부근 토지 사용 허가를 받아냈다. 과거 일차적으로 1903년 9월 3일 거제도 송진포에 임시 근거지를 구축한 이후 또 하나의 임시군사기지로 외양포를 선택했다.

포대진지 구축

외양포에 군사시설을 구축한 시기는 러일전쟁이 시작된 지 5개월 정도 지난 시점이었다. 1904년 8월 여순 포위공격이 임박해 있었고, 러시아 발틱함대와 일전을 앞둔 일본은 남해 해역에 시급히 방어선을 구축할 필요가 있었다. 그래서 일본은 예상하고 있던 러시아 발틱함대의 이동로에 위치한 쓰시마나 외양포 등에 공격과 방어를 위한 포대진지를 구축하였다.

공병 소좌 마쓰이는 외양포에서 공사를 시작한 지 4개월 만에 포대진지와 막사 등을 완공했다. 그 직후인 1904년 12월 12일자로 진해만 요새 포병대대 제2중대가 상륙해서 주둔했고, 8일후인 12월 20일에 중포병대대가 이곳으로 옮겨왔다. 이어서 1905년 4월 21일 일본군 유수 제 4사단에 진해만요새사령부가 편성되어 그해 5월 7일 외양포로 옮겨와 대대 규모 이상의 사령부로 크게 확대되었다. 이에 따라 새로운 시설들이 건설되었다. 태평양전쟁 말기에는 일본군이 이오지마 등지에서 구축한 것과 같은 많은 진지동굴이 만들어지기도 했다. 가덕도 외양포는 일본이 결사항전의 장소로 운용되면서 이곳의 군사시설은 패망 직전까지 유지, 가동되었다.

나카타니 히로키찌(中谷廣吉)

외양포 일본군사시설 공사는 일본군 공사편제의 하나인 제3임시축성단[32] 주관 하에 추진되었다. 제3임시축성단은 1904년 8월에 한반도에서 군사시설을 축조하기 위해 편성된 임시기구로서 외양포를 비롯한 진해만요새와 원산 영흥만요새의 건설을 담당했다. 한편, 외양포의 군사시설 시공은 러일전쟁이 발발하던 해 긴급한 상황에서 조속히 완공할 목적으로 전문건설업자인 청부업체에 맡겨졌다. 부산 진해만 일대의 포대건설을 수주한 인물은 당시 부산에서 활동하던 일본인 청부업자 나카타니 히로키찌(中谷廣吉)이다.

나카타니는 1874년 일본 야마구찌현 태생으로 부산부 초계정에 거주하면서 건설청부업을 운영하고 있었다. 그는 1904년 러일전쟁이 발발하자 제3임시축성단이 추진하던 진해만 일대 외에도 원산 등지

32) 제3임시축성단은 육군성에 소속된 축성부본부에 속해있었다. 이 기구는 일본군 보병 및 공병 기재의 조단과 각종 시설의 축조를 주로 맡았다. 외양포 군사기설은 축성부가 파견되기 전이었기 때문에 제3임시축성단을 파견하여 공사를 집행했다.

의 포대 건설공사도 수주하였다. 1906년에는 조선통감부 청사 및 관사를 건축하고 이어서 용산 사단사령부 청사의 건축에 종사하였다. 그 결과 조선철도공사의 지정청부인이 되었고, 이후 동해선 구간 중 기장~좌천 간 공사, 부산부영중앙도매시장(釜山府營中央都賣市場) 등의 건설에도 종사하였다.

1928년 4월, 나카타니는 부산 상공회의소 평의원으로 당선되었다. 1910년대의 경제계 중심이 수출무역상과 미곡판매상이었던 반면에 1928년에 나카타니 등 토목청부업자들이 대거 당선된 것은 1920년대 말부터의 토목·청부업의 중요성이 증대되고 있었다는 사실을 알려준다. 당연히 부산 경제계에 대한 나카타니의 영향력 역시 증대되었을 것이다.

가덕도 외양포 포대.

외양포 포대와 부속 시설

가덕도 외양포 일본군사시설은 현재까지 사령관 관사, 장교 관사, 막사, 위병소, 창고 등 포대사령부 시절의 군용건물 32개 동이 남아있다. 또한 마을 동쪽 산록 끝에는 포대진지가 그대로 남아 있으며, 마을 곳곳에는 일본이 설치한 우물 5곳, 관사 4개 동, 사무실 및 위병소 4개 동, 막사 11개 동, 창고 8동 등이 비교적 잘 남아 있다.

1904년 러일전쟁에 대비해서 처음 설치된 화기는 해안포인 280mm 유탄포 6문이었다. 포대진지는 외양포 마을 뒤편 산록 어귀에 위치해 있다. 폭 18m, 길이 78m의 장방형 평면으로 바닥을 평탄하게 정지하고, 동측의 산록 사면은 절개해서 자연적으로 축대를 형성하고, 남 북 서측 경계는 인위적으로 축대를 쌓고 그 위에 흙을 덮고 대나무 등을 심었다. 마치 장방형 저수지의 4면을 언덕으로 둘러싼 형상으로 만들어, 외부에서 엿볼 수 없도록 하였다. 포대진지 내부는 포좌나 콘크리트조의 탄약고, 방음벽 등이 잘 남아 있다.

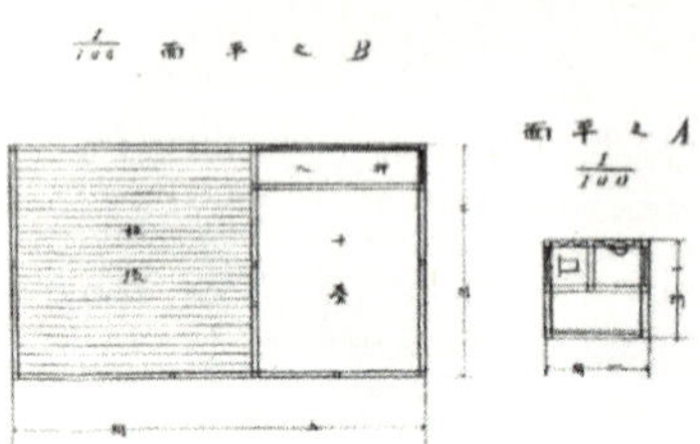

a. 元사령관실　　b. 부속화장실

사령관실 도면

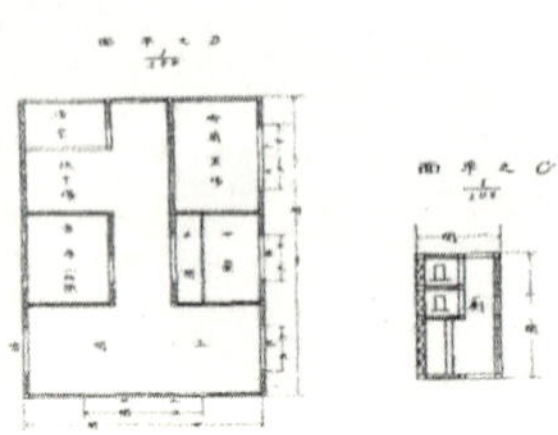

a. 위병소　　b. 부속화장실

위병소 도면

〈참고문헌〉

차철욱, 「일제강점기 부산상업[공]회의소 구성원의 변화와 '釜山商品見本市'」, 『지역과 역사』17, 2005

이지영, 「가덕도 외양포의 일본군사시설에 관한 연구」, 『건축역사연구』70, 2010